JN276038

学校から職業への迷走

若年者雇用保障と職業教育・訓練

中野 育男

専修大学出版局

はじめに

　1992年以降，18歳人口は減少期に入った。この10年間で，高校卒業後の大学等への進学率は上昇し，一方高卒で就職する者の比率は急激に減少した。景気の後退と停滞が続き，新規の高卒者に対する求人数も著しく減った。高卒労働市場の規模は驚くほど縮小している。

　規模の縮小と同時に，求人の質も変化している。大規模事業所からの求人が減り，また事務職や技術職のそれも減っている。他方で，小規模事業所からの求人，技能工，サービス職の求人が増えた。

　近年，若者の失業率は非常に高い水準にある。特に，19歳未満で高い。失業の理由は，「学校を卒業したため」が多く，学卒未就業者が増加している。高校を卒業して進学も就職もしない「無業者」の割合も，この10年間で2倍以上になった。

　24歳以下の若い層でパート・アルバイトの比率が急激に高まり，正規雇用が減少している。非正規雇用者の学歴は男女とも高卒が多く，パート・アルバイトの過半数を高卒が占めている。

　若者が非正規就業を選択する背景には，就職の難しさがある。高校生に対する求人はこの10年間で6分の1にまで減少している。企業が高校生に対する求人を取り止めた理由は，経営環境の悪化，業務の高度化などとともに，大卒への代替が指摘されている。

　新規学卒で就職したものの，その後3年以内に離職する若者の割合は高卒で5割，大卒でも3割にのぼる。新規学卒の労働市場が冷え込み，自己の能力や適性に合致した就職先を探すことが難しく，不本意な就職をすることになり，その結果として離職や転職を発生させることになる。

　労働市場の多様化・流動化が進むなかで，若者が生涯にわたってその職業能力を高めていくことが求められている。職業の選択は，基本的には本人の意思と責任において決定されるべきものである。そのためには，一人一人が主体的

な職業選択の能力や態度を身につけることが大切である。

　新規学卒者のフリーター志向や，無業者，離職等の現象は，経済状況や労働市場の変化とも関係するが，学校教育と職業生活との接続に課題があることも見落としてはならない。本書では，学校と職業との円滑な接続を実現するための職業教育・訓練及び職業指導について，これらを若年者に対する雇用保障の視点から捉えなおし，その適切な実施の可能性を検討する。

　本書の刊行にあたって，長年にわたり貴重なご指導を頂いている秋田成就先生（法政大学名誉教授）の学恩に心から感謝したい。また怠惰な小生を忍耐強く叱咤督励し，色々アドヴァイスいただき，出版にまで導いて下さった専修大学出版局の高橋泰男氏にお礼を申し上げる。氏の尽力がなければ本書は日の目を見ることがなかった。なお本書は専修大学図書刊行助成の制度による刊行図書である。

　　　　　　　　　　　　　　　　　　2002年盛夏　　中野育男

目　次

第1編　若年者雇用保障の現状と課題

第1章　若年非正規就労の増大 …………………………………9
若年者失業率と学卒者離職率の増大　9／学卒無業者とフリーター　14

第2章　新規高卒者の就職と職業指導 …………………………18
厳しい就職状況　18／新規高卒者の就職慣行　19／学校における職業指導の現状　20／職業教育の課題　21

第3章　勤労の権利と若年者雇用保障の沿革 …………………23
勤労権と失業救済　23／経済成長と労働力対策　25

第4章　積極的雇用政策と若年者雇用保障の課題 ……………30
積極的雇用政策の展開　30／若年者雇用保障の課題　32

第2編　欧米の若年失業と雇用保障

第1章　欧米の労働市場と若年失業 ……………………………41
全体としての状況　41／カナダとドイツの若年労働市場　42／イタリアの労働市場　44／ブルガリアの労働市場　45／スイスの労働市場　46

第2章　欧米の雇用政策と若年者雇用保障 ……………………47
職業訓練と職業紹介　48／学校から職業への移行　49／若年者の中途退学に対する施策　49／積極的雇用政策の推進　50／労働力需要拡大のための施策　51

第3章　スイスの雇用保障と就労インセンティブ ……………57
スイスの雇用保障　57／雇用保険の制度改革　58／雇用・就労インセンティブ　60

第4章　スイスの職業紹介と雇用保障 …………………………64

民営職業紹介事業の位置づけ　64／民営職業紹介事業の法制度　66／民営職業紹介事業の運用状況　72／公共職業紹介制度の見直し　73

第3編　若年者雇用保障としての職業教育・訓練

第1章　アメリカの職業教育・訓練 …………………………………79
アメリカ職業教育の沿革　79／アメリカ職業教育における継続教育のシステム　96／アメリカ労働運動と職業教育・訓練　100／アメリカの職業教育・訓練の現状　106

第2章　ドイツの職業教育・訓練 ……………………………………118
ドイツにおけるデュアルシステム　118／雇用保障としての職業教育・訓練——カナダとの比較をふまえて　123／ドイツの職業教育・訓練の現状　127

第3章　フランスの職業教育・訓練 …………………………………136
フランス職業教育における連携と継続　136／職業教育における機会の平等と分権化　141／ディプロムとバカロレア　144

第4章　スイスの職業教育・訓練 ……………………………………148
スイスの職業教育・訓練の特質　148／スイス職業教育の課題　154／スイスにおける職業教育・訓練の改革　158

第5章　我が国の職業教育・訓練 ……………………………………169
近代日本の職業教育の特質　169／戦後の学制改革と職業教育　171／産業教育振興法と職業教育　173／戦後の定時制高校の展開　174／職業訓練法と職業訓練体制の確立　175／職業訓練法の改正と職業訓練体制の改編　177／職業能力の開発と職業教育の現状　179

第6章　職業教育改革の国際比較 ……………………………………184
職業教育・訓練政策と効率性　185／職業教育・訓練の効率化と財源　187／職業教育・訓練の効率化への取り組み　190／職業教育・訓練におけるデュアルシステムの効率性　193／イタリアとブルガリアの職業教育・訓練事情　194

第4編　若年非正規雇用と職業指導の法理

第1章　若年者労働市場の変化 …………………………………201
若年人口の減少　201／求人・求職状況の変化　203／無業者・非正規雇用の増加　204

第2章　若年非正規雇用の社会的背景 …………………………208
若年非正規雇用の実態　208／若年非正規雇用の問題点　211／在学中のアルバイト就労　213

第3章　若年非正規雇用と職業指導…………………………216
高卒無業者と就職システム　216／進路意識と実績関係の変容　221／職業指導と行政の役割　226

第4章　職業指導の法理 …………………………………………231
職業指導の法的規制の沿革　231／職業指導の枠組み　237／職業選択の日本的特殊性　241／新たな職業指導法理の形成のために　245

まとめ……………………………………………………………249
フリーターと社会的不平等　249／フリーターの急増と社会保障・財政　250／各国の若年者に対する職業教育・訓練　251／雇用保障の法理　255／若年者雇用保障立法の必要性　257

文献・資料解題 …………………………………………………259
索　引……………………………………………………………265

第1編

若年者雇用保障の現状と課題

はじめに

　長引く不況とこれに伴う経済・産業の構造改革が進むなかで，学卒者を取り巻く雇用情勢はかつてなく厳しい。また，こうした先行き不透明な時代を背景に，若年者の世界に漠然とした閉塞感や無力感，モラトリアム傾向やフリーター志向の広がりが見られる。一方で，若年者の職業的成熟の遅れや就職に対する意識や心構えに弱さが見られ，希望する職業がなくイメージ・知名度・勤務条件による会社選びに終始しがちであるなど，職業選択における現実との乖離や自己理解・職業理解等の不十分さが見られるなどの指摘もある。学卒就職者の早期の離職率が，高い水準で推移しており，少子化等に伴って高校生の進路状況も大きく変化し大学等への進学率の上昇，就職率の低下といった傾向がわずかの間に著しく進んでいる。ここではまず，このような学卒無業者を中心とした若年者の雇用保障について，実態的な分析を通じてその問題の所在を明らかにする。次に，雇用保障と職業教育の展開をふまえて，職業指導をも含んだ広義の職業教育・訓練の視点から，日本の若年者雇用保障のあり方について検討する。

第1章
若年非正規就労の増大

1節　若年者失業率と学卒者離職率の増大

　近年，学卒労働市場は厳しい状況にあり，学卒無業者の比率は高卒で3割，大卒でも4分の1を超えている。若年失業率は男子で10％を超えている。若年の失業は自発的離職による失業が最も多い。若年者の離転職は学卒就職後3年目までに離職する者が高卒で約5割，大卒で約3割となっている。若年者の自発的失業離職率の高まりは，フリーターなどの離転職の多い非正規労働者のウェイトの上昇によるところが大きい。

　最近の若年者の就業行動の背景には，職業に対する目的意識の希薄化や，親の経済的支えなど経済的豊かさの影響がある。近年増加しているフリーターの意識は多様ではあるが，その3分の2はいずれ定職へ就くことを希望しているものの，実際には能力開発の機会の乏しさから正規雇用への移行がうまくいかない者もいる。先の見通しのない離職・転職の増加は，本人のみならず社会にとっても技術・技能の蓄積等の面で損失が大きい。

　企業による採用抑制中心の雇用調整が続くなかで，学卒労働市場は厳しい状況にあり，求人は大幅に減少している。就職者は進学率の上昇に伴い高卒就職の減少，大卒の増加の傾向が見られ，1997年以降，大卒就職者が高卒就職者を上回っている。高卒就職では希望に偏りがあり，他の職種での就職の可能性があっても就職しようとしないというミスマッチがある。また企業規模間のミスマッチも大きく，中小規模の企業の未充足求人も相当数存在している。

図表1−1　失業率の推移

　　　　　　　　◆　性・年齢計　　■　15〜24歳男　　▲　15〜24歳女

図表1−2　求職理由別失業者数

（1999年1月〜3月）

　　　■　非自発的離職　　□　自発的離職　　▨　学卒未就業　　▨　その他

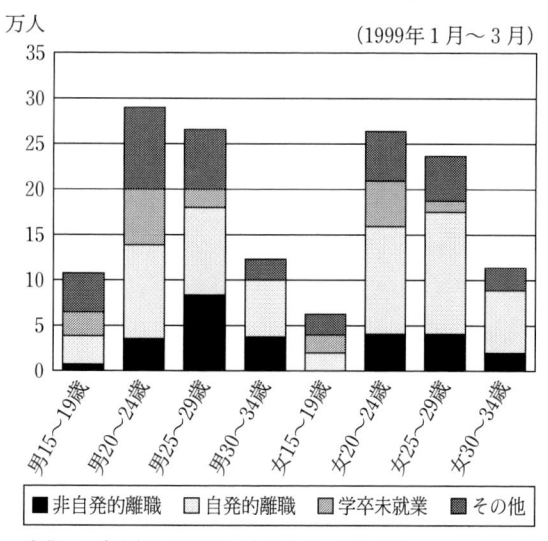

出典　日本労働研究機構　資料シリーズNo.102

1．新規高校卒業者の就職内定率の低下

　高校卒業予定者の就職内定率は平成14年1月末の時点で75.3％と過去最低となっている。平成3年の95.6％をピークとして以後低下を続けている。とくに女子の状況は厳しく，平成14年1月末の就職内定率は男子の80.3％に対して，女子は70.8％にとどまっている。

　高校卒業者の就職状況を産業別に見ると，平成4年以後，「卸売・小売・飲食業」「金融保険・不動産業」「公務」の占める割合が低下し，「建設業」「サービス業」の占める割合が高くなっている。これを職種別に見ると，「事務」が占める割合が急激に低下したのに対し「技能工，採掘・製造・建設作業」「サービス」が占める割合が高くなっている。この職業別就職状況の急激な変化が，高校卒業就職者の求職と求人のミスマッチの直接的要因を成し，女子の厳しい状況を生み出している。さらに事業所の規模別で見ると，従業員数「1000人以上」の企業に就職する者の割合が大幅に低下している一方，「30〜99人」及び「29人以下」の割合が急増している。

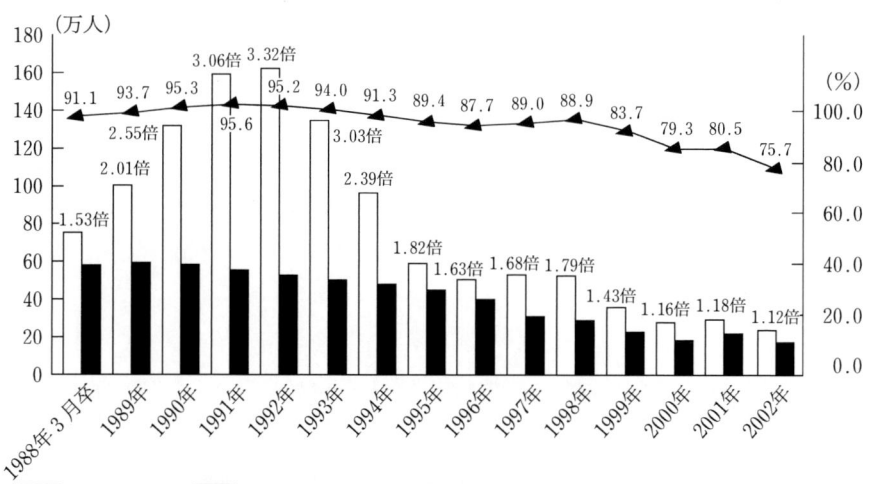

図表1−3　高校新卒者の求人求職者数・求人倍率・就職内定率の推移

□求人数（万人）　■求職者数（万人）　▲就職内定率（％）　棒グラフの上の値は求人倍率
出典　文部省厚労省共同調査　週刊労働ニュース　№1935

2．高卒就職希望者の減少

　高校卒業後に就職を希望する者は急速に減少しており，平成14年1月末において20万5000人となっている。就職希望者の卒業生に占める割合は昭和50年代にはほぼ40％弱で推移し，昭和61年度から平成2年度までは33～35％台であった。しかし平成3年度以降急速に低下し，平成2年度の33.2％から平成11年度までの9年間で12.8ポイント，年平均約1.4ポイント低下している。とくに平成4・5年度の2年間で4.4ポイントと急激に低下し，また，平成10年度も，対前年比2.0ポイントと低下した。高卒就職希望者数も，平成5年度以降の高校卒業者数の急減もあって，平成2年度の59万9000人から大幅に減少している。このような変化の原因としては，第一には大学・短大の臨時定員増により，平成3年度以降，大学・短大への進学率が急速に上昇したことが考えられるが，平成4・5年度及び平成10年度の就職希望率の急激な低下に見られるように，新規高卒者の就職状況の悪化も大きく影響していると考えられる。いずれにしても，新規高卒者の労働市場は急速に縮小し，労働市場全体に占める比重も急速に低下している。

3．「無業者」及び一時的・臨時的雇用への就業者の増加

　高校卒業時に就職も進学もしなかった，あるいはできなかった者（無業者）の割合が高くなっている。平成12年3月の高校卒業者のうち「無業者」の占める割合は10.0％に達し，対前年度比0.7ポイント増加している。また20歳未満の入職者に占めるパートタイム労働者の比率が近年著しく上昇している（雇用動向調査・厚生労働省）こと，高校卒業時に就職も進学もしなかった者のうち「アルバイトで働いている」「パートタイマーとして働いている」と回答した者は，平成8年度卒業生で38.6％，平成10年度卒業生で56.7％となっている（高校生の就職に関する実態調査・平成12年3月）ことなどから，その相当数が卒業時に一時的・臨時的雇用に就業したと見られている。

　少子化が進むなかで，保護者の意向などから自宅からの通勤が可能な地元の企業等に就職を希望する生徒が増えており，地元に就職できるのであれば，パ

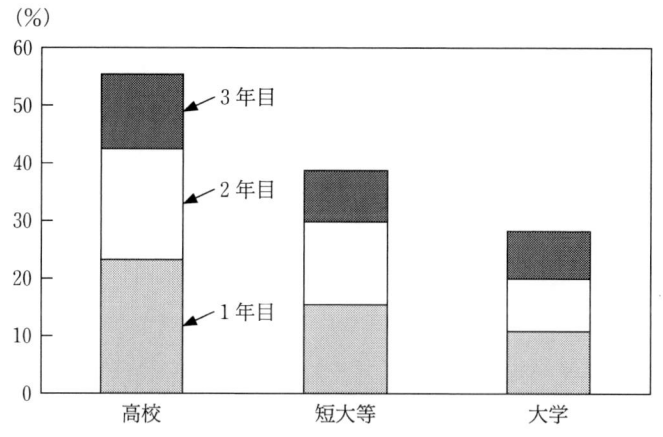

図表 1 − 4　新規学卒就職者の在職期間別離職率の推移

(注)　1996年3月に卒業・就職した者の3年目（99年3月）までの離職率。
資料出所　労働白書（平成12年版）労働省職業安定局調べ

ート・アルバイト等でもよいとする生徒，保護者が少なくない。他方企業においても，新規高卒者の雇用について，自宅からの通勤が可能な地元出身者を優先的に採用するという傾向が顕著になっている。平成12年3月末現在の就職希望者27万1000人のうち，県内就職を希望している者は22万4000人であり，その割合は83％に及んでいる。このような求人側と求職側の双方の地元志向が，新規高卒者をめぐる労働市場を地域的にも狭隘化し，就職を困難にする要因の一つとなっていると考えられる。

4．早期離職者の増加

　高校卒業時に就職した者のうち，3年以内に離職する者の割合は，ここ数年増加傾向を示している。平成3年度卒業者の離職率が39.7％であったのに対し，平成7年度卒業者では48.1％にまで上昇しており，厳しい求人状況のなかで希望する職種や企業等に就職できなかったことなどが影響していると考えられる。なお，こうした高い離職率はこの数年に限って見られるものではなく，昭和40年代半ば及び昭和60年代当初にもほぼ同等の水準にあったこと，長期にわたる推移を見ると，ほぼ38％から48％の範囲で推移していることからも，景

気要因が相当大きく働いていると見られる。

5．急激な求人の減少

　高卒者の就職決定率の低下やその他の変化を生み出している直接的な要因は，高卒者に対する求人の減少にある。近年の新規高卒者に対する求人の推移を見ると平成4年1月の167万6000人をピークにその後急速に減少し続け平成14年1月末のそれは22万8000人であった。10年間で145万人近くの求人が消え，ピーク時の約14％程度に落ち込んでいる。また，求人と求職との関係で見る求人倍率も平成4年1月末には3.32倍であったものが，平成14年1月末には1.12倍にまで低下している。求人倍率が求人数ほどには低下しないのは，この間に，求職者数も3分の1近くにまで減少しているからである。

2節　学卒無業者とフリーター

　高校卒業者の進路の現況は，進学率が高まる一方で，就職率は低下し就職先も変化している。また高卒無業者も増加している。とくに首都圏では高校卒業後にフリーターとして非正規の職に就く者が急増している。また，正社員を希望して就職活動をしてきたが卒業までに就職が決まらなかった「就職未内定者」は，成績や欠席日数などの面で労働市場の選抜の厳しさに直撃され，フリーターとなる者が多い。また在学中から卒業後フリーターになることを予定している者もいる。高校生はフリーターへの共感が強く，4分の1はフリーターになる可能性を念頭に置いている。

1．生徒の進路意識等をめぐる問題

　　① 社会人・職業人としての基本的な資質・能力の不足

　高卒就職者の社会人・職業人としての基礎的資質，能力に対する企業の評価は厳しく，「一般常識」や「態度・マナー」について不満とする割合が高くなっている。具体的には，挨拶，言葉づかい，服装の乱れに加えて，時間的な観

念の欠如が指摘されている。また入社後の教育・訓練に耐えられない「基礎学力」の低下も指摘されている。従前から高卒者を採用してきた企業での不満がとくに高い。一方で高卒就職者自身の職業意識は希薄であり，加えて質的レベルも確実に低下している。企業が高校の教育に望んでいることは，専門高校に対しては，「意欲・態度，勤労観・職業観」「責任感，忍耐強く取り組む態度」「専門的な知識・技能」「協調性・コミュニケーション能力」などが，また普通高校に対しては「意欲・態度，勤労観・職業観」「協調性・コミュニケーション能力」「基礎学力や一般教養」「責任感，忍耐強く取り組む態度」「言葉づかいやマナー」などの教育が求められている。

② 職業観・勤労観の未成熟

就職に対する意識や構えが安易なために，自分の就きたい職業を見いだせない生徒や，自分で志望する事業所等を選択できず学校や教師まかせにする生徒，さらには自分の進路に対し希望を持っていない生徒が少なくないという問題が顕在化している。その一方で，職種や企業，勤務条件などへのこだわりが強く，自分の希望が満たされなければ定職に就かないという生徒や，一度の就職選抜の失敗で就職を諦めてしまう生徒も少なくない。このような生徒の職業観・勤労観の未成熟な状況をふまえて高校の教育に対しては，「意欲・態度，勤労観・職業観」の育成が望まれている。

高校の進路指導担当者は，自営業比率の低下などで以前に比して仕事というものが見えにくくなっており，その内容や目的についての具体的なイメージが持てなくなっていることを指摘している。学卒後，正社員として就職しなかった生徒の4割は「正社員としての仕事に就く気がなかった」と回答している。一方で生徒の親の年齢層の可処分所得や金融資産は，この15年間で1.7倍に増加しており，彼らを取り巻く経済的環境の豊かさがその就業行動にも影響を与えていると見られる。

2．フリーター志向の増加とその背景

高校卒業者の進学率が高まる一方で，就職率は年々低下し就職先も従前とは

変化している。高卒無業者も増加し，首都圏では高校卒業後にフリーターとして非正規の職に就く者が急増している。卒業までに就職が決まらなかった者は，成績や欠席日数などの面で労働市場の選抜の厳しさに直撃され，フリーターとなることも多い。また在学中から卒業後は，フリーターになることにしている者もいる。今の高校生はフリーターへの共感が強く，4分の1の者はフリーターになる可能性も考えている。フリーターを志向する生徒の内実は多様であるが，高校卒業時に就職も進学もしないで，パート・アルバイト等の一時的・臨時的な就業を積極的に希望する生徒，留学，音楽，芸能，演劇など何らかの将来の夢を追求する生徒，一方で，無気力で進路に希望を持たず，学校の指導に乗らない生徒などに大別することができる。

① モラトリアムと一時的・臨時的雇用

豊かな社会のなかで，高い進学率の下，子供たちは長期にわたる学校生活を過ごす。この間，労働とは疎遠となり，もっぱら消費文化のみ享受する。商品を労働の成果として実感することが希薄になり，学校生活から職業生活への移行に大きな戸惑いを感じる。このようなモラトリアム心理の蔓延が，フリーター志向の背景にある。

少子化の下で，若者のモラトリアム心理の蔓延と，子離れできない保護者の問題が指摘されている。社会に出て自立したがらない，できない若者とそれを容認する保護者が増えている。このような保護者の養育態度は，右肩上がりの経済成長の下での典型的な生き方のモデルの崩壊，それに伴う生き方に関わる価値観の多様化あるいは自信の喪失の反映であると見ることもできる。都市化の進行と地域における人間関係の希薄化はこの傾向に拍車をかけている。

サービス産業の成長や小売業の新しい業務形態の普及に伴って，一時的・臨時的な短期雇用が増加している。ファミレス，コンビニ，量販店などでは従業員の多くを高校生，大学生，主婦，フリーターなどのパート・アルバイトで充足している。近年の厳しい雇用状況の下でも一時的・臨時的雇用は増加しており，このような働き口があることが新規学卒者のフリーター志向の要因の一つとなっている。

② 経済・産業構造の変化

高卒者の就職をめぐる厳しい状況の背景には，経済・産業の構造的な転換や，それに伴う就業構造の変化，企業における人の採用や処遇の変化などがあると指摘されている。我が国の産業・経済は，バブル経済とその崩壊によって生じたひずみを取り除き，再建することに加えて，グローバル・スタンダードにもとづくメガ・コンペティションの下で高コスト体質を克服することが求められている。企業は徹底したリストラクチュアリングとそれに伴う雇用調整，生産拠点の海外移転，高付加価値分野への転換などが進められ，我が国の経済・産業構造は大きく変わろうとしている。また，その結果，産業の空洞化や失業率の増大といった問題が生じている。

③ 就業構造の変化

産業構造の転換に伴って，雇用の吸収力は，従来の産業分野から，情報通信関連等の新興産業分野や社会の成熟に伴うサービス産業へと移りつつある。従来型の産業はかつてのような雇用吸収力を失っており，一方で新興の産業分野では新たな雇用を生み出しており，新しい職業，多種多様に専門分化した職種が生まれている。社会の成熟化を背景としてサービス産業の比重が高まるとともに，一時的・臨時的な短期雇用が増加しパート・アルバイトあるいは人材派遣などへの依存度が高まる。産業構造の変化は，伝統から新興へ，大から小へ，総合から専門へ，正規・長期から臨時・短期へという就業構造の変化につながっている。

これまで新規学卒者の就職は，少なからず伝統的な産業の大規模事業所による「正社員」としての雇用に依存してきた。また学校の指導は，できるだけ多くの生徒が大規模事業所に「正社員」として就職できることを目指して行われてきた。それだけに産業・就業構造の変化が新規高卒者の就職に与える影響は大きくかつ深刻である。

第2章 新規高卒者の就職と職業指導

　フリーター志向の生徒の増加は，学校での指導が生徒の職業意識の形成に大きな影響を及ぼすに至っていないことを示すものである。学校教育にあたっては，このことを重く受け止め指導・援助のあり方を見直す必要がある。多くの高校では，生き方や進路に関わる指導，とりわけ職業観・勤労観の形成や就職に必要な知識・技能を身につけさせるための指導が実質的かつ計画的・継続的に行われないままに，新規高卒者の就職が売り手市場であった時代の指導をそのまま繰り返すだけにとどまっている。

1節　厳しい就職状況

　「無業者」の増加は，バブル経済がはじけた平成5年度以降に顕著となった現象であり，かつ「無業」率が新規高卒者の就職決定率とほぼ反比例して推移している（学校基本調査・文部科学省）。無業率は，平成4年度まで，毎年度，ほぼ5％前後で推移していたが，平成5年度に6.4％となり，以後急激に上昇し，平成11年度には10.0％に達している。この間，求人数も激減している。このような状況の下で学校で起こったことは，7月，8月の段階で生徒に紹介する求人が十分にはない，生徒が希望する業種や職種，地元企業の求人がないという事態である。そのため相当数の生徒が就職を諦め，就職希望を取り下げるという状況が起こった。今までならば，成績が多少振わない，出席が芳しくないといった生徒でも就職は可能であったが，厳しい求人状況を前にして，早々に就職を希望しなくなってしまう生徒も少なくなかった。こうして就職を諦めた生徒，就職が難しいのであればフリーターでもよいとする生徒が無業者の数を押し上げたと見られる。就職状況の厳しさが，生徒から将来の展望を奪

い，フリーター志向の生徒や無業者を生んでいるという実態も指摘できる。
　なお，平成11年度の大学卒業者53万9000人のうち「進学」も「就職」もしなかった者は17万4000人に達しており，その率は32.4％にも上る。学校卒業後におけるフリーター，無業者の増加が，高卒者だけの問題でないこと，新規学卒者全体，ひいては若者全体の問題であることが指摘されている。

2節　新規高卒者の就職慣行

　従前からの新規高卒者の就職に関わる慣行は，求人数が求職者数を大幅に上回っている状況の下では，有効に機能してきたが，今日のように新規高卒者の就職が厳しくなっているなかでは，様々な問題を生じている。
　多くの学校では，生徒の適性・能力に応じた就職先を斡旋するため，また，一部の企業に対する生徒の応募の偏りを調整するために，会議が組織され，校内選考が実施されている。この会議は，ややもすると求人企業に合格可能な生徒を選考するために行われたり，学業成績に偏りがちな選考になっていたりする。このような選考のあり方に対し，採用側の企業からは，「求める人材の選考方法としてふさわしくない」「企業の選考基準と合致していない」などの問題点が指摘されている。
　学校は，生徒の就職を通じての長年の関係から企業の指定校になることによって，安定的な求人及び採用を確保してきた。しかし，今日の厳しい状況の下では，地域によっては，求人が激減するなかで，伝統ある専門高校には一定の求人が確保される一方，普通科や伝統の浅い専門高校では求人が少なく，応募できないといった状況が見られる。また，指定校であっても採用されるとは限らず，この制度が実質的な意味を失っているという指摘もある。
　一人の生徒が応募できる企業を一社として，その企業の内定が得られなかった場合に，他の企業に応募できるとする，「一人一社制」は，これまで，できるだけ多くの生徒に応募の機会を与える上で，また大量の求人と求職とを短期間に円滑に結びつける仕組みとして，機能してきた。しかし，求人が激減して

いるなかで，求人数が求職者数を下回ったり，二社目の応募先がないといった状況の学校にあっては，応募する機会さえない生徒，二社目の応募ができない生徒を生むなどの問題が生じている。

　新規高卒者の長年にわたる就職の慣行は，校内選考，指定校制，及び一人一社制が相互に分かちがたく結びついて機能しており，こうしたなかで，生徒は応募する以外の企業・職場を十分に知らないままに，一社に応募し，内定すればそこに就職することになる。慣行に基づいたこのような就職指導のあり方，生徒の就職の仕方が，生徒自らの意思と責任で職種や就職先を選択する意欲や態度，能力の形成を妨げる一因となっている。そのことがまた早期の離職等の問題につながっているという指摘もある。

3節　学校における職業指導の現状

　厳しい状況の下で，多くの学校は求人の開拓，確保のために多大の努力を傾けている。このような取り組みを支援するために行政も，地域の経済団体への要請，教員の研修，関係者による協議会の開催などの施策を講じている。ハローワークでも学校と連携した事業主訪問による求人開拓，教育委員会と連携した就職面接会などの積極的な支援施策を実施している。

　近年，専門高校を中心にインターンシップ等に取り組み，生徒の職業現場の理解や勤労観・職業観の形成，企業の高校生に対する理解を深める上で成果を上げている例もあるが，生徒の入学時から計画的・継続的に指導を積み重ねるという点では必ずしも十分とはいえない実態にある。就職に関わる指導が，就職先の紹介・斡旋や，差し迫った時期における履歴書の書き方，面接の仕方の指導にとどまっている場合が少なくない。

　本来，就職に関わる指導として必要な，職業や勤労に対する興味・関心や理解を高めたり，その意義や役割を理解するための，あるいは生徒が自己の適性を探索するための学習や体験活動を，指導計画を立てて系統的，発展的に指導している学校は必ずしも多くない。「自己の個性を理解する学習」「職業や勤労

生活を理解する学習」「職業や企業についての学習」「勤労の意義や目的を考える学習」「生活設計や進路計画を立てる学習」といった計画的な取り組みが期待される学習活動の実施率は高くはない。また学習活動と関連を図った体験活動についても，就業体験の実施率はそれほど高くない。

その原因として，新規高卒者の就職をめぐっては，長年の間極端な売り手市場が続いてきたことから，計画的，継続的な学習や体験活動の意義や必要性が十分には認識されず，その内容，方法についての実践の蓄積も少ないことが考えられる。また学校によってはホームルーム活動における学習が成立しにくい状況にあったり，就業体験等の活動について教師の共通理解を得ることが難しく組織的な協力体制を構築できない状況もある。とくに普通科では，概して，就職を希望する生徒に対応した教育課程編成上の工夫に乏しく，就業体験の実施をはじめとする指導・援助が十分ではない状況にある。

さらに高校の職業指導は，進路指導主任の経験に頼った指導，進路指導部まかせの指導になっていたりする一方で，職業指導の経験が十分でなく，今日の就職をめぐる環境の変化や事業所・職場の実情を十分に知らないホームルーム担任の教師まかせの指導になっていたりする。産業や企業の現状，企業の雇用や採用の動向，就職した卒業生の様子などについて，教師の理解が十分ではないとの指摘もある。生徒の進路決定に大きな影響力を持つ保護者との連携も必ずしも十分に機能しているとはいえない。

4節　職業教育の課題

高卒労働市場における「学卒採用システム」の特徴は，学校と企業の「実績関係」をふまえた「一人一社制」の採用慣行にあった。しかしこのシステムを取り巻く環境は近年大きく変化している。高卒無業者の急増も学卒採用システムが対応を求められている問題である。高卒無業者比率は平成11年3月卒の者で3割を占めているが，とくに普通科では4割を超えている。若年者就業実態調査（労働省）では，学校での職業指導に対する評価について，普通科の卒業

者は「職業指導はなかった」または「職業指導は受けなかった」とする割合が高く，普通科での職業指導が十分でない面が見られる。学校における進路指導・職業指導は重要な役割を果たすが，初期職業経歴に関する追跡調査（第3回1993年）では高卒後6年を経た者たちは高校の職業指導の重点について，「仕事に役立つ知識」や「仕事を選ぶ際の考え方」を教えることを求める回答が多い。職業選択における基礎知識や，スキルの習得につながる指導を重視している。

　進学したとしても，やがては就職するのであり，進学を考える際にも，将来の進路・職業について明確な目的意識を持って取り組むことが必要である。地域の産業動向や仕事の具体的な内容など職業選択に必要な知識をできるだけ身につけておく必要がある。職業に対する心構えやコミュニケーション能力などの職業に就くための基礎的な能力の欠落が指摘されるなかで，望ましい勤労観・職業観を育み，産業の発展を支える技術・技能の担い手を養成する職業教育の充実が求められている。

第3章
勤労の権利と若年者雇用保障の沿革

　ここでは，戦後の我が国の労働市場政策の軌跡をたどるなかで，勤労権と若年者雇用保障の法理論的な発展過程について検討する。ここでの労働市場とは，不特定多数の事業主及び労働者の間において成立する求人・求職の市場である外部労働市場のことであり，この労働市場では求人・求職過程での労働者の保護と，その就職の促進とともに，産業界への有効な労働力供給のための法規整がなされる。このような法規整にはその有効性を高めるため企業内での雇用そのものを安定させ，労働力の育成を促進する法律政策との連携が求められる。

1節　勤労権と失業救済

　戦後，制定された日本国憲法27条1項は，その労働によって生活する国民がすべて労働市場において適切な労働の機会を得られるようにすることを，国政の基本方針として宣言している。それは自由市場経済において労働者の雇用が需給の変動に翻弄されてきたことを反省し，完全雇用を国政の重要目標として宣言した規定といえる。「勤労の権利」は，国の2つの政策義務を意味する。第1は，労働者が自己の能力と適性を活かした労働の機会を得られるように労働市場の体制を整える義務であり，第2は，そのような労働の機会を得られない労働者に対し，その生活を保障する義務である。第1の義務に対応する政策（立法）としては，職業安定法，雇用対策法，職業能力開発促進法などがあり，また第2の義務に対応する政策（立法）としては，雇用保険法がある。これらの立法は戦後の労働関係の民主化と失業者の救済，高度成長下の労働力需給の調整，社会経済の構造調整の下での雇用安定・失業防止など，その時どきの政

策課題を処理してきた。近年では積極的雇用政策のための多数の立法措置がなされている［菅野1999］。

1．労働の民主化と職業選択の自由

　1947年に制定された職業安定法は，その第2条で「何人も公共の福祉に反しない限り，職業を自由に選択することができる」と宣言し，また第8条では，政府が「無料で公共に奉仕する公共職業安定所を設置する」ことを定めていた。この法律の基本精神は，個人の基本的人権を尊重し，労働者の保護を図ることにより，労働の民主化を促進することにある（衆議院労働委員会での提案趣旨説明）。政府以外の者の行う職業紹介についてはこれを許可制とし，とくに「他人の労働の上に存在する」労働者供給事業を禁止した。個人の自由な活動と，労働者保護のバランスの上に立って，弊害のない限り労働者の紹介事業・募集活動を認めるが，弊害のあるものについては厳罰でのぞむという姿勢を打ち出している。職業選択の自由と行政のサービス，そして個人の活動の自由と労働者の保護というこの職業安定法の骨格となっている一連の理念は，労務の動員配置を目的として労働市場の徹底した統制を行った戦時職業行政に対する訣別でもある［菅山1998］。

2．労働力の需給調整

　この職業安定法にはその理念とは原理を異にするもう一つの政策意図も含まれている。職業安定所の行う職業斡旋は「工業その他の産業に必要な労働力を充足し，以て職業の安定を図るとともに，経済の興隆に寄与することを目的とする」とし，また政府の行う事業として，第一に「国民の労働力の需要供給の適正な調整を図ること，及び国民の労働力を最も有効に発揮させるために必要な計画を樹立すること」をあげている。これを根拠として，公共職業安定所は労働大臣の直属機関となり，全国一貫した職業安定行政が行われることになった。

　労働者保護の観点から，職業安定所の行う紹介はできるだけ求職者の通勤圏

内に限るよう努力するという，通勤圏内紹介の原則が定められている。しかし労働省は1948年（昭和23年）に広域職業紹介のための新たな手続きを定め，これにより繊維，石炭，鉄鋼などの重要産業の労働者さらに新規学卒者など「質的または量的にみて重要な求人については労働力の需給調整上必要のある場合」，所轄の都道府県は適当と認める他の都道府県に自由に求人連絡ができるようになった。この連絡のための特別の措置として，関係者が一堂に会する会議も開かれ，新制中学校の新卒者の職業紹介も，このような会議での求人・求職情報の連絡交換を通じて実施された。労働省は全国レベルでも求人・求職の情報を把握し，全国会議を開催し調整を行った。このような労働力の需給調整の仕組みは，戦時職業行政のシステムを継承し発展させたものであった。

3．失業救済

終戦から1955年（昭和30年）頃までの経済復興過程においては，労働関係の民主化と就職難・失業への対処が基本的な政策課題であった。終戦直後には，荒廃疲弊した国の経済のなかで軍需工場から放出された失業者，復員軍人，海外からの引き揚げ者などが巷にあふれ，また1948年（昭和23年）の経済安定9原則の実施に伴う公務員や私企業労働者の人員整理により大量の失業者が発生した。この時期には失業者の救済のための体制づくりが急がれた。1947年（昭和22年）末には職業安定法及び失業保険法が制定され，公共職業安定所による職業紹介及び失業者に対する失業保険金の支給の体制がつくられた。1949年（昭和24年）には緊急失業対策法も制定され，失業保険金の切れた失業者を失業対策事業へ吸収することにした。

2節　経済成長と労働力対策

戦後，昭和30年代の経済成長の時期には，技術革新の進展により技能労働者の不足が始まり，「労働力対策」立法の制定が始まった。1958年（昭和33年）に職業訓練法が制定され，職業訓練と技能検定のための体系が整えられた。ま

た経済成長に伴い労働力需給の地域間，産業間，年齢階層間の不均衡が生じ始め，これに対処する立法も始まった。1959年（昭和34年）にはエネルギー転換と石炭産業の合理化に対処するために炭鉱離職者臨時措置法が制定され，炭鉱離職者の就職援助のための措置が定められた。そして1960年（昭和35年）の職業安定法の改正により，広域職業紹介が導入され，翌1961年（昭和36年）には雇用促進事業団法が制定され，雇用の促進に関する事業を行う雇用促進事業団が設立された。さらに身体障害者雇用促進法も制定され，身体障害者の雇用促進の施策が開始された。ここでは経済成長期の労働力対策の中でもとくに当時，最重点課題の一つとされていた集団就職などに象徴される新規学卒者の職業紹介の法的規整に注目して，その労働力需給の調整に関する政策の軌跡をたどることにする。

1．新規中卒者の職業紹介

　1950年代から1960年代の日本経済はきわめて急激な産業構造の変動と雇用者の増加，労働人口の地域間移動を経験した。このような戦後日本社会の構造変化のスムーズな進行を支えたものの一つに，中卒労働力の流れを「調整」した職安の活動があった。

　農林水産業以外の部門に就職した新規中卒者数は，1950年（昭和25年）の28万人から1956年（昭和31年）の59万人へと激増した後，横ばいとなり1960年代半ばまで高水準を保っていた。その就職先は製造業に集中し，非農就職全体の7割に達した。この間，高校進学率が急上昇したのに伴い，新規高卒就業者数の伸びも著しかったが，製造業については，1960年代前半には中卒の供給数は，高卒の倍を数えていた。新規中卒者の県外就職率は全国平均で1953年（昭和28年）には18％であったが，1960年代前半には35～40％へと大きく上昇した。高度経済成長を下支えした基幹中卒労働力の大半は，職安による職業紹介によってまかなわれていた。

　① 職安の求人指導

　新規中卒の求人倍率は，1952年（昭和27年）に1倍を超えたものの，1950年

代には概ね1.2倍前後の値にとどまり，低水準で推移した。しかし1960年（昭和35年）には1.9～2倍にはねあがり，急角度で上昇し1964年（昭和39年）には3倍を突破した。労働市場が急激に逼迫するなかで，農村から都市へ向かう中卒労働力の巨大な流れを，職安が把握することができたのは，自由な求人活動に対する徹底した規制が行われたためである。60年代に入ると行政による「求人指導」は活発化し，新規中卒者に関しては委託募集はもちろん，通勤圏外からの直接募集，新聞広告等による文書募集も禁止された。さらに縁故の範囲も厳格に定められたため従業員の子弟を雇い入れる場合でも他の募集と同様の規制を受けることになった。大口の求人は職安を通す以外，ほぼ不可能となった。

② 職安と学校による職業指導

求職者の自由な職業選択に対する規制は，対象が在学中の生徒であるため，職安と学校との連携にもとづく「職業指導」という形で行われた。職安は「憲法22条に定められた国民の職業選択の自由権は，職業選択の放任を意味するのではなく，それは必要ある者に対しての特殊の奉仕によって完全に得られるのである。」（業務内容の手引き・1948年版）として，新規中卒者は「心身未熟な者が多」く，知識や経験を持たないため「職業選択に対する判断力が乏しい」が，その就職は「職業人としての出発」となることから，「将来の発展計画が十分に考慮された選択でなければならない」としている。その間隙を埋めるものが，職安の行う「特殊援助」であり，学校と協力して行う「職業指導」であるとされた。

③ 職場への定着対策

職業指導は就職後の「補導」によって完結することになっていた。このアフターケアは職安がその管内に就職した就職者に対して責任を持って実施することとされており，職場訪問を行い，「激励」と「適応を阻害する問題の解決に関する助言・指導」を行うことがその内容であった。このような就職後の補導によって職場定着率の向上を目指していた（労働行政要覧・1959年版）。「定着は善，離職は悪」という考え方や「石の上にも三年」という職業哲学が当時は

一般に浸透していた。就職の経路と転職率の関係を明らかにした調査によれば，学校・職安の紹介による者が8.2％と際立って低いのに対して，知人・家族の紹介では39.5％，新聞広告による場合では56.6％に上っていた［1967年（昭和42年）1月の神奈川県における流入青少年に関する東大教育学部の調査］。中卒者の定着対策は1967年（昭和42年）には職安行政の重点課題の一つとされ，その翌年にはさらに定着指導が強化された。

2．高卒者の職業紹介と職業安定法の改正

　職安による新規中卒の職業紹介は，職安行政の民主化の洗礼を受けつつも戦前・戦時の経験を継承したものであった。このような流れは戦後の高卒者の職業紹介制度の中にも認めることができる。1947年（昭和22年）制定の職業安定法は，政府が行う以外の職業紹介事業は，すべて労働大臣の許可を得なければならないと定めていた。しかしこの規定は，戦前から企業との実績関係にもとづいて卒業生の就職の斡旋を行ってきた中等以上の学校にとって，きわめて不都合なものであった。

　そこで1949年（昭和24年）には職業安定法の改正が行われ，同法33条の2に，学校が労働大臣に届け出て「無料の職業紹介を行うことができる」とする規定が追加された。さらに職業指導について定めた25条には，新たに25条の2及び3が追加された。2では「職安が学校と協力して職業指導を実施し就職の斡旋を行う」ことが，また3では職安が必要と認めた場合は就職の斡旋業務の一部を学校に分担させることができることが規定された。すなわち学校は(1)職業安定法33条の2の規程に基づいて自ら就職の斡旋を行うか，(2) 25条の2によってこれを職安の手に委ねるか，(3) 25条の3により職安の就職斡旋の業務の一部を分担するか，いずれかの立場を選ぶことができるようになった。

　当時，GHQの基本的な考え方は，職業紹介を国が独占することにあったが，学校関係者からの強い要望もあり，労働省当局も，大学や高校が過去に卒業生の斡旋を行ってきた経緯や，この関係の求人が職安に来ないという実情もふまえ，GHQに働きかけたことによって，1949年の職安法改正が実現した。

このことは1960年代後半に進行した労働力の中卒から高卒への学歴代替の動きのなかで，職安が中心となって斡旋を行う仕組みから，企業と学校の特別の結びつきを基盤とした制度への，新規学卒労働者の就職メカニズムの変化をもたらすことになった。

第4章
積極的雇用政策と若年者雇用保障の課題

1節 積極的雇用政策の展開

　我が国の経済は，1974年（昭和49年）の第一次石油危機の後，第二次石油危機，プラザ合意後の急激な円高などの大規模な環境変動に見舞われ，政府は企業が雇用をできる限り維持しつつ，雇用調整や事業の再構築を進めることを積極的に支援する多数の立法を行った。これが1974年（昭和49年）の雇用保険法の制定に始まる積極的雇用政策の展開である［菅野1999］。

1．雇用対策法の制定

　1966年（昭和41年）頃から1973年（昭和48年）までの高度経済成長期の労働市場においては，技術労働者を中心とした若年労働力の不足が一般化する一方で，中高年齢者の就職難や，過密・過疎による地域間の労働力需給の不均衡などのアンバランスが顕著となった。しかも，大学進学率の増加による中高新卒者不足や人口の高年齢化のなかでこの傾向はますます進むと見られた。このため政府は，国民経済のための有効な活用を目指して労働力の需給調整を目標とした積極的な労働力政策の推進を図った。このような労働力政策の基本法ともいうべき雇用対策法が1966年（昭和41年）に制定され，翌年には同法に基づく第一次雇用対策基本計画が閣議決定された。1969年（昭和44年）には職業訓練法を抜本的に改正した新職業訓練法が制定され，「生涯訓練」の体系の設定や，公共職業訓練と認定職業訓練の基準の統合が行われた。さらに1971年（昭和46年）には中高年齢者等の雇用の促進に関する特別措置法が制定された。

　1974年（昭和49年）から昭和50年代にかけての低成長期には，企業は先行き

不安のために新規採用を手控え，むしろ長期的な雇用調整に取り組んだ。また構造的な不況業種や不況産業の存在のために，業種間，地域間での労働力需給のアンバランスも進むこととなった。このような情勢のなかで政府は「積極的雇用政策」の主要目標を，第三次雇用対策基本計画においては「成長率低下のもとでインフレなき完全雇用を達成・維持すること」に置き換え，種々の立法や施策に取り組むことになった。

2. 雇用保険法の制定

1974年（昭和49年）末には，失業保険法を抜本的に改正した雇用保険法が制定され，それまでの給付と負担の不均衡に対処するために失業給付の体系を大幅に組み替え，給付率を賃金額に応じて上薄下厚とし，かつ，給付日数を就職の困難な中高年齢者ほど多くした。このような失業保険制度の合理化とともに，新雇用保険法では，従来の失業給付に加えて，雇用の改善と失業の防止のための積極的施策を織り込んだ。これが雇用改善等三事業であるが，その具体的な施策の一つである「雇用調整給付金」は，企業が不況により一時休業する場合に，企業が労働者に支払う休業手当の2分の1ないし3分の1を国が企業に支給するものである。

また，1977年（昭和52年）には雇用改善等三事業への「雇用安定事業」の追加，「雇用安定資金」の設置を定めた雇用保険法の改正が行われ，また特定不況業種の離職者に対する就職活動の援助や雇用保険の給付日数の延長を定めた特定不況業種離職者臨時措置法が制定された。さらに翌1978年（昭和53年）には，特定不況地域の離職者に対する職業訓練・職業紹介についての特別措置，雇用保険の給付日数の延長などを定めた特定不況地域離職者臨時措置法が制定された。

3. 職業能力の開発・促進

急速な技術革新と職業生涯の変容のなかで，広範な労働者がその職業生活の全期間を通じて職業能力の開発向上を必要とされるようになった。行政サイド

においても労働者の職業能力の開発を系統的・積極的に支援することが重要な課題となった。1985年（昭和60年）に職業訓練法を大幅に改正して，職業能力開発促進法が成立した。

　職業能力開発促進法は職業訓練及び職業能力検定の充実強化の施策などを総合的・計画的に講ずることにより，労働者の職業能力の開発・向上を促進し，職業の安定と労働者の地位の向上を図るとともに，経済及び社会の発展に寄与することを目的としている。職業能力の開発・向上の促進は，労働者各人の希望，適性，職業経験等の条件に応じつつ，雇用及び産業の動向，技術の進歩，産業構造の変動，経済活動の国際化に即応できるものであって，その職業生活の全期間を通じて段階的・体系的に行われることを基本理念としている。

2節　若年者雇用保障の課題

　近年の厳しい経済環境の下，企業の雇用は，必要な人材を，必要なときに，必要なだけ採用し，その能力に応じて処遇するといった方向に変わり始めている。これまで新規学卒者は，一括採用され，企業内の教育訓練を重ね，終身にわたって雇用され，年功によって処遇されてきた。しかし，今日では「即戦力」となる人材を通年にわたって採用し，個々の専門的能力や業績によって処遇する方向に変わってきている。可能な限り業務の一部や全部を人材派遣やパート・アルバイトなどの一時的・臨時的雇用に切り換えたり，アウトソーシングで代替するようになっている。企業にとって新規学卒者の雇用は，将来的に必要な人材を確保するための投資といった側面が薄れ，当面必要な人材の確保といった面に重点が置かれ始めている。新規学卒者はこれまでのように学歴だけで職に就くことが難しく「何ができるのか」「何がやりたいのか」など，働く上での資質，能力が厳しく問われ，しかもその水準が高度化している。専門的知識・技術に乏しい新規学卒者なかでも，高卒者の就職を取り巻く環境は厳しさを増すと考えられる。一方，新規学卒労働市場と他の労働市場との垣根も低くなっており，競争の厳しさは一層増大している。

1．若年者雇用保障の推移
① 戦後の職安行政と新卒者就職

　戦後，制定された職業安定法の規定は，戦前から企業との実績関係にもとづいて卒業生の就職の斡旋を行ってきた中等教育以上の学校にとって，不都合なものであった。その後，職業安定法の改正が行われ，33条の2に，「学校が労働大臣に届け出て無料の職業紹介を行うことができる」とする規定が追加された。大学はすべて33条の2によることになったが，高校については解釈の幅があった。戦前の中等教育の性格はきわめて多様であり，卒業生の進路も就職，自営，いずれが主かはそれぞれの学校で異なり，就職実績のある企業（以下，「実績企業」という）の数にも大きな差があった。したがって自力で卒業生の斡旋を行うか，あるいは職業安定機関の中で処理してもらうかは，実績企業の多寡や学校の方針によって決定されることとなった。

　このような経緯からも，伝統のある工業科，商業科の職業高校の多くは33条の2による学校として，戦前からの慣行を踏襲して実績企業を中心に自らの手で，職業斡旋を行う道を選んだ。このような学校の行う職業紹介には職業安定行政が介入する余地はほとんどなかった。ここで職安に報告されたのは，求人・求職・就職の総数だけであり，職業紹介の具体的な状況を当局は把握していなかった［菅山他2000］。

② 学校に委ねられた職業選抜

　日本における高卒の労働市場への参入は，「学校に委ねられた職業選抜」と呼ばれる形態に集約される。学校における「進路指導」が，実質的に労働力の配分を行っている「学校選抜型」の職業への移行の形態をとっている。高卒者の労働市場への参入に，さらに次のような日本的特徴が付け加えられている。企業の採用選考の重要な部分を学校に任せることで，労働力の配分は事実上，学校に内部化される。実際にも，8割近い高卒就職者が，学校から最初に推薦された企業に内定している。「学校に委ねられた職業選抜」の下では，学校推薦に向けての学校内の選抜が，ほぼそのまま就職先の決定につながる。学校推薦の決定は，学業成績を基準として「能力主義的な選抜」を基調とする。

日本の高卒者の就職は3つの特色ある制度的環境の下で行われている。まず，高校生個人に対する求人活動の制限や就職試験解禁日の設定等の求人採用活動を規制する「制度的取り決め」がある。高校の職業紹介の業務は職業安定法の規定に根拠をおいている。次に，複数の企業に就職内定が決まった場合に，未熟な高校生には的確な企業選択の判断は困難であり，また複数の企業からの入社の誘いに適切に対応することも難しい。このための教育的な配慮から，就職機会を一つに制限し，求職者を保護しようとする「一人一社制」と呼ばれる生徒の推薦方法が採られる。そして，特定の企業と学校との継続的な信頼関係のなかで，信頼を基礎に確実性の高い情報の交換によって，職業紹介→採用→雇用の安定化を図るネットワークとしての「実績関係」がある。

③ 職業安定法の改正と職業紹介の規制緩和

　近年の産業構造・就業構造の変化に対応して労働力の流動化を促進するために，また，ILO181号条約の採択といった国際的な動向をふまえて，職業安定法が改正され，民間の職業紹介事業が原則的に自由化された。また，労働者派遣法が改正され，人材派遣の対象職種が一部の職種を除いて大幅に緩和された。民間有料職業紹介事業の自由化は，これまで公共職業安定所に一元化されていた新規高卒者の職業紹介窓口が，民間有料職業紹介事業者に開かれることを意味する。しかし，現状では行政上の指導により新規高卒者の紹介については，選考開始期日を遵守し，学校を通じて紹介することとされていることから，当面この自由化の影響は考えにくい。

　また男女雇用機会均等法の改正により，募集・採用においても，男女の別を問わないこととなった。しかし，企業，学校そして生徒自身に，特定の職種を男の仕事あるいは女の仕事として捉えてしまう従来の固定観念が残っていることなどが考えられ，事務系や販売系の求人が激減したことと相まって女子の就職状況を一層厳しいものにしているのではないかと考えられる。固定的な考え方にとらわれることなく，主体的な進路選択ができるよう指導の充実に努め，男女を問わず，一人一人の能力・適性や意欲等に基づいた応募，採用が行われることが求められる。

2．学校から職業への円滑な移行

若年者の雇用の安定と効果的な人材の育成を図るためには，学校から職業への円滑な移行が図られていることが重要である。この円滑な移行を可能にする要素として，企業の考え方，若年者の意識，そして両者のマッチングの3つが考えられる。企業としては，中途採用の拡大を考えてはいるが，今のところ新卒採用を中心としており，学卒採用システムの考え方そのものを変えようとはしていない。企業は今後も学卒採用システムを人材確保のための重要な仕組みと考えている。労働集約的分野の海外移転が進み国内の仕事の内容にますます高度化が要請されるなかで，新卒者を長期にわたって育てていくシステムは依然として重要視されている。

今後，景気の回復により学卒労働市場が改善されたとしても，若年者の意識をふまえるとフリーター化する層は相当程度出てくることが予想される。フリーターの3分の2はいずれは定職に就きたいと希望しており，年齢があがるとともにその希望は高まるが，フリーターでいる期間における能力開発の機会の不足もあり正規雇用への移行が円滑にいかない例も見られる。将来の正規雇用への移行の困難さをも十分に考慮に入れながら，高卒段階での初職の選択に真剣に取り組むことのできる環境の整備が重要である。

① 主体的な適職選択の必要性

職業選択における若者の意識の希薄化が指摘されているが，これには日常の生活のなかで具体的に職業をイメージできる機会が少なくなってきていることが影響していると思われる。職業自体の高度化，多様化等により職業内容の理解も難しくなってきていることから，若者が主体的に職業を考え，その理解を深める機会が不足していることが考えられる。学校教育の場面でも職業・労働というものに対する具体的なイメージを体得するための取り組みが望まれる。地域の事業所との接触やインターンシップの促進など，体験的な学習の機会が学校教育の中で積極的に提供されることが望まれる。若者が具体的な職業に対するイメージを持つなかで，目的意識が明瞭になり，主体的な適職選択の能力が育成されるものと考えられる。学校から社会あるいは上級学校への円滑な移

行，及び履修教科科目の適切な選択に関して生徒一人一人にきめ細かな指導援助が求められている。

② 学卒労働市場におけるミスマッチの改善

今日の高校生の就職をめぐる課題を克服していく上で，学校と企業が相互の理解と信頼関係を深めていくことは重要である。教師，生徒が職場や仕事あるいはそこで求められる資質や能力，態度，とりわけ，社会人，職業人として求められるマナーやコミュニケーション能力等を十分に理解すること，企業が学校・学科の教育内容や指導の実際を理解することなどを通じて，相互の信頼関係を築き，それを基本として求人・求職を行うことが必要である。

求人と求職のマッチングについては，職業紹介の果たす役割が大きい。高卒労働市場は厳しい状況にあるが，相当数のミスマッチも存在する。地域の事業所の具体的な情報を適切に把握した上でアドバイスができればミスマッチの解消に役立つ。ここでも就業体験の機会は効果を発揮すると思われる。学卒未就職者が増加する一方で，地域のものづくりの現場では若年技能者が確保できず，技能の継承が不十分となっている状況がある。熟練技能者等を活用したものづくりの体験的学習の機会を充実することにより，マッチングの可能性も高まり，さらに産業における技術・技能の基盤を維持していくことにも役立つと思われる。

若年者の意識を学卒労働力に対する需要の動向に適合させていくことも大切であり，在学中の早い段階から，地域の産業動向，具体的な求人や人材ニーズの実態を示し，変化に対応した能力開発の取り組みが行えるような環境づくりが求められている。

むすび

職業の選択は，基本的には本人の意思と責任において，判断・決定されるべきものである。採用・雇用をめぐる状況や労働市場等が多様化・流動化しており，生涯にわたって自己のキャリアを開発し，向上させていくことが強く求め

られている。このようななかでは，若者が職業に対する主体的な選択能力や態度を身につけることは一層大切になっている。新規学卒者のフリーター志向の広がりや，増加する無業者，離職等の現象は，経済状況や労働市場の変化などとも深く関係するが，学校教育と職業生活との接続に課題があることも確かである。学校と職業・社会との円滑な接続を図るためのキャリア教育＝職業教育（望ましい勤労観・職業観及び職業に関する知識や技能を身につけさせるとともに，自己の個性を理解し，主体的に進路を選択する能力・態度を育てる教育）を小学校段階からその発達に応じて実施する必要がある。またフリーターが卒業時の進路の選択肢の一つになっている実情を直視すれば，社会保障や労働条件の面における正規雇用とフリーターとの相違などについての理解を深めさせるとともに，学校や家庭においても職業生涯に関わる教育の計画的な実施が求められる。

参考文献・資料

文部科学省「高校生の就職問題に関する検討会議報告」(2001)
日本経営者団体連盟「高校新卒者の採用に関するアンケート結果」(2001)
中央教育審議会「初等中等教育と高等教育の接続の改善について」(1999)
日本労働研究機構「JILフォーラム－学校から職業への移行システム」(2000)
日本労働研究機構「高校生のなかに広がるフリーター予備軍」(2000)
日本労働研究機構「フリーターの意識と実態」調査報告137号 (2000)
労働省『労働白書』(平成12年版)
日本労働研究機構「JILフォーラム～学卒無業者のゆくえ」(2000)
菅山真次他『学校・職安と労働市場』(2000)
菅野和夫『労働法（第5版）』(1999) 31頁
菅山真次「〔就社〕社会の成立－職業安定行政と新規学卒市場の制度化，1925-1970」日本労働研究雑誌 457号8頁 (1998)
労働省『労働問題のしおり』(平成10年度)
労働省『雇用対策基本計画』(第9次, 1999)
労働省職業安定局『職業ハンドブック』(1997)

第2編

欧米の若年失業と雇用保障

はじめに

　欧米ではベビーブーマーが去った後，少子化や進学率の上昇により，若年労働力人口は減少に転じ，今日に至るまで減少傾向が続いている。また1970年代後半以降，後期中等教育への著しい進学率の上昇が見られ，若年労働者の教育水準が向上した。また，この時期には情報通信技術を中心とする技術革新が進展し，若年労働者はこれに対する適応性が相対的に高かった。さらに若年者を多く雇用する業種が比較的に多いところのサービス経済化が進行した。このような構造変化は，先進国共通に見られる現象であり，若年労働者の雇用や賃金に有利に働くはずであったが，アメリカを除いてほとんどの国で若年失業は低下するどころか大きく上昇している。また多くの国で若年層の相対賃金は低下している。さらにアメリカでは若年層に対する相対賃金が低下しているだけでなく，若年層内部での学歴による賃金格差が広がっている。

　このように総じて若年の雇用・賃金は相対的に改善されていない。この要因として，若年失業は他の年齢層のそれに比して，景気循環により感応的であり，80年代から90年代にかけての西欧諸国における景気の低迷は，全般的な失業率の上昇だけでなく，とくに若年失業率の悪化をもたらしたことが指摘されている［Freeman 1999］。しかし，各国の若年労働市場の制度や政策の違いについても注意が必要である。

第1章
欧米の労働市場と若年失業

1節　全体としての状況

　石油危機以降，欧米では深刻な若年失業を経験してきた。欧米の若年労働市場の特徴は，若年の雇用・失業が景気循環に対してきわめて感応的であることである［Clark and Summers 1982］。若年労働者は熟練度が低いため，不況期に労働力需要が減少すると，入職の抑制が図られ，若年労働者に対する需要が相対的に大きく減少する。アメリカのように先任権制度のある国では，レイオフによって勤続年数の短い若年労働者から雇用調整の対象になる。こうしたことが若年失業率の景気感応性の高いことの背景にある。また若年失業が一部の若者に集中する傾向が見られる。これらの労働者は失業と就業あるいは失業と不就業を繰り返す（recurrent unemployment）傾向が強く，やがて長期失業者になっていく［OECD 1985］。さらに移民，マイノリティー，貧困者などの子や一部地域の若者に失業が集中している。

　若年期の失業の経験や入職過程の違いが，その後の就業状態や賃金に影響を与える。これを入職経路依存性（path dependency）という。若年労働者が，技能形成に適した初期の雇用機会を失うことは，それ以後の就業形態や賃金にマイナスの影響を与える。ヨーロッパ各国でも，このような依存性があるとされている［Franz 2000］。日本の場合も入職経路依存性が見られ，とくに高校中退者では将来の賃金や雇用の安定の面で卒業者との間で明らかな差が見られ，学校による職業紹介の恩恵を受けられない中退者には相対的に不利になっている。

　また若年労働市場の機能は各国の制度的要因の影響を大きく受けている。学

校制度,訓練制度だけでなく,採用や職業資格を含めた雇用制度,労使関係によっても若年労働市場の働きに違いが生じている。アメリカやイギリスのように若年失業率が低下している反面,賃金格差が拡大している国と,フランスのように賃金格差はほとんど拡大していないが,若年失業率の高い国がある。ドイツのように賃金格差の拡大があまり見られず,若年失業率も比較的低い国もある [Ryan 1999]。学校から労働市場への移行過程は,国によって大きな違いがある。アメリカやフランスでは転職を繰り返しながら入職していくことが多いが,ドイツや日本のように学校卒業時にかなりの若者が正社員として採用されていく国もある。

2節 カナダとドイツの若年労働市場

経済変動のサイクルは,カナダとドイツとで異なっており,労働市場の種々の指数を比較する場合,注意を要する。労働力や雇用の成長率についても同様である。カナダにおいてはドイツにおけるよりも,雇用や労働力の規模が経済変動の影響を受けやすいことが指摘されている。長期にわたり労働力の成長を持続させた3つの要因は,自然な人口の増加,広範な労働市場への参入,及び移民であった。両国におけるベビーブームのバブルは1970年代及び1980年代の労働力の増加に大いに貢献した。両国とも,1980年代までの労働力の増加は,その多くが労働市場へのベビーブーマーの参入と結びついている。それ以降,大規模な女性の労働市場への参入がカナダの労働力の定常的な発展を支えた。しかし1980年代を通じて女性労働力を増加させたのはカナダだけであった。雇用の面での相違は,ある程度まで制度や構造の面での違いに由来している。この制度や構造の面での違いは労働者の採用や解雇の際のコストに影響を与えている。

1.ILOの行動計画

ILOは,1996年及び1997年の2年にわたり若年者失業に関する行動計画を

実施した。この行動計画は，①若年者労働市場の諸問題についての注意を喚起すること，②若年者失業に関する諸政策に関する理解を深めること，③若年者の雇用のための加盟各国の政策を強化することを企図したものである。この「行動計画」の基礎となったのは，ドイツとカナダの若年者失業と若年者雇用政策における比較研究である。

この比較研究からは労働市場におけるドイツの青年の経験は，カナダの若者のそれよりも好ましいものに見える。1970年代後半以来，ドイツの若年者失業は成年者のそれを構造的に下回っているが，カナダでは成人の2倍の失業率に達している。実際に両国とも高い失業率が継続しているが，ドイツの若年者労働市場のパフォーマンスはカナダに比してはるかに良好である。

この比較研究は，このような相違について，学校から職場への移行過程における職業教育・訓練，最低賃金制度などの構造的な要因の分析を通じて明らかにしようとしている。ドイツの整備された教育環境は若年者の学校から職場への移行を容易にしている。一方で市場原理がその重要な構成要素となっているが，より一般的な教育制度に基づいたカナダのアプローチは，全体として熟練度が低く，頻繁にそして長期に失業する若年労働力をもたらしている。

2．賃金決定と若年失業

ヨーロッパでは高失業の原因として賃金の弾力性の欠如を指摘することが多い。過剰な労働力供給に対する実質賃金の不完全な調整が自動的に失業を発生させるとしている。最低賃金制度や強力な労働組合といった賃金の弾力性を妨げる制度的な措置が，中期的には高失業に対する相応の責任を負っていると見られている。労働組合も最低賃金制度もともにカナダにもドイツにも存在するが，その構成は大きく異なっており，それが若者に対して持つ意味合いも違っている。

ドイツの賃金は熟練の程度，職種，業種，地域そして年齢等によって変動する。実際にほとんどの産業で，若年者に対して相対的に低い賃金が，その訓練の修了や熟練にもかかわらず支払われている。このようなドイツの賃金構造の

特徴は若年者に直接的な影響をもたらしている。カナダの労働組合はドイツとは異なった対応をしている。賃金交渉は中央に集中されておらず，広範な経済調整も存在しない。労働組合は工場単位で組織され，賃金交渉も工場レベルで行われる。また労組の組織率も部門ごとに大きく異なっている。したがって賃金の相当部分は市場において決定され，若年労働者にとっては有利な賃金となっている。

ドイツの労働組合の組織率は90％であるが，カナダでは40％を下回っている。ドイツでは交渉により決定した賃金が最低賃金となり，熟練の程度を問わずに適用される。経験に対する報酬があるので，若年者に対しては低い賃率が適用される。カナダの法定賃金は立法に基づくもので未熟練の労働者にのみ適用されることから，若年労働者の失業を誘発していると見られている。

3節　イタリアの労働市場

マクロのイタリア経済においては，財政赤字の縮小が大きな課題となっている。最近の政権はいずれもリストラを推進しているが，過去半世紀にわたり累積された債務は膨大であり，この解消は容易ではない。金利を抑え，投資を促進し，為替を安定させることにより，生産部門を阻害することなく，赤字を解消することが望まれている。また公営企業の民営化と行政事務手続きの簡素化も求められている。社会保障コストの負担増については，不正就労者＝脱税者がきちんと税を支払えば一挙に解決できるとされている。しかし所得に対する補足率に大きな違いがあり，給与所得者と自営業者との間に大きなギャップがある。開業医の申告所得が労働者より少ないという実態があり，政府は社会保障給付の引き下げの前に，きちんとした税の徴収が求められている。

2000年7月の失業率は全国平均で10.5％である［ILO 2001］が，北イタリアの男子に限定すると全国平均の2分の1程度にすぎない。イタリアの失業者の半数は希望に合わないという理由で職に就いておらず，いわば自発的失業である。しかし南イタリアの失業率は全国平均の2倍に達する。南イタリアの高

い失業率の理由は事業所が少ないことと，出生率が高いことである。南イタリアの若年労働者の失業率は学歴を問わず女性を中心に高い。ローマ地方では失業率は全国平均を上回っているが，その理由は南イタリアの職を求める失業者が一時的にローマにやって来て滞留するためである。

イタリアでは経済の好況が必ずしも雇用の増加に結びつかない。これは構造的な要因によるところが大である。北イタリアで労働需要が強まっているが，最大の問題は若年労働者の失業である。この問題は構造的な変革がない限り解決は難しいとされている。

4節　ブルガリアの労働市場

市場経済への移行のスピードは緩慢である。国民の間に改革の必要性に関するコンセンサスは存在する。ブルガリアでは政治改革が先行し，自由選挙や複数政党制，基本的人権の保障，報道の自由などの改革が進められた。政治改革のスピードは速かったが，経済社会分野での改革は遅れ気味であった。

労使の利益を代表する団体が形成されており，労働市場を規制する立法もある。雇用や職業訓練に関する法的規制は政令により行われる。

政治改革の後，失業が顕在化し始め失業率は上昇を続けた。コメコンの崩壊と対CIS貿易の停滞により電気・電子・機械分野の生産は大きく混乱し，失業が急増した。また農地所有権の返却，コルホーズの廃止などの農業改革に関連した失業も増大した。また国営企業の民営化に伴い，国営企業の雇用が減り失業の増加につながった。2000年の段階で，16%強の失業率，60万人を超える失業者が存在している［ILO 2001］。ブルガリアのインフレ率は高く，賃金の減価は著しい。国民の大半がソーシャルミニマムを割り込んだ生活を強いられてきた。これは世界銀行，IMFの指示に従ったために生じた事態である。国営企業及び製造業では賃金規制も行われ，労組はこの解除を求めてきた。労組と政府はパートナーとして意見の交換を積極的に行ってきたが，政策の対立する事項については政府の方針が貫かれている。しかし労組としても，協力関係

を維持し，安定した政権が成立することを望んでいる。

5節　スイスの労働市場

　スイスでは，ヨーロッパの他の国々ほどには高くないにしても，1年以上の長期にわたる失業者の多いことが問題となっている。全失業者の4分の1はこのような長期失業者であって，しかもその割合は増える傾向にある。なかでも50歳以上の高年齢の長期失業者の問題は深刻である。また，失業の状況は地域による偏りが大きく，アルプスの南にあるティッチーノ地方では東部の工業地域であるアペンツェルの5倍以上の失業率となっている。

　スイスでも，第一次産業の就業者数は減少を続けており，1986年に19万5000人であったが，1994年には14万4000人となり，この間に5万1000人も減少しており，8年間で3分の1減少した。第二次部門でも1986年から1994年までの間に，121万人から108万人に就労者が減少しており，約10％の減少となっている。とくに加工産業や機械工業，電機，建設などの部門での減少が著しい。一方で第三次産業においてはこの間に就労者数が200万人から250万人へと大幅に増加している［Bundesamt 1996］。

　長期失業者の雇用の確保を目的として失業保険制度の見直しが行われている。この改革では失業を減らすための措置に重点が置かれており，労働組合及び使用者団体は改革に関する協議と交渉を行い，先行的な施策の実施について合意している。そこでは，より有効性のある雇用保障を確保するための制度改革が進められている。この改革では，失業保険に関する既存の多くの規定が維持されるとともに，失業者が職業紹介の際に紹介された仕事に就く義務に関して，より厳格な姿勢がとられている。

第2章
欧米の雇用政策と若年者雇用保障

　失業により，仕事を離れ，孤立を続けることは好ましくない。自信が失われ，心身の健康も損なわれることが多い。このような状況は，職業教育・訓練や雇用就労プログラム等を，多面的に展開することによって改善できる。雇用と就労に対する意欲を高めることは本人にとっての利益だけでなく，国民経済にとっても大いに意味がある。各種の負担も減少する。雇用と就労のインセンティブを引き出す積極的な措置として，専門的・職業的・社会的な助言，職業教育訓練に対する支援，就業プログラムの包括的な提供等を進めるとともに，これらに関係する各機関の間の密接な協力が必要とされる。

　欧米諸国では1970年代以降，急激な若年失業の増大に対処するために様々な施策がとられた。ここでの雇用政策は教育政策，労働政策をはじめ社会福祉政策にまたがる広範なものとなっている。労働力の供給サイドに関わる施策は，学校のカリキュラムの改善，教育と職業の結びつきの強化，学習意欲の涵養，職業訓練や職業カウンセリングを通じて，若年者の就業能力（employ-ability）を高める方向で実施されている。一方，労働力の需要サイドでは，労働コストの低減や最低賃金の引き下げ，失業対策事業の実施等により，若年者に対する雇用機会を増大させる施策がとられている。こうした政策は，若年者の学校から職業への移行を円滑にすることにより，早い時期に若者の適性にあった条件の良い安定的な雇用に就くことができるようにすること，若年者の失業率を下げること，さらに若者がその職業生涯にわたって変化の激しい雇用環境に適応できるようにすることを目的としている。

　また各国は，若年者の雇用問題が，人種，貧困といった社会的な問題を抱えた家庭や地域の若者に集中する傾向があることから，こうした失業の危険性の高い若者に的を絞った政策を展開している。若年者の就業能力を高める施策

は，基本的に学校教育や職業訓練を充実させ，学校から職業への移行を支援する政策に他ならない。若年雇用問題が低学歴層に集中していることから，そのような層を主な対象として行われることが多い。中等教育を終えて就職をしようとする者がその対象となる。このような政策は学校制度や雇用制度の違いによって各国間で大きな差異がある［三谷2001］。

1節　職業訓練と職業紹介

　ドイツ，スイス，オーストリア，デンマーク等の国では伝統的な訓練制度が存在しており，学校教育と企業内訓練の連携により，円滑な学校から職業への移行のシステムが形成されている。これらの国では若年失業率を低位に抑え，早い時期に職業に就かせることに成功している。その背景には，この制度によって生徒の学習意欲が高まること，職業への明確な道筋を示すことができること等がある。一方でこの制度は企業にとっては若年労働者を早い段階で選抜する手段にもなっている。訓練の修了時に優秀な者だけを正式に採用することによって，企業は募集・採用コストを節減することができる。

　イタリアでは雇用契約に国の機関が関与することになっているが，職安を通じた採用は全体の5％にとどまっている。一般には私的な形で雇用されることが多い。職安は十分な機能を果たしていない。また民間の職業紹介は認められておらず，今後も政府はこれを認めない方針である。職安を経由しない就職については許可制から，採用後10日以内の申告へとその要件が緩和されている。

　ブルガリアでは，雇用対策についての議会の動きは緩慢である。雇用戦略と失業保障の確立，雇用の確保が重要である。政府は失業保障を受けている者だけを失業者と認定しており，保障の期間が過ぎてしまうと失業者としてカウントされなくなる。失業者の積極的な救済が望まれている。早期に雇用法を成立させ，経済的な支援を行い，自営の推進と税の軽減，中小個人企業の活性化など国だけでなく地域レベルでの雇用政策の展開が求められている。職業紹介のシステムは全国的に展開されている。都市と地方の間で雇用情報の円滑な交換

が行われている。労働組合にはこの分野の経験の豊富なスタッフがおり，政府，使用者との協議をふまえて全体的な政策の下に，職業紹介システムを運用していくべきだとしている。

2節　学校から職業への移行

西欧を中心として，後期中等教育への進学率は大きく上昇した。後期中等教育を卒業する者の割合は現在，OECD全体で75％を超えている。このため後期中等教育を修了できなかった者は，労働市場において賃金や雇用の面できわめて不利となる。そこで後期中等教育で中退をしないようにすることが重要となる。また中等教育は若年者の就業能力を十分に高めるものでなければならない。若年者の興味を引く柔軟で多様性のあるカリキュラムの作成が求められている。職業教育の魅力を高めるために，職業資格と大学進学資格の両方を取得できるコースが増えている。職業教育と普通教育の統合を拡大する施策がとられている。アメリカのキャリアアカデミーは高校内に設けられたサブスクールであり，(1) 少人数教育であり (2) 普通科目と職業科目とを統合した授業を行い (3) 企業との連携を図ることの3点を特徴としている。また学校教育の中で，職場経験を積ませる教育もアメリカを中心に広がっている。これは対象となる学年や期間そして体系や運営の組織化の程度等により多様な制度となっている。短い職場体験プログラム等はほとんどの国で実施されている。

3節　若年者の中途退学に対する施策

学校の中途退学を防ぎ，早期に中退してしまった若者を教育訓練の場に戻すことが求められている。ドイツでは社会的に不利な立場にある若年者，とくに移民労働者の子弟を義務教育やデュアルシステムのなかで支援する政策がとられている。これには言語教育，教育費の援助，職業指導，学習相談等の一般的な支援が含まれている。アメリカでは学習相談と職業指導，学費の支援等を組

み合わせた施策が成功している例もあるが，多くの中退防止策はあまり成功していない。一方で，スウェーデンやノルウェーでは，学校や心理カウンセラー，公共職業安定所や福祉関係等の機関の密接な連携の下で，中途退学者に教育と訓練の機会を提供することに成功している。その背景には若年者のニーズにあった柔軟な施策がある［Bowers et al. 1999］。

さらにアメリカでは，1960年代から行われてきた社会的に不利な立場にある若年者を対象とした短期の職場訓練プログラムに関する政策評価が進められ，その費用対効果が厳密に計測されている。最近まで，職業訓練共同法（The Job Training Partnership Act）に基づくプログラムが実施されており，教室での職業訓練，企業での補助金付き訓練，就職支援などがその内容であった。しかしこのプログラムは，政策評価の結果，あまり効果のないことが明らかとなり，1995年にその予算が大幅にカットされた。一方でジョブコープ（job corps）やジョブスタート（job start）と呼ばれる集中度の高いプログラムが始まっている。前者は，自宅を離れて1年間センターで居住し，基礎教育，職業訓練及び修了後の就職支援を含む広範なサービスを受ける。後者は，学校を中退した17～21歳の若年者に対し矯正的教育，職業訓練，職業指導などの支援を行うサービスである［Grubb 1999］。

4節　積極的雇用政策の推進

EUは，1997年のルクセンブルク・サミットで，加盟国の雇用対策のガイドラインを決定した。その中で「加盟国政府は，すべての若年失業者に対し，失業期間6ヵ月以内に，訓練，再訓練，職場経験あるいはその他の就業能力向上のための機会を与えなければならない」としている。デンマーク，フィンランド，フランス，オランダ及びイギリスの各国では，すでにこのガイドラインに沿った法的措置をとっている。

デンマークでは，積極的雇用政策の一環として，1996年以降，次のような若年失業者施策を実施している。その対象者は，失業給付を6ヵ月以上受給して

いる25歳未満の若年者で，職業教育や訓練プログラムを修了していない未熟練労働者である。失業の期間が6ヵ月に達した段階で個々の若年者に対してアクションプランが作成され，1年半の学校教育または企業内訓練を選択することになる。これとともに失業給付は支給期間が6ヵ月に制限され，給付水準も減らされた［OECD 1998］。

　同様な施策はニューディールと呼ばれるイギリスの包括的雇用政策においても実施されている。18歳から24歳までの若年者で求職者給付の受給期間が6ヵ月に達した失業者は，最長4ヵ月の初期プログラムに入らなければならない。その内容は，集中的なカウンセリングや進路指導からなる。その後，対象者は次の4つの選択肢の中から1つのプログラムを選択する。(1) 民間企業での賃金補塡のある雇用 (2) 研修休暇付きの環境またはサービス関係の6ヵ月間の失業対策事業 (3) 給付を受けながらの12ヵ月間の教育・訓練 (4) 最低6ヵ月間の自営業開業準備などである。これらの選択を拒否した若年者の給付は減額される。

　EU以外のオーストラリアやカナダでも，若年失業者を対象とした同様の新しい政策が行われている。こうした政策の特徴は，プログラムに参加することが求職者給付の受給要件になっていることと，教育訓練及び就職支援の包括的できめの細かい施策が講じられていることである。

5節　労働力需要拡大のための施策

　若年者に対する労働力需要の拡大施策には，労働市場の需要サイドに働きかけて若年者の雇用機会を増やす施策のほかに，賃金や社会保障費などの事業主負担部分を軽減し，若年者の雇用コストを低くすることにより雇用を増やそうとする施策や，労働市場の規制を緩和することにより若年者の雇用機会を増やそうとする施策などがある。また民間と競合しない公的部門で直接雇用機会を創出しようとする失業対策事業などによる施策もある。さらに，年金の支給開始年齢を早めて，高齢労働者の早期引退を促し，若年者の雇用を拡大しようと

する制度も西欧諸国では，広く採用されている。しかしこの施策は一定の効果はあったものの，年金財政の悪化を招き，むしろ支給年齢引き上げの方向に政策転換されている。

1. 賃金コストの抑制

　若年者の労働コストを少なくする政策には，賃金を低くするもの，社会保険の事業主負担部分を軽減するもの，さらには賃金補助等も存在する。若年労働者は未熟練で低賃金であることが多く，したがって最低賃金を引き下げることが，若年者の賃金コストの低下，若年雇用の増加につながると考えられる。実際に西欧諸国では，最低賃金の高いことが高い若年失業の要因であると指摘され，その対策として若年者には特別に低い最低賃金を適用する施策が多くの国で採用されている。

　フランスでは，職業経験6ヵ月未満で年齢18歳未満の者は正規の最低賃金よりも1割ないし2割低い水準のそれが適用される。このような若年層にのみ特別に低い最低賃金を適用する国は，最低賃金制度を有するOECD17ヵ国のうち10ヵ国に及んでいる［OECD 1998］。またドイツの訓練契約をはじめフランスやベルギー等の若年者訓練施策においても，対象者に特別に低い最低賃金を適用する事例がある。またフランス，イタリア，スペイン，ポルトガル等の国では，若年者向けの特別雇用対策のなかで社会保険の事業主負担部分を軽減免除したり，賃金補助の方法で雇用主に経済的インセンティブを与えようとする施策を行っている。

　イタリアでは，政府の雇用・失業対策は既就職者と若年者と2種に分けて行われている。雇用対策としては労働契約関係の弾力化を推進している。有期労働契約である「若年者の訓練のための雇用」は好評である。中高年者向けの雇用対策は，労働コストの削減により雇用の増大を図る方向で行われている。この労働コストの削減は社会保障費の政府による肩代わり等によって行われる。

　中規模以上の企業において在籍のまま給与補塡を受けて休職する制度を「カッサ・インテグラシォネ」という。中小企業では一般の失業保険が失業対策と

して利用されている。カッサ・インテグラシォネの場合でもコスト負担の面では変わるところはない。この制度の問題点は失業実態の把握が困難になることである。法制度上は在籍していても実態は失業であり，政府がこの制度を通じて保険金を支払っていることになる。この制度では不正利用を防ぐための審査がとくに重要である。

第二次産業の労働者の再就職は難しいので，早期の年金生活入りも一つの施策である。しかし年金生活者のヤミ労働を招く恐れがあるので労組はこれに反対している。

政府としてはフレキシブルな労働契約を推進しており，そのための雇用立法の改定を進めているが，労組はこれに反対している。

また若手の自営企業主を新しく創出することも南イタリアを中心にして推進している。実際に自営や協同組合の方法により事業を開始する場合，財政当局の審査を受け承認されると，資金の供給を受けることができる。これは貸付の形をとるが，償還を不要とすることもある。

財界は雇用改善のために，経済の構造自体を変えていく必要があるとしている。製品の競争力を高めることが大切であり，リラ安政策は長期的には好ましいものとは考えられていない。労働者の能力開発を適切に進め，製品の品質を高めることが大切である。情報産業の育成，都市再開発，サービス産業の拡大など新しい分野の育成を通じて，雇用は十分に吸収できるとしている。

EUとの関係で，南部に対する優遇税制等の補助的な経済政策は実施できないことになっている。南イタリアでは賃金は低くても物価が安いので，一般に暮らしやすい。南から北へ若年労働力の移動のあることが望ましいが，現実には社会文化的な理由からあまり移動が見られない。南北の経済調整を行い，住宅投資等を進め，地域雇用の拡大と賃金コストの抑制などの複合的な政策の実施が望まれている。

2．雇用保護規制の緩和

雇用保護規制の厳格すぎることが，若年者の雇用に悪影響を与えている可能

性が指摘されている。厳格な雇用規制は労働市場を硬直させ，新規に参入した若年者の雇用に大きな影響を与える恐れがある。実際にも OECD によれば，雇用規制の厳しい国ほど，若年者の失業率が高く，また若年者の就業者人口比率は低い傾向にある。

有期雇用に関する規制が1980年代半ば以降に緩和されたフランス，ドイツ，スペイン等の国々では，若年者の有期雇用の促進が見られた。労働市場に新規に参入する若年者の労働市場が有期雇用に関する規制緩和の影響を大きく受けたと考えられる [Rogouski et al. 1996]。問題は，有期雇用で採用された若年者が，その後正規雇用へ移行しているか否かにある。イタリア，ポルトガル，スペイン等の諸国では臨時雇用契約から正規雇用契約への移行を促進する政策がとられた。こうした政策では，税制上の優遇，助成金の支給，社会保険料の減免等の誘導施策がとられた。

イタリアの失業は高い水準で推移している。その原因は世界的な不況と国内の構造的な要因にある。国内の構造的要因とは，厳格な解雇規制法制と高い企業の社会保障費負担である。これらが新規の雇用を抑制し，労働コストを高めている。つまり実際上，解雇が著しく困難であるため企業は新規の採用に極めて慎重になる。その能力の確証が得やすい熟練労働者をもっぱら採用することにより，新規学卒者をはじめとして若年労働者の雇用が進まない。若年労働者で失業期間が長期化するとますます，採用されにくくなるという悪循環が存在する。

解雇の決定権は企業ではなく裁判官にあり，解雇は無効とされることが多い。このため経済の論理と規制が整合していない。5人以上の集団的解雇については，75日間もの猶予期間が設定されている。1人当たり1300万リラにも達する退職金や再就職準備金も大きな負担になっている。個別解雇についても厳しい解雇規制があり，裁判所により解雇を無効とされた場合，1000万リラの損害賠償を支払った上に，15人以上の規模の企業ではさらに再雇用を義務づけられている。

解雇規制の緩和に関して，裁判所から解雇に対する決定権を移すことは困難

と見られている。このため使用者にとっては，解雇をなくすことのほうが現実的である。この事情はヨーロッパ一般にいえることであり，政府は有期労働契約や派遣などのフレキシブルな雇用形態の活用を望んでいる。

　一方で，工業連盟は解雇規制の緩和を求めている。イタリアの雇用はここ数年，弾力化が進行しているが，政府の進めている有期労働契約について，同連盟は違法とまではいわないが，法に沿ったものとは思えないという立場をとっている。EUの規制は集団的解雇を定めており，解雇についてはEUの規制に沿って進めるべきであるとしている。

　失業の減少のために，解雇規制の緩和につながる有期労働契約やパートタイムなどの弾力的な雇用契約が期待されている。労組サイドはパートタイマーの活用に関して，労働条件の明確化のみを定めたパート労働法は，社会の高齢化に伴い，年金取得条件との関係で，とくに女性の年金受給権を損なう恐れがあると考えており，パートタイマーは一般労働者と同等に保護される必要があり，社会状況の大きな変化がない限り，パートは限界的な労働市場にとどめるべきであるとしている。実際にもパートタイマーはそれほど多くない。その理由はイタリアではフルタイムが基本であり，種々の計算が煩瑣になるためである。また企業もパートタイマーの組織化は困難であると考えている。しかし第三次産業ではパートタイマーの活用に意欲的である。

3．直接的雇用の創出

　直接的雇用の創出策は，一般に公的部門や非営利部門で社会的有用性をふまえた臨時的雇用として行われることが多かった。西欧の多くの国々で第一次石油危機後に盛んに導入された。しかし，その後あまり効果のないことが判明し，1980年代後半には多くの国でこの施策を取り止めた。近年では，供給サイドへの効果を考慮した新しい方法が取り入れられている。より社会的な有効性が強調されたニーズを満たす仕事であることがその要件とされるようになった。また対象となる若年労働者に対するガイダンスやカウンセリング等の支援サービスの提供も行われる。

直接的雇用創出策の大きな問題は，既存の雇用との代替にある。創出される仕事に有用性があればあるほど，より長期の雇用の可能性が出てくる。それは既存の雇用を代替する可能性が高く，費用も高くなることになる。このような代替の可能性を低減するための例として，フランスの若年雇用対策プログラム（Nouveaux services emplois jeunes），イギリスのニューディールにおける勤労福祉プログラム（Workfare Program）等がある。

近年の若年者雇用対策プログラムでは，日常生活に関係する社会的ニーズの高いと考えられる，介護サービス，公的扶助における支援サービス，公害防止，文化スポーツ活動の支援，地域の生活向上支援等のサービスで新たに創出される事業が対象で，若年の無業者等に期間の定めのない雇用，あるいは5年間契約の雇用を提供するものである。一定の条件を満たした事業には，すべての雇用に対して最低賃金の80％の賃金助成，さらに事業へのカウンセリング費用や付随費用に対する助成が行われる。このプログラムの特徴は，これまで供給されておらず，しかも社会的に需要の高いサービスの事業が対象であること，そして，最低5年という雇用契約期間が設定されているために，雇用の安定性が高いことである［三谷2001］。

第3章
スイスの雇用保障と就労インセンティブ

　第二次大戦後，スイスは完全雇用に近い状態を長期にわたって維持し，その経済的・社会的な安定の上にヨーロッパにおいても個性的な社会保障の道を切り開いてきた。しかし1990年代以降の世界史的なパラダイムの転換とヨーロッパをおおう不況の深刻化に伴う失業の増加に対応して，雇用保障の領域でも制度改革が進められた。ここでは，スイスの雇用保障改革における雇用・就労インセンティブの制度と機能について検討する。

1節　スイスの雇用保障

　スイスにおいては「社会的法治国家」が最もふさわしい国家の形態であるというコンセンサスが形成されている。この国家像はスイスの連邦憲法が描く人間像に対応したものである。共同体における相互扶助の義務と，連帯という倫理上の原則がより強固になることをスイス人は期待している。そして「連邦の共同の福祉」が国家の目標とされている。そこでは，幸福は自ら追求するものであって，何よりもまず個人が自ら責任を持つものとされている［Tschuddi 1988］。

　スイスの社会的国家の基礎は磐石であるともいえるが，社会経済や科学技術の領域における変動はますます激しさを増しており，それは新しい社会政策，教育政策の樹立を求めている。これらの新しい政策基準が確立することによって将来の社会的緊張は緩和され，社会的国家の基礎も確保されると考えられている。国民一人一人の自助努力を求めるなかで，新しい現実に対応した社会保障のあり方が検討されている。

　不況の深刻化と世界史的なパラダイムの転換は，スイスではかつてあまり見

られなかった長期失業を顕在化させ，失業の増加をもたらした。スイスの失業者数は1991年の時点では，6万8000人であったが，1999年には12万1000人に増加している。内訳は男子が2万7000人から5万9000人へ，女子が4万1000人から6万2000人へそれぞれ増加している。この間の失業の増加が女子で1.7倍であるのに対し，男子で2.8倍となっており男子の失業の増加が著しい［ILO 2001］。一方，1996年における非農業部門の雇用者数は，343万4000人であり，内訳は男子が205万7300人で2年前の1994年よりも3万人減少している。女子は137万6700人で2年前とほぼ同じである。雇用者数の減少は男子の雇用者の減少によるところが大きい。また製造業における雇用者数は，1994年が75万6000人であったのに対して，1996年には73万6000人となり，2万人減少している。男女別の雇用者数減少の内訳は，女子がこの間に20万8000人から20万人へと8000人減少しているのに対して，男子は54万8000人から53万6000人となり1万2000人の減少となっている。

　スイスにおいて，雇用保障の中心的な機能を担う失業保険は1947年にその導入が憲法に定められた。1951年にこの憲法規定を受けた法律が議決され，翌1952年に施行された。1976年の憲法改正により強制失業保険と倒産給付に関する連邦法（AVIG）が成立した。この法律は1984年から施行され，1992年に改正された。緊急の連邦決定により1993年4月1日にいくつかの重要な変更（最長給付期間の延長，失業給付金の部分的減額）が行われたが，国民投票ではこれが拒否されている。

2節　雇用保険の制度改革

　スイスでは，第一次産業の就業者数は減少を続けており，第二次部門でも就労者が減少している。とくに加工産業や機械工業，電機，建設などの部門での減少が著しい。一方で第三次産業においてはこの間は就労者数が大幅に増加している。ヨーロッパの他の国々ほどには高くないにしても，長期にわたる失業者の多いことが問題となっている。しかもその割合は増える傾向にある。なか

でも高年齢の長期失業者の問題は深刻である。また，失業の状況は地域による偏りが大きい。

　スイスの失業保険は主として被保険者と使用者の拠出によって財政的に支えられている。拠出については1995年の緊急の連邦決定によりこれまでの2％から3％に引き上げられた。使用者側と労働者側で各々半額を負担するが，1993年の段階で保険収入が35億フラン，保険支出が59億フランとなっており，差し引き24億フランの支出超過となり，保険財政は大幅な赤字となっている。この赤字は調整基金によって負担されており，この調整基金の勘定の残高は94年1月末までに25億フランに達した。連邦からの借入金により失業保険はその業務を継続している。

　この改革では，失業保険の給付が削減された。失業保険給付の額は加入期間とリンクすることがなくなり，失業の時点以前の2年間に6ヵ月以上失業保険に加入していることを条件として年齢に対応して決まることとなった。また16歳以下の児童を養育するために休職していた期間は，復職後失業保険の加入期間とみなされることになった。今まで50歳以上の失業者には150日分の失業給付が支給されてきたが，新たに50～59歳の失業者については250日分，60歳以上の場合には400日分の失業給付が支給されることになった。さらに退職前の2年半以内に失業した者に対しては120日分の追加給付が行われるようになった。スイスの標準的な退職年齢は男子65歳，女子62歳であるが女子の退職年齢を引き上げる動きもある。

　今回の改革では，操業短縮による賃金の減少の補償措置が，2年の期間について従来の12ヵ月から4ヵ月に短縮された。この4ヵ月について失われた労働時間の85％を限度として賃金の補償が行われる。一方この計算には以前は含まれなかった悪天候による操業の停止期間も含まれることになった。また事業所が倒産した場合の賃金の損失に対する補償は従前の3ヵ月から6ヵ月に延長された。失業給付の不正受給も厳格に規制されることになり，不正があった場合のペナルティーとしての給付停止期間が40日から60日に延長された。

3節　雇用・就労インセンティブ

雇用・就労に対するインセンティブを高めるために，次のような取り組みが行われている。

1．地域職業紹介機関の新設

カントン（州）に相当する地域を管轄する職業紹介機関が新たに設けられた。これは一部地域での先行的な試みが成功したことを受けたものである。この目的は失業の期間をできるだけ短縮することにある。求職者に対してより専門的な助言を行い，地域の経済界との密接な連絡を図り，企業側と求職者の双方のニーズを明瞭にすることによって両者を良好に適合させるとともに，失業保険制度の濫用を防止することを企図している。

失業者は失業の最初の月に地域の職業紹介所に行き，ガイダンスを受け，就職情報の提供を受けるものとされている。この地域の職業紹介所の活動は政・労・使の三者で構成される委員会の監視を受ける。ここでの助言やガイダンスをより内容のあるものにするために職業に関する経験や訓練の機会が用意されている。全国の約2万5000ヵ所の事業所等でこれが実施されているが，その地域の失業の状況や人口によってその設置が決まることになっている。チューリッヒで約4000ヵ所，ベルンでも3000ヵ所が設置されている。この地域の職業紹介所では，失業者に対して再訓練を行い，職業能力の専門性を高めるためのコースを，失業保険の財源により設けている。

また雇用計画を立案し，若年者や新規学卒者を第一次的な対象とした民間や公共部門での「事業所内訓練」，新規学卒者に対して職業経験を与えその職業能力を向上させるための「事業所実習」などが実施されている。就職につなげるための失業者を対象とした3～12ヵ月の企業内での訓練を引き受けた企業に対して「訓練手当」が交付され，この期間の訓練生の賃金の一部を失業保険制度が負担している。

2．紹介された仕事の受け入れ

　ふさわしい仕事を紹介され，それを遂行できる状況にある失業者は，その職業紹介を受け入れるものとされた。その仕事は年齢，個人状況，及び健康状態をふまえたものであって，その賃金が失業給付より少額であってはならない。紹介された仕事を受け入れることについて支障がある場合は，その程度により労働市場の状況をふまえて他の適切な仕事が紹介される。居住地以外で就労する場合でも，自宅から毎日通勤できる，あるいは勤務先に宿舎があるときは，受け入れるべき仕事とされる。その際，求職者の家庭責任が考慮される。その労働条件は地域及び職業の慣習に沿った，本人の能力と今までの職業に見合ったものとされる。

　臨時またはパートで就労する仕事を紹介された場合も引き受けるものとされている。失業期間中に，つなぎ的な雇用として臨時またはパートの仕事を紹介されることもある。失業前の収入と臨時またはパート就労による賃金の差額の80％が雇用保険により補塡される。例えば，収入が5000フランで失業給付が4000フランであったとすると，つなぎ雇用による収入が2000フランの場合，5000フランとの差額3000フランの80％すなわち2400フランが雇用保険制度から給付される。合計で4400フランの収入となり失業給付のみの場合よりも400フラン多くなり，受給期間も延長される。これは雇用のインセンティブを配慮した施策である。このつなぎ雇用は受給期間中の6ヵ月に限られており，それを超えて就労していると，失業者として扱われなくなる。

　失業者は従前の給与に比して70％以上（従前は80％）の賃金が支払われ，かつ片道2時間以内の通勤時間という条件で仕事がある場合，これを引き受ける義務があるとされる。遠隔地に就職し通勤する者（Pendler）に対して経費補助が行われる。この場合，6ヵ月間，旅費が補助される。これにより失業前の収入を上回ることになる場合は支給されない。また遠隔地に就職し，「金帰月来」で就労する者（Wochenaufenthalter）に対しても経費補助が行われる。この場合，6ヵ月の間，旅費及び滞在費が補助される。

3．雇用就労プログラム

　雇用就労プログラムは公的機関または公益団体によって遂行される。このプログラムは雇用保険が打ち切られる失業者を対象に6ヵ月間実施される。このような雇用の目的は，失業者が新たに雇用保険の給付の基礎となる期間に関する権利を得られるようにすることにある。雇用就労プログラムに参加している者は失業者ではなく，労働者であるとされ，私法上の労働契約の下におかれる。しかし参加者はなお求職活動を行い，そこに就職した際には，このプログラムにもとづく雇用は終了する。このプログラムは計画的に準備・運営され，良好に組織された専門の担当者によって指導され，参加者には，従来の職種にできるだけ近い「意味のある就労」を提供することになっている。このプログラムは民間の経済活動と競合することのないように配慮されている。このプログラムに参加した者に追加的な給付が行われ，30歳以上の参加者には訓練手当が支給される。この手当は全額が失業保険制度から支払われる。また自営業を目指す参加者に対しても金融面での支援が行われる。高等教育を修了した学生で，職業訓練または就職促進プログラムに参加していない者は，失業保険の受給資格を得たあとも120日間の待機を義務づけられることになった。通常，失業給付は5日間の待機期間のあとに支給されるが，この場合は例外的な取り扱いとされている［Dieter 1995］。

4．その他の施策

　　① 再訓練の支援

　労働市場の状況で求職が不可能か著しく困難である場合，再訓練や再教育による失業者の職業適応を高める施策を行っている。雇用保険は訓練コースの実施やコースの参加者に対する手当の支給などの助成を行っている。失業者は希望によりこのコースに参加できる。再訓練のコースに参加した者には所定の条件の下で，旅費，授業料，入学料等が支給される。労働市場の受給状況が厳しい職種の再訓練については，その支援が行われない場合もある。

　　② 慣熟手当

慣熟手当（Einarbeitungszuschüsse）は，失業者を雇い入れた場合，仕事に慣熟するための追加の経費が使用者に対して補助される。その期間の3分の1について賃金の60％が失業保険制度から支給される。残りの期間については20％が支給される。この期間は最大でも6ヵ月とされる。例外として高齢者を雇い入れた場合については12ヵ月とされる。

③　失業の予防

　雇用保険制度は失業者に対する金銭面の支援だけでなく，失業の予防についても努力している。雇用保険制度は予防的措置を支援し，失業者が雇用を確保したり新たに仕事を見つけることがより円滑にできるようにしている。

第4章 スイスの職業紹介と雇用保障

　スイスはヨーロッパの国々のなかでも多くの面で個性的な国であるが，ここでは，この国の民営職業紹介のシステムについて，それが雇用保障において果たしている機能に注目して，その制度と特徴を検討する。

1節　民営職業紹介事業の位置づけ

　スイスは職業紹介の領域を国家独占とはせずに，民営及び公共職業紹介の二重の制度を敷いている。このためスイスは，民営職業紹介の禁止または強力な規制を求めたILO96号条約の批准はしなかった。職業紹介については1989年10月6日の連邦法（SR 823.11）で規制されている。この法の成立により公共職業紹介の法的な根拠が用意され，民営職業紹介は許可制の下におかれ，許可手続きが定められ，関係当事者の権利と義務が規定された。

1．職業紹介の基本的スタンス

　他の諸国と異なりスイスでは職業紹介を公的職業紹介が独占することはない。職業紹介は民営の事業者と公的機関とが一緒に行っている。しかし民間の職業紹介事業とともに，従来からの求職者と使用者との自発的な求職・求人活動が当然のこととして第一次的な役割を果たしている。1951年の連邦法は民営職業紹介を部分的に連邦法の規制の下においた。これにより職業紹介事業の経営は当局の許可を必要とすることになった。その後，約40年を経て1990年末に法改正が行われた。修正法は1991年1月1日より施行された。公的職業紹介はすべての職種とすべての使用者及び労働者を対象に行われる。原則として無料で実施される。使用者と労働者の利益を公平に扱う。ストライキ等の争議が実

施されている事業所についてはその旨を求職者に知らせ注意を促す。労働市場の透明性の促進，臨時的な労働力需要への対応，失業との闘いにおける防衛的役割，転職における摩擦に伴う損失の緩和など，職業紹介は労働市場において大きな役割を果たしている。

2．職業紹介の法制度

職業紹介は連邦憲法（31条 bis，34条 ter，64条 bis）にその根拠（営業の自由）を持つ。職業紹介立法は失業対策と強固に結びついている。1989年10月6日の職業紹介事業と従業員の雇用に関する法律は，その目標として民営職業紹介事業の管理，公共職業紹介事業の労働市場創出及び維持機能の確保，職業紹介事業を利用する労働者の保護等を挙げている。1991年7月の立法は，事業者の免許制，カントン（州）当局による監督等を定めている。全国レベルの労働協約もこの場合の労働条件等に関与する。失業関係立法の改正によりカントンは失業者の求職活動を積極的に支援する義務を負うことになったため，全国に200の地域的な公共職業紹介機関が設置され，これが有料の民営職業紹介事業と競合することになった。

3．職業紹介事業の役割分担

公共職業紹介事業は労働事務所（Arbeitsamt）により実施されている。スイスには90ヵ所の労働事務所があり，連邦産業雇用庁（BIGA）とともにコンピューターによる求人情報の処理システムを設置し，運用している。この労働事務所では約700人の職員が職業紹介にあたっている。民営職業紹介事業は次のように分類される。労使協同の職業紹介事業，職業団体による非営利の職業紹介事業及び営利目的の職業紹介事業の3種である。

2節　民営職業紹介事業の法制度

1．法的根拠

職業紹介法（1951年6月），職業紹介事業と従業員の雇用に関する法律（1989年10月，この法律の2条は許可及び監督について規定している），職業紹介規則（1991年1月），職業紹介法の領域における手数料，口銭，保証金に関する規則（1991年1月）等が法的根拠としてある。

2．民営職業紹介事業の定義

1951年6月22日の職業紹介法7～12条に規定がある。職業紹介事業者とは，使用者と求職者の労働契約の締結を取りまとめる者をいう。職業紹介の目的は債務法319条以下に沿って，使用者と求職者の間の労働契約を締結することにある。また職業紹介規則4条は芸能に関する職業紹介を定めている。ここでは職業紹介事業者を，求職者と使用者を「労働契約の締結」または「芸能等の提供」のために「結びつける」者をいうとしている。職業紹介の具体的な形態としてヘッドハンター，相談所（者），アウトプレイスメント，新聞広告及び芸能人のマネージャーなどの形態がある。

3．国以外の職業紹介

　　① 民間事業者

民営職業紹介は有料で実施される。職業紹介規則第17条は職業紹介の手数料を，最初の月給与額の最高12%としている。このうち労働者に対しては6%を超える手数料を請求できない。なお季節労働，臨時労働等の場合は別にさらに低額の手数料の限度を定めている。

　　② 労働組合

労働組合の行う職業紹介事業についても何ら特別の規制は存在しない。報酬を得て事業として実施する場合は他の主体と同様に許可を受ける必要がある。

③ 使用者団体

使用者団体の実施する職業紹介としては，スイス商業連盟（チューリッヒ），スイス技術者紹介所（チューリッヒ），スイス音楽家専門職紹介所（ベルン）等の紹介機関がある。

④ 地方自治体，公的機関

各カントン（州にあたる）は求職者を支援するために，職業紹介を実施する労働事務所を設置することになっている。他に，必要により地区の労働事務所が設けられている。またコミューン単位での労働事務所も必要により設けられる。公共職業紹介の組織と運用は原則として州の義務とされている。26の州立と多くの市町村立の労働事務所がこの業務を遂行している。市町村立の労働事務所は固有の職業紹介の業務とともに，失業の統計とその対応もあわせて行っている。

4．許可・登録制度とその内容

① 許可等の権限

恒常的にかつ有料で職業紹介を行う民営職業紹介事業はカントン（州）当局の免許を必要とする。外国人を対象とする場合，連邦（BIGA）の免許が必要となる。許可の要件は職業紹介法2条の定めた職業紹介の種類に対応する。職業紹介規則2条は「恒常的」について規定している。すなわち質的要件と量的要件が定められている。質的要件とは事業の準備が整っていることであり，量的要件とは年間に10件以上の紹介実績があることをいう。「有料」については同規則3条で規定している。カントン当局に対する民間職業紹介事業の許可申請が拒絶され，またはその登録が取り消された場合の行政訴訟は連邦裁判所に係嘱される。業界団体は連邦当局と年2回の懇談を行うほか，カントン当局とも随時連絡をとっている。

② 許可等の条件

職業紹介法7条により，営利紹介の責任者は次の条件を備えていなければならない。スイスに居住しスイスの市民権を持っていること。市民としての品位

(Ehrenfäigkeit）持っていること。すなわち素行が不良でないこと。固有の事業所を持ち，求職者の利益を害する他の営業をしていないこと。対応する連邦及びカントンの労働市場政策に職業及び道義的に異議を申し立てないこと。営業のための保障金は原則として1000フラン以上を差し出すこと（同法施行規則14条）になっている。許可の要件は職業紹介法3条に基づいて，経営上の要件に関しては同規則8条が，人的要件については同規則9条が，外国職業紹介に関しては同規則10条が各々具体的に定めている。外国職業紹介はスイス国籍の事業者が連邦の許可を得て行うことになっている。許可申請は，同規則11条で定められており，そのための許可申請書類は州の当局に用意されている。

　③　許可の対象となる職種

民営職業紹介の対象となる職業には何らの制限もなく，すべての職種について職業紹介を行うことができる。

　④　許可の期間と範囲

許可の期間と範囲については職業紹介法4条を受けて，同規則13条で定めている。許可は経営に対して与えられる。許可に関する期間の定めははない。「経営」とは法人，自然人または団体であって，その名義で職業紹介行為をなすものをいう。カントン（州）の許可を受けることによりスイス全土での紹介事業ができることになる。

　⑤　許可要件の定期的な審査

カントン当局は職業紹介法6条の報告義務に基づいて，許可事業者の業務について監督権限の枠内で許可要件が維持されているか否かの審査を定期的にまた随時に行う。

　⑥　許可の取消

職業紹介法5条を受けて，職業紹介規則15条及び16条は許可の取消について具体的に規定している。職業紹介法5条以下の紹介事業者の概念にあたるものは経営それ自体である。許可の取消は，紹介事業に責任を持つ担当者ならびに紹介事業を担当する者に対してなされる。

　⑦　報告義務

職業紹介法及び同規則により民営職業紹介事業者は連邦当局（BIGA）に対して職業紹介事業に関する定期的な報告を義務づけられている。職業紹介事業者は1990年末までは州の労働事務所に対して原則として毎月，職種及び属性ごとに実施された州内及び州際の職業紹介に関する報告を行ってきた。この結果は連邦当局によって年報にまとめられていた。しかしこの統計には質と量の両面で若干の不十分さがあった。それは報告の事務がその義務を負っている事業者の側で必ずしも完全に正確ではなかったことにもよる。また統計の基盤が弱いこと，すなわち「通常」と特別の労働関係，芸能関係，短期に反復する職業紹介とフルタイムまたはパートタイムの労働関係などにもとづく小分類がなかったことにもよる。また法的な根拠のなかったことも民間及び公共の職業紹介施設が完全な報告をしなかった原因と考えられている。しかし，この法改正による新たな報告義務により，迅速に職業紹介の実態と傾向を公表することが可能となった。

⑧　その他の義務

職業紹介法7条はその他の紹介事業者の義務について定めている。

a．一般広告

事業者は無名広告を行うことはできない。事業者の広告は事実関係に対応したものでなければならず，虚偽の求人広告は許されない。

b．記帳

職業紹介事業者には，債務法の定める記帳手続きは適用されない。職業紹介規則17条により登録料及び紹介手数料は規制されており，これをふまえた帳簿の記入が要請されている。

c．情報の保護

職業紹介規則19条の情報保護に関する規定は「求職者及び求人先の情報は当事者の許可がある場合のみ取り扱うことができる」と定めている。すなわち職業紹介事業者は必要性・相当性に応じて許された範囲で情報の収集ができるが，それは実効性のある職業紹介のために使われる範囲に限られる。

5. 民営職業紹介事業の規制とその内容

営利を目標とした民営職業紹介事業に対しては，紹介事案ごと，労働契約の締結ごと，それぞれの段階で監督が可能なようになっている。

① 営業店舗

職業紹介規則7条の規定に基づいて，事業所はその法的及び経済的実体に従って本店，姉妹店，支店，営業所に分類される。姉妹店は法的に本店から独立した事業所である。支店は債務法935条により本店に従属し，同一の法人格を持っているが，経済的には自立性を持たない。営業所は支店の下位におかれ，経済的にも自立性を持たない。支店も許可申請が必要である。許可手続きは本店と同一州内にあるか否かにより異なる。営業所は許可申請は不要である。同一州内に本支店を持たない営業所の設置は認められない。

② 守秘義務

職業紹介法34条に基づいて事業者には守秘義務が課される。この秘密の保持の原則は紹介行為の中身により区別がある。保険医などの専門家の職業紹介においては，秘密の保持は求められない。

また職業紹介法34条2項及び1983年の失業保険規則125条により，労働保険事務所への報告義務が課されている。

6. 民営職業紹介の利用契約等に対する規制とその内容

職業紹介法9条では登録料及び紹介手数料に関する規制が定められている。

① 登録料

登録料は職業紹介の手数料に関する規則2条により職業紹介契約の締結のたびに支払うものとされている。

② 紹介手数料

紹介手数料は賃金の一定割合，すなわち紹介を受けた者の賃金総額の一定割合となっている。この場合の賃金総額とは，実際に支払われた賃金，社会保険料の労働者負担額，社宅経費等の控除額を含む金額をいう。ただし使用者負担の社会保険料は含まれない。

③ 芸能に関する紹介契約

1989年の職業紹介法は演奏家，オーケストラ，及び芸術家の営利目的の職業紹介に関する利用料金を規定している。集団で職業紹介が行われる場合も職業紹介規則22条を類推適用する。

④ 民営職業紹介事業に対する財政支援

職業紹介法11条に基づいて，職業紹介規則24及び25条により事業者の諸経費すなわち人件費及び物件費のうち賃金，事務所の家賃及び維持費，消耗品，備品等が財政支援の対象となっている。同規則25条2項は欠損が事業経費の3割を超える場合，例外的にその肩代わりを行うとしている。

7．民営職業紹介に対する取り締まり

民営職業紹介に対する取り締まりの主体は連邦当局（BIGA）と労働事務所である。1951年6月の連邦職業紹介法に罰則に関する規定がある。

職業紹介法39条は職業紹介に関する刑罰規定を定めている。許可を受けていない職業紹介は，刑事責任（職業紹介法39条1項a）及び民事責任を問われることになる。この規定は職業紹介事業の本店が同一州内にある支店に関する届出を当局にしていなかった場合にも適用される。同法39条2項cは労働者保護の優先を規定している。

職業紹介法に基づく刑罰規定の概要は次の通りである。報告義務違反・誤解を招く広告・守秘義務違反〜罰金4万フラン，無許可の職業紹介・外国人規定の無視〜罰金10万フラン，紹介手数料に関する規定の違反〜罰金4万フラン，不正な手段による許可の取得〜禁錮または4万フランの罰金，許可必要事業者の届出義務の違反〜4万フランの罰金，使用者が許可のない事業者の業務を利用〜4万フランの罰金等の刑罰規定がある。

8．その他

① 民営職業紹介事業の兼業の可否

求職者の利益を害するようなその他の営業をしてはならないことになってい

る。

　② 労働者派遣事業の動向

　派遣業の動向は労働市場の一つの指標となっている。不況による落ち込みがあったものの，その後増加傾向に転じている。とくに資格や技能を必要とする事務系の職種には，旺盛な需要がある。また1990年代前半から人材リクルート事業が積極的に新規参入を果たしている。

3節　民営職業紹介事業の運用状況

1．民営職業紹介事業者の状況

　民営職業紹介は労働市場において公共職業紹介よりもかなり高いシェアを占めている。民営職業紹介は職業紹介件数において公共職業紹介所の4倍になる。民営職業紹介所がおもに転職希望者等の職業紹介を担当するのに対して，公共職業紹介所は失業者を対象としている。1995年第1四半期の事業者数は400，会員事業者数（業界団体に加盟している事業者）は67，営業所は650，そして会員営業所は228に達している。この数字には派遣業も含まれる［SUVTA 1995］。また1995年の売上高は，全国で17億4000万スイスフランに上っており，会員の売上に限っても10億スイスフランに達している。

2．民営職業紹介の利用状況

　年間の転職件数や新たな就職件数に関しては，新規求人及び代替補充の約7％が公共職業紹介によるものであり，民営職業紹介によるものが10～15％となっている。労働市場における流動の約80％は求職者の自主的な活動と企業内部の流動によるものである。職業紹介件数の動きは景気及び雇用の状況に左右される。景気の回復と雇用の増加は民営職業紹介事業所の紹介件数を増大させる。民営職業紹介所の数は年々増加しており，1990年代以降急増した。また求職者の利用も大いに増加した。

　新たな職業紹介法は原則として労働者の保護を拡大した。また新しい民営職

業紹介の形式も定めた。例えば人材供給やヘッドハンティングそして許可の必要な派遣事業などである。職業紹介と派遣事業の区別がこの改正によりはじめて法的に規定されることとなった。新職業紹介法の施行により労働市場の動向の監視についてもいくつかの変更が生じている。旧来の調査方法は1991年7月以降、利用されることはなくなった。統一的な統計調査手続きの履行のために、改正法が定めた調査方法による調査が1991年初頭より進められた。民営職業紹介の場合、紹介件数の分類の基準が、職種や国内外などで増えた。

4節　公共職業紹介制度の見直し

公共職業紹介は1990年代初めまでの好景気を反映し失業件数が減少したこともあり、紹介件数が減った。労働事務所に登録された求人と求職の件数がともに少なかったため、その紹介業務は低調であった。これに対して払底した労働市場は都合よく民営職業紹介の紹介事業に良好な影響をもたらした。

不況に伴う労働市場の沈滞を受けて、政府当局（BIGA）は公共職業紹介の不振について検討を行った。これによると、失業者の3分の1は失業保険を利用し、予防的措置として紹介事業を利用する者は、わずかに40％にとどまっている。また労働事務所の係官は職業紹介の担当官としての資質を欠いていることが多いという指摘もある。費用比較の面では民営職業紹介と比較して公共職業紹介は有利である。このため政府当局（BIGA）は必ずしも民営職業紹介を主流にするということではなく、全国に多くの職業紹介センターを設けテコ入れをする。ここではきめの細かい職業紹介ができるように、専門相談員を中心としたチームを設置し相談にあたる。バート及びソロツールン等の州で先行的な試みが行われた。イタリア語圏の州では2000の事業所と求人情報に関するコンタクトをとり、外国人も含む求職者に情報提供を行う双方向的な機能を労働事務所が果たせるように立法を行っている。

ベルン、ソロツールン、バーゼルなどの州でコンピューターの支援を受けた職業紹介及び労働市場統計のシステム（AVAM）が試験的に導入された後、

このシステムは19の州に拡大され労働力需給の多くをカバーするようになった。1992年からはすべての州に導入された。このシステムの目的は職業紹介及びその技術と労働市場統計の実務を効率化し，労働市場政策の立案のための説得力と信頼性のある手段を確立することにある。このシステムの活用により，多様な情報の入手が可能になり，この電子的メディアを利用した無料の職業紹介の取り組みは好評を得ている。

　求職者の自主的な求職活動と民営職業紹介の優位は明らかだが，公共職業紹介も一定のシェアを維持しており，社会的にもまた労働市場政策の面でも重要な位置を占めている。

むすび

　若年失業の問題に関する欧米の取り組みとその経験によれば，少子化による若年人口の減少や技術革新，サービス経済化などの若年雇用を改善すると見られる構造変化が生じても，それが若年労働市場の問題を解消しなかった。景気の低迷による若年雇用の問題は，その影響が学歴の低い層など不利な立場にある若年層に集中的にあらわれることもある。1970年代以降欧米で盛んに実施された若年雇用対策プログラムは，総じてあまり期待された効果を発揮しなかった。これらのプログラムは比較的短期のものが多く，若者の就業能力を高めるには至っていなかったことなどがその背景にはある。一方でアメリカのJob Corpsのように不利な立場にある一部の若者に対して集中的に時間をかけて教育訓練を施し，就業支援を行えば一定の効果が見られる。効率性の観点だけではなく，公平性の観点から考えればこの施策の意義は大きい［三谷2001］。そして，労働市場における職業資格制度や労使関係などの制度的環境が異なっていることを十分に認識した上で，それに適合するように，各国の様々なシステムの具体的な検討が必要である。若年者の就業能力の向上ということを重視した「雇用保障改革」を行い，経済構造の変化に対応した，若年者のための雇用保障システムの再編が望まれる。

参考文献・資料

三谷直紀「若年労働市場の構造変化と雇用政策-欧米の経験」日本労働研究雑誌 490号 (2001) 19頁

Freemann, R., "Youth job Market Problem at Y2K", (1999), OECD.

Clark, K. and Summers, L., "The Dynamics of Youth Unemployment", (1982), NBER.

OECD, "Moving in and out of Unemployment", (1985), Employment Outlook.

Franz, W. J., "Young and Out in Germany: On Youths' Chances of Labour Market Entrance in Germany", (2000), Chicago.

Ryan, P., "The School to Work Transition Twenty Years On: Issues, Evidence and Conundurums", (1999), OECD.

Dominique M. Gross, "Youth Unemployment and Youth Labour Market Policies in Germany and Canada", (1997), ILO Employment and Training Department.

Bundesamt für Statistik, "Statistisches Jahrbuch der Schweiz", (1996).

Dieter Widmer, "Die Sozialversicherung in der Schweiz", Schulthess Polygraphischer Verlag AG. (1995), Zürich.

Bowers et al., "Giving Young People a Good Start", (1999), OECD.

OECD, "Employment Outlook", Chapter 2 and 3, (1998), Paris.

Grubb, W. N., "Lessons from education and training for youth", (1999), OECD.

Rogouski et al., "Legal Regulation and Flexibility of Employment", (1996).

ILO, "Bulletin of Labour Statistics", (2001).

Michel Cornut, "Arbeitslos-was nun?", (1993), Limmat Verlag.

Tschudi H. P., "Die Zukunft des Sozialstaates", (1988), Lenzburg.

International Social Security Association, "Trends in social security", No. 8, August 1995.

"Reform of Switzerland unemployment insurance", European Industrial Review No. 272, September 1966.

Bundesamt für Statistik, "Statistishe Information", (1995), Bern.

Andreas Ritter, "Das Revidierte Arbeitsvermittlungsgesetz und dessen Auswirkungen auf betroffenen Wirtscaftszweige", (1994), Stämpfli Bern.

BIGA, "Arbeitsvermittlung und Personalverleih", August 1995.

"Job-Index", Die neue Schweizer Stellenzeitung, 15. Dez. 1995.

SUVTA, "National Report Switzerland", Fall 1995.

SUVTA, "Umsatzstatistik 1992 bis 1993".

BIGA, "Arbeitsvermittlung Stand" 1. April 1993.

BIGA, "Merkblatt zu den neuen Bestimmungen über die private Arbeitsvermittlung", 1.

Juli 1991.
BIGA, "Merkblatt zu den neuen Bestimungen über Personalverleih", 1. Juli 1991.
BIGA, "Bericht über die Arbeitsvermittlung", 8. 1992.
BIGA, "Bericht über den Personalverleih", 3. 1991.
BIGA, "Bewilligungsgesuch und Bewilligung", 3. 1991.
BIGA, "Arbeitsvermittlung und Personalverleih zwischen Beratung und Kontrolle", 2. 1992.
"Zahlen und Facten der Arbeitsvermittlungstätigkeit in der Schweiz" 6. 1991.
"Preparing Youth for the 21st Century: The Transition from Education to the Labour Market", 1999, OECD, US.
中野育男「イタリア・ブルガリアの雇用失業対策と職業訓練事情」世界の労働 45巻2号 (1995) 18頁
中野育男「スイスにおける雇用保障と就労インセンティブ」海外社会保障研究 125号 (1998)
中野育男「スイスにおける民営職業紹介事業の現状と課題」世界の労働 47巻3号 (1997) 6頁

第3編

若年者雇用保障としての職業教育・訓練

はじめに

　ここでは，職業教育・訓練を若年者に対する雇用保障として位置づけ，その制度と機能に着目して欧米諸国との比較を試みる。職業に関する困難を抱える若者に対する職業教育・訓練の措置と施策に関する各国の分析をふまえて，職業教育・訓練のあり方を究明する。職業教育・訓練を多面的に展開することによって，若者の雇用と就労に対する意欲を高めることは，本人にとっての利益だけでなく，国民経済にとっても大きな意味がある。

　ドイツ，オーストリアそしてスイスの若者の低い失業率は，これらの国々の職業教育・訓練に負うところが大きい。これらの国々では，学校における職業に関する理論の学習と，事業所での実技に関する訓練を交互に行う形態をとっている。一方でアメリカやイギリスそしてフランスなどでは若者を労働市場に統合することに関心を払ってきた。

　職業教育・訓練に参加する若者の割合は，その国で主流となっている職業教育・訓練の類型と密接な関連がある。スイスやドイツなどでは職業教育・訓練に参加する若者の割合が相当に高い。スペインやフランスがこれに続く。我が国では参加する若者は少ないという現実がある。

第1章
アメリカの職業教育・訓練

1節　アメリカ職業教育の沿革

　中世以来，職業教育はギルドの徒弟制度によって実施されてきた。徒弟制度においては封建的な主従関係の下で職業上の知識と技能が伝授された。しかし近代的な資本主義の成立とともに徒弟制度は急速に崩壊・変質し，近代産業に従事する職業人を系統的に育成する職業教育のシステムが整備されてきた。

　最も早く産業革命を達成し，近代資本主義が発展を見たイギリスでは，封建的な隷属関係こそなくなったものの，熟練工（Craftsman）が見習工を雇用し，5年前後の年季を通して職業上の知識・技能を伝授する制度が近代産業の中に残った。これは熟練工が共済組合的な機能を持った職能組合（Craft union）を組織し，雇用主団体との交渉を通じて一定の賃金率を維持するために不熟練者の組合参入を認めない一方で，熟練工養成の機能と権限を自己の手中にとどめようとする政策をとったことと関係する。

　イギリスでは義務制の初等教育制度の整備が遅れたこともあって，職業教育の学校制度は19世紀末まで確立されなかった。19世紀中頃にはバーベック（Birbeck, G.）らによる機械工講習所運動もあったが，1851年のパリ万博などを通じてイギリスの職業教育が大陸，とくにドイツに遅れていることが明らかになり，1889年には職業教育への財政援助を定めた技術教育法（Technical Institute Act）の成立を見た。19世紀末から20世紀初頭にかけて職能組合の不熟練者参入規制が雇用主側からの働きかけにより撤廃されたこともあり，工場が直接，見習工を雇用し，熟練工に養成する方式が成立した。職業学校（Trade School）などもこの時期に成立を見たが，一般化することはなかっ

た。むしろ見習工に週何時間かの夜間の教育を受けさせる補習教育に力が注がれた。

イギリスから独立したアメリカにおいては「新世界」ということもあり，職業教育は伝統的な束縛から相当程度，自由であった。アメリカの産業社会の発展とそれを取り巻く外的環境は，職業教育の個性的な発展をもたらした。本稿では，以下のいくつかの切り口からこの特殊性を検討する。

1．アメリカ職業教育の端緒

アメリカにおける職業教育の萌芽として，1820年代から生起した Lyseum や職工訓練所（Mechanics Institute）などを挙げることができる。このうち Lyseum は小都市に発達し，労働者，農民，職人及びその子弟に職業訓練を行っていた。後者はイギリスの影響の下生まれたものであり，職業教育の理論・原理的な側面の教授を行った［Fischer］。また刑務所や感化院，西部へ派遣する牧師の養成を行う Seminary においても職業教育が行われた。

このように職業教育が行われるようになった背景には，英国伝来の徒弟制度が独立戦争の時点までにほぼ崩壊してしまったという事情がある。しかし職業教育が始められた意図は単に生産技術の取得にとどまらず，勤勉と道徳的人間形成を職業教育を介して達成しようという，より精神的な要素が介在していた［Kandel］。このように道徳的側面が強調されたのは，当時の産業の発展に伴う都市の勃興と深く関連している。農村からの人口移動と移民の定住は都市の産業を発展させたが，一方で都市における貧富の格差を拡大し，犯罪の増加や道徳的頽廃をもたらした。都市は社会の諸悪の焦点と見られるようになり，都市生活における，かかる困難がその道徳的側面の強調の背景にあった。健全な市民生活を守るために貧困に起因する犯罪や頽廃を防止し，生計の維持を計ると同時に道徳的な人間形成が急務とされた。アメリカにおける職業教育制度の萌芽は，職業教育を社会的弱者の救済の手段と考える慈善的な思想に支援されたものでもあった。その後この時期の職業教育の制度である職工講習所などが衰退していっても，なおこの職業教育における道徳的側面は後の Manual

Trainingにも継承されていく。

19世紀後半のアメリカは近代産業を勃興し，天賦の資源に恵まれたアメリカが強力な経済発展を遂げ，スーパーパワーとして世界の檜舞台に躍り出るに至る，国力形成の時代であった。この時期のアメリカは産業経済の発展があまりにも急速であっただけに，司法，行政，立法の領域の成長の遅滞，あるいは腐敗が顕著であった。このような政治の堕落は，これに対抗する改革の勢力を台頭させる。西部における農民の組織（Grange）と東部における大都市の労働組合組織とが，政治における革新運動に大きな影響力を持った［原典アメリカ史 3頁］。

産業の発展には労働力の円滑な供給が必要である。そのため，この時代のアメリカは大量の移民を必要とした。1880年代には移民の数は急激に増加し，1882年にはその数は75万人に達した。この時期には東ヨーロッパや南ヨーロッパからの移民が増え，今までとは移民の質が変わった。このことは社会的に多くの困難をもたらすこととなった［原典アメリカ史　40頁］。

プログレッシビィズム（progressivism）は社会改革の一環として，職業教育の領域においては次のような意義を持っていた。学校のプログラムや機能を拡大して，家庭や地域における生活の質，健康，職業に対する直接的な関心を包含するものとする［Cremin p.8］。またそれは同時にセツルメント・ワーカーの求めた社会教育，Grangeの要求した農村生活のための教育，産業界や労働組合の希望した職業訓練や指導技術のことを意味していた［Cremin p.22］。

プログレッシビィズムの原理は農業社会から工業社会へと移行するアメリカ社会の教育の原理でもあったと見ることができる［Kimbal］。

2．アメリカ職業教育の発展
① 教養教育と職業教育

19世紀後半のアメリカでは，産業界や労働組合は徒弟制度が持っていた古典的な機能を，学校が引き受けることを主張していた。同様に進歩的な人々は公衆衛生，家政，手工技能，福祉，農村生活等の知識の伝達に関する教育の必要

性を力説していた。これらの要求に共通する背景は，伝統的に家庭，地域社会，職場などが持っていた教育機能が失われてしまったことである。学校はそれらの機能を代替せざるをえなくなったのである［Cremin p.116］。

　伝統的な学校における教養教育は，このような新たな学校への期待との間に齟齬を生じることとなった。大衆の教育への関心が高まり，それに対する期待と要求が大きくなるに従い，学校の教育内容に対する批判が高まってきた。1870年代にアメリカ公教育の批判者として活躍したCalvin M. Woodwardは，当時の公立学校が時代後れの紳士教育や教養教育の理念に固執していると批判している［Cremin p.26］。ごく平凡で善良な市民にとっては，読み書きの知識と同様に機械や産業の方法に関する知識の必要な多くの物質的な課題について判断することも必要であるが，伝統的な学校の関心はそこからは遠く隔たったところにあった［Woodword 1896］。

　伝統的な欧米の教育における支配的な考え方によれば，一般教養とは特定の職業に偏らない広範な教養であって全人的な人格を形成するものであるとされてきた。一方で，この一般教養が特定の職業に偏らないということは，すべての職業，とりわけ直接的生産に従事する職業への無関心となってあらわれた。

　他方で，産業革命を経て，機械化と規格化による大量生産システムへと変貌したアメリカの産業制度は，教育された労働者・大衆の創出を必須の課題としていた。それは国民教育制度と密接に関わりながら，当時の一般教育の実態との緊張を顕在化させていった。このような大量の教育された労働者・大衆の創出という課題を直接に担った産業教育を，公教育のなかに導入するためには次のような反対論を克服する必要があった。それは学校の使命が，産業のために労働者を訓練することにではなく，普通教育に関わるところにあり，生産的活動そのものは，学校に地位を占めるに足る内容に欠けており，さらに産業教育は伝統的学習と対立し，またあまりに費用もかかりすぎ［London］，という批判である。

　このような一般教育の現実との矛盾を産業教育はいかに克服したのか。また産業教育が一般教育の中で成立する不可欠の要件としての「内容の普遍性」は

どのようにして構成され，理論化されたのか。このような問題は今日に至ってもなお普遍的な問題であり，アメリカ産業教育の沿革のなかで分析されるべき意義のある課題である。

② 外圧としてのロシアメソッド

19世紀後半のアメリカは産業資本の成熟による西欧との国際市場での競争の激化という，社会経済的な背景をふまえて全米教員協会（NEA）は1875年に産業教育部を設置した。熟練労働力の大部分をヨーロッパからの移民に依存してきたアメリカ産業は，教育された労働者を国際競争において優位に立つために必要としていた。この時期，衰退しつつあった徒弟制度に代わる，公立学校制度を生かした新しいシステムをつくりだすことが基本的な方策であった。また新興のアメリカ産業にはギルドの伝統がなく，これを中心にした職業教育の伝統が欠如しており，またすでに大規模な機械工業が急速に拡大している産業の状況においては，高い適応能力を持った労働力を養成する教育システムの構築が求められていた。このためヨーロッパとは異なったアメリカに独特な労働者教育の制度がつくられることになった。すなわち公立学校の制度を発展させ，その中にこのような要請を取り込むことを基本としつつ，一方でその補完として専門的単独校を設置するというものであった。

ここでの教育の内容は上述の構想の方向性から，ある特定の職業という限定された範囲の教育ではなく，「諸職業への一般的準備」［White p.227］という概念の下に「すべての職業に共通するものの教授」［Tompson］がなされるべきであるとされた。この具体的な内容の発展については三段階に分けてみることができる。第一段階では，（応用）自然科学と製図の教育が導入された。この段階ではまだ手先の熟練としての工具・機械・材料に関する技能（skill）などは各職業に特殊なものであって，教育内容に含めるべきものではないというのが大勢であった［White p.227］。第二段階では，自然科学と製図に「技術」を加え，カリキュラムにおける三者の有機的な関連づけが行われた。これを可能にしたものは，工具や機械の教授を可能にしたロシアシステムであった。すなわち職業は技術（arts）の上に成立しており，職業が多種多様であるのに対

して、「技術」が基礎的なものであることから、多様な生産活動に共通する普遍的・基本的な熟練を「技術」として、実際の熟練労働者の作業の分析から抽出し教授学の体系に沿って編成し、教授するための体系をロシアシステムは確立している。これによって「技術」は特殊職業的な桎梏から解放され、一般教養の教育内容として位置づけることが可能になった。

　伝統的な徒弟制度に代替するものとして、ロシアの帝室モスクワ技術学校の Victor Della Vos によって開発された Workshop Education System がアメリカに紹介された。1876年のフィラデルフィア万国博覧会は当時のアメリカの急速な工業化、産業の発達を受けて、教育と国家発展の関係が重要なテーマとされており［Cremin p.24］、産業の発展と直接関係の深い教育学上の新たな考案や方法が注目の的となっていた。モスクワとセントペテルスブルグから出品された展示は多くの人々の関心を引いた。このロシアからの展示は技術教育の重要な関連学科として、意味のある実習教育をいかに組織するかという課題に一つの解決策を示すものであった。同技術学校は当時のヨーロッパにおける指導的な産業技術教育機関であり、就業年限は6年とされ、有能な技術系の官吏を養成することを目的としていた。Della Vos は実習教育には多額の経費がかかるが、そのわりに効果が少ないと考えていた。そこで実習を Instruction Shop と Construction Shop の2つに分けた。前者は教育に重点を、後者は製造に重点を置くものであった。彼は、道具指導の原理に基づいて、道具、材料、構成を分析し「易から難へ」という論理的な配列を行い、学習の負担を軽減した。このロシアメソッドには、最小限の時間で、一斉に多数の生徒を対象に適切な指導を行い、体系的な知識を獲得させ、かつその進歩の状況を把握できる、ところに特徴があった［Benett］。

　万国博覧会に出品された同技術学校の生徒の作品を見た、マサチューセッツ工科大学の John Runkle によって高等教育の工学実習として導入された。彼はロシアメソッドが産業教育に哲学的な端緒を与えたと考えた［Cremin　p.25］。まもなくこのマニュアル・トレーニングは中等教育にも導入された。ワシントン大学のカルビン・M・ウッドワードは夜間の工芸学校においても教鞭

をとっており，実習を通じて生徒が単純な道具の使い方にも無知であることを知り，まず道具の使い方の指導から教えることにした。彼は仕事の種類は多いが，技術は少ないと考えていた［Cremin p.27］。1879年にワシントン大学構内に全米初の Manual Training High School が開設された。この学校は3年制で中等教育のプログラムを持ち，教養的な科目と労作的な科目が均等に配置されていた。ここでは狭義の技能よりも原理を，そして技術を重視する姿勢が示されている。1883年にはボルチモア市当局が Manual Training High School を設立した。公教育制度の中に手工教育を取り入れた最初の試みである［Woodward p.809］。この学校の設立は産業界や労働組合の要望に応えたものであった。この後，この種の学校は急速に全米に拡大していった。

③ 高等教育における職業教育

南北戦争終結後の急速な産業発展は，折からの技術開発や道路，運河，橋などの建設，鉄道の敷設などとともに，大量の技術者を必要とし，その養成が急務となった。これに応えて大学の工学部や工科大学が急速に増大していく。これらの高等教育機関における工学教育の発達は1862年の First Morrill Act や1890年の Second Morrill Act による連邦政府の補助金政策によるところが大きい。このような工学教育の発展の背景には高等教育に対する世俗化，実用化の要求とともに，工学教育そのものの意義の明確化ということがあった。大学は連邦や州の発展に寄与しなければならないとする考え方が，伝統的な古典及び純粋科学研究中心の高等教育に対する批判として台頭してきた。産業の発展と教育の世俗化・実用化及び職業教育の効用の明確化といった動向が工学教育の発展を促した。また生産技術の開発や改良と関連して生産工程の複雑化及び巨大化に伴う労働区分の必要が次第に高まり，技術者の下で働く大量の熟練労働者に対する需要が拡大した［Fischer p.71］。以来，移民に依存してきた熟練工の供給が期待できなくなったこともあり，産業界では熟練労働者の養成が深刻な課題となっていた。このことは中等教育段階に Manual Training を導入する一つの契機となった。

④ 中等教育における職業教育

アメリカにおける中等教育は1635年，ボストンで設立された Latin Grammar School に始まる。その後，世俗的性格を帯びた Academy がこれに代わって隆盛した。さらに多くの青年に中等教育を施そうとする気運が高まり，公立ハイスクールの成立を見る。19世紀後半以降，ハイスクールの在籍者数は増加の一途をたどる。1880年に11万人程度であったハイスクール在籍者は1900年には約52万人，1920年には約220万人に達した。当該年齢人口に対する比率でもこの10年間に1.1％から10.2％に増大している［USBE 1924］。このような中等教育の大衆化の傾向にもかかわらず，当時の中等教育は伝統的な大学準備教育を重視し，古典中心の教育を展開していた。大学入学準備教育だけでは人々の要求に応えることが困難になってきていた。

　ハイスクールは産業社会において，多様な関心や能力を持った多くの生徒の教育に対する要請に応えて，職業教育を主体とする完成教育（Terminal Education）の充実が急務となった。しかし職業教育の導入にあたっては，それを阻止する要因も存在した。その1つは，職業教育の端緒が矯正自律訓練であったことから，中産階級層出身のハイスクールの生徒には職業教育を受けることに抵抗感があったことである。第2には，職業訓練を本来，家庭の機能と見る伝統的な職業訓練観が存在したこと。第3に徒弟制度がほぼ崩壊していたとはいえ，実際の職業訓練は工場においてなされるべきであって，ハイスクールでなされるものではないとする意見がなお有力であったことなどが，阻止的要因として機能した［Fischer p.78］。

　このような状況のなかで大学での工学教育への準備教育と，熟練労働者の養成のための完成教育の両方を満足するものとして，Manual Training は次第にハイスクールの中に浸透していく。このことが職業教育導入の布石となり，中等教育の大衆化という時代の要請の先駆けとして革新的な役割を果たした。

3．職業教育の方法論的系譜

①　マニュアル・トレーニング

　伝統的な学校教育に対する批判に答えるものとして Manual Training があっ

た。この原理は Learning by Doing にあり，その環境に関連のある具体的経験に活発に参加することによって最もよく学習するというものであった［Monroe］。Manual Training は 2 つの要因から発達したとされる。その 1 つは Trade School の発達である。産業の発展とともに機械化が進み，労働者の技能が分化し，Trade School は次第に旧来の徒弟制度に取って代わった。これは職業教育の理念に立つものである。その 2 は Manual Training を一般教育の一分野として学校の全体計画の中に統合しようとする近代教育の理念の発達であった。Manual Training の方法論は Trade School の経験に由来するものといえる。

一方，Manual Training にはフィンランドの Uno Cygnaeus の考案したスロイド（Sloyd）と呼ばれる手工的労作の影響もある。彼はフレーベルの教育思想に影響を受けつつ，手工的労作を奨励し実際的な熟練に役立てることを主張した。しかしそれは職業的になされるものではなく，一般教育の目的に合致するものであるべきだとされている。スウェーデンの Otto Salomon は，Uno Cygnaeus に師事し，「Sloyd が，労作愛の鼓吹，具体的労作に対する尊敬，独立自助の精神の発揚，秩序，正確，清潔，整頓の習慣を養う，器用さを養う，注意，勤勉，堅実，忍耐に慣れさせる，身体，体力の発達を促す」などの一般的な教育効果を持つ（形式陶冶）としている［小林（澄）］。

Woodward によれば Manual Training の基本原理は創造力，応用力及び適応力を主要素とする「形式陶冶」にあるといえる。すなわちここでの Transfer と Mobility の原理は職業教育における準備機能と，完成機能の両機能を同時に満足させるものである。そしてその究極的目標は職業教育にとどまらず，人格の形成や健康の増進という領域も包含する市民の教育にあった。そしてその性格は一般教育としての色彩が強かったといえる［Woodward 1887］。

マニュアル・トレーニングでは自然科学と製図の知識を土台として，それらを一層実際的にしつつ高度化するための工具，機械の使用法，基本的な加工法等の内容を結合させ，技術的知識と技能の結合［Feirer］を目指している。すなわち一般教育の一構成要素として，職業のための一般的基礎教養を与えつ

つ，一方で実際の職業まではあとほんの少しのレベルまでの訓練を行うことを目的としてロシアシステムの適用・発展を図った。実際にマニュアル・トレーニングスクール，テクニカル・トレーニングスクールあるいはトレードスクールと呼ばれる学校が設置され，総合的な理念の下で技術的，実際的な教育が行われた［Tompson］。産業教育はこのロシアシステムを応用し発展させたマニュアル・トレーニングを通じてその内容の普遍性を獲得したということができる。

一方，この過程を通じて，一般教育の理念そのものに対する再検討も行われた。すなわち大衆の労働能力の陶冶の必然性を背景にして公教育が主張されるとともに，職業への準備が「人権」の構成要素として自覚され始めた［Russell］。またすべての階梯における働く人々のための教育が，原則として確立された［Miles］。そして職業に対して無関心という意味での，自由な教育ではなく，すべての主要な職業活動に不可欠な教養の基礎という意味での普遍性を持った教育へと，一般教育ないし自由教育の理念も転換し，その内容を古典から解放し，技術教育をその中に取り込む作業が行われた［NEA 1894］。

アメリカ職業教育における Manual Training の位置は次の3点により明確化することができる。第1は19世紀末におけるパブリックスクールの発展の中ですべての国民に中等教育をという思想的基盤。そして第2は，当時の中等教育の主流であった古典的教育の一面性の批判と，Manual Training の展開。第3にロシアメソッドの影響の下における少数の基本的熟練 Practices＝技術 Arts を抽出し，それを学校教育として展開することによる職業への準備，等であった。

② インダストリアル・アーツ

インダストリアル・アーツの成立にあたっては北欧に起源を持つスロイド・システムやマニュアル・トレーニングの影響もあるが，より直接的な影響力を持ったのは J. Dewey の「作業（occupation）の理論」であった。デューイは受動的・受容的な教育，一方的な知識の伝達・注入を教育とする伝統的な教育観が大勢を占めている当時の状況を批判し，工業や農業におけるアメリカ型の

技術革新によってもたらされた社会変化に対応した，教育の再編成（educational readjustment）を重要な課題の一つとした。そしてその取り組みの方向性として，教育再編成の課題が伝統的な書物中心の教育と狭い範囲の実用教育の両端の間にあると考え，「学校の社会化の原理」と「児童中心化の原理」を設定し，その具体的な実践の統一的な概念が「作業」（occupations）であった［Dewey 1915］。

この「作業」の目的には2つの原理に対応した，自然・社会的環境との有機的な関連をふまえた人間生活の歴史的発展の理解という側面と，内発的な探究・構成・表現などの欲求を満たし，その敏捷・忍耐・責任・協力などの訓練という側面とがある［田浦］。このような枠組みの設定は，次のようないくつかの批判をふまえた上でのことであった。すなわち，教育は生活の過程であって将来の生活の準備ではないというところから，ボケーショナル・エデュケーション及び諸職業への一般的準備というマニュアル・トレーニングの本来の目的をも狭隘であるとして退けている。またマニュアル・トレーニングは個別的学科と考えるのではなく，生活及び学習の方法として考えるべきであり，学校そのものを現実の生活の一形態とする手段として把握すべきだとしている［Dewey 1899］。そのことは同時にインダストリアル・アーツの一元的枠組みの基礎となっている。

1917年に成立したスミス・ヒューズ法は普通教育の一環としてのインダストリアル・アーツの発展を指向した。これは職業教育の計画立案の過程において職業教育のカテゴリーの明確化が必要になったことを受けてのことである。結果としてインダストリアル・アーツは職業的産業教育から分離され，一般教育に位置づけられることとなった［宮原・小林（達）］。

アメリカの公教育における産業教育として最初に導入されたものはマニュアル・トレーニングであり，インダストリアル・アーツの導入の過程は，従来のマニュアル・トレーニングからインダストリアル・アーツへの移行の過程でもある。20世紀の初頭まで，アメリカの産業教育は普通教育のなかでマニュアル・トレーニングとして展開されてきた［斉藤］。

NEAの1910年前後の公教育における産業の位置付けに関する一連のシンポジューム，課題研究，委員会報告等における検討のなかでインダストリアル・アーツの枠組みは成立したといえる。そしてこのことは一般教育としての産業教育の枠組みと原理の大きな転換を意味している。すなわちマニュアル・トレーニングの枠組みと原理の転換は二方向からなされ，その一方がボケーショナル・エデュケーションの運動であった。それは「諸職業への一般的準備」の側面を不可能として否定しつつ，「実際の具体的職業への準備」を強調し，「労働の教育」を職業によって異なる固有の機能としての「職能」の教育に変容させた。そしてもう一方がインダストリアル・アーツを生み出す一連の動きとなった。ここでの教育の目的は一般に，生活力と学習力を獲得することであり，労働という共通かつ普遍的な必要に関わる明瞭な知識によって発達を促すことにある［Pinner］。このような論理の帰結として，個々の学科ではなく教育全体を貫く原理ないし様式（mode）として，その固有の機能と領域を獲得するに至った。この転換の過程においてデューイの教育哲学の関与は大きな役割を果たした。すなわちマニュアル・トレーニングからインダストリアル・アーツへの移行は「労働の教育」から「労働を通しての教育」への移行を意味する。

　インダストリアル・アーツは教育内容であるとともに教育方法であり，そこでの課題は社会問題を認識し，生産物の選択・使用に関する知的な判断を養いつつ，現代生活の正しい理解を発展させることにある。そこでは人類の経験の追体験が教育の方法を構成することになる。そして現実の生産的労働の科学的な認識をふまえた，すなわち機械化，大規模化の進展する今日的な労働の様々な内容・側面・性質のなかから，それらの一般的・普遍的側面を反映したものを抽出し，それらを教育の中に取り込むための科学的方法論の展開という課題へと向かわせることになる。

4．職業教育における法と政策
①　社会労働政策としての職業教育
　労作的訓練や職業教育が労働対策として政治的配慮や経済・社会的観点から

注目されるようになった。上院議員 Justin Morrill は1876年の演説のなかで,これらの訓練や教育を通じて労働者の地位の向上を図り,急進的な労働運動を和らげることができるという考えを示した［Carti］。労働者救済のために無料の幼稚園や労働者学校を設立してきた Felix Adler は進歩主義の思想をアメリカの学校に導入した初期の人物である。彼は労働者の必要に見合ったものとしてマニュアル・トレーニングに着目し,これを学校教育の重要な一部として取り入れることにより,労働に尊厳感を与えることができると考えた［Benett p.450］。

一方,産業界もこの教育の持つ実利的な側面に引き付けられた。ニューヨークの建築家 Richard Auchmuty はロシアメソッドにもとづいて職業を教授する学校を開設した。この学校は分業の進む近代産業のなかで崩壊しつつあった徒弟制の役割を肩代わりするものであった。その卒業生が高い賃金をあまり要求せず,労働組合の統制からも比較的自由であることをアピールして産業界からの学校に対する資金援助を求めた。これに応えて J. P. Morgan はこの学校に対して1892年に50万ドルの援助を行っている［Cremin p.36］。

② ダグラス委員会と職業教育

国内市場の拡大に対応して19世紀後半のアメリカ経済の発展は急速であった。このような急拡大の背景には保護貿易と鉄道建設を軸とした国内開発,著しい技術革新の進展があった。20世紀初頭にはアメリカの経済力はヨーロッパを凌ぐほどになった。こうした事態はアメリカの職業教育に多くの課題を投げかけた。大統領ルーズベルトはアメリカの学校制度における産業的訓練の欠如を致命的な欠陥と評し,これに対する対策を訴えた［Hawkins］。

この課題の解決の動きは東北,中部の州から始まるが,とくに1905年にマサチューセッツ州議会は産業振興のために産業教育を検討するための,委員会の設置権限を州知事の W. L. Douglas に与えた。この委員会は報告書をまとめ,州の産業教育の現状を次のように述べている。(1) 産業界では熟練労働力が不足しているが,それは Industrial Intelligence の不足でもある。ここでいう Industrial Intelligence とはその時どきの仕事を見通す精神的な能力であり,

全工程を理解する力，材料の知識，経費や組織についての知識といった総合的なものである。(2) パブリックスクールはその理念，領域，方法にわたってあまりにも学問的にすぎ，産業や社会の要請に十分に応えていない。(3) 14〜15歳で学校を離れ職業生活に就いた生徒にとって，その後の3〜4年は実際的な労働力の点でも，また労働能力の発達という面でもまったく時間が浪費されている。(4) ハイスクールの卒業生は一般に商業部門では良い職を得ているが，全体としてはManual SkillとIndustrial Intelligenceが不足している。産業における労働力の養成という目的からは，学校で費やされた時間は結果的に大変に無駄な時間となっている。こうした現状分析をふまえて，委員会は次の3つの勧告を行っている。(1) 農業・工業・家政を含む生産の初歩の教授と実習を取り入れ，数学，自然科学，製図の生産における応用を示すなどの施策を通じて，初等学校における教育の改善を進める。(2) ハイスクールに新しい選択課程をつくり，農業・工業・家政の教授を行う。また全日制の課程に加えて，勤労青年のための夜間，定時制の課程における教育も行う。(3) 公立学校の制度とは分離されたTrade Schoolが必要であり，これを州教育委員会とは別の産業教育委員会の全面的な管理の下に運営すべきである。

ダグラス委員会の報告書は，教育行政上，正規の学校制度からは独立した，従来の教育委員会とは異なる組織による管理運営を行う，教育の二重制度をつくりだしている。そして公教育全体を実際に役立つ職業の教育へと再編成を進めている。マサチューセッツ州は公立学校と関わって職業教育の総合的な体制を急速に発展させ，他の州の同様な取り組みのモデルとなっていった［Benett p.517］。1903年から1913年までの間に同州を含む9つの州が職業教育に関する州法の制定のための専門委員会を設置した。

③ 職業教育国庫補助委員会

1914年の第63連邦議会は大統領の任命による「職業教育国庫補助委員会」の設置を決議した。同委員会は職業教育に対する国庫補助に関する法案の妥当性を検討するためのものである。同委員会報告書はまず職業教育の必要性の根拠について述べている。それは国際貿易におけるアメリカ製品の対外競争力の強

化のための労働者の熟練度と能率の向上にあり，一方で低賃金の労働力を維持するための基礎としての食料の増産もその根拠としてあった。労働者の職業的な身分の確保と農民の所得の増大を計ることによって「社会不安」を取り除くことを意図しており，賢明な投資であるとしている。また職業教育は国民の福祉にとっても不可欠なものであり，それゆえに設備や運営に関して地域的な不均等が生じることは好ましくなく，これを均等化させ一定の基準を維持するために国庫補助が必要であるとしている。そして職業教育の成否は，とりわけ教員の資質に負うところが大きいことから，教員養成と教員給与の両者に対する補助が与えられるべきであるとして，州に対する職業教育国庫補助の必要性を説いている。

職業教育国庫補助委員会の報告書は職業教育を「有用な業務に従事するための準備を青年にさせる実際的教育」また「大衆の従事している，より一般的な業務における能率の向上のための中等程度の教育」と規定しており，そのための3種類の教育機関をあげている。その第1は全日制の Trade School である。これは14歳ないし18歳の青年を対象として，2年間にわたって毎年9ヵ月ずつ毎週30時間以上の授業を実施し，その2分の1を学校の Shop もしくは工場の生産実習にあて，残りの半分を職業関連科目と普通科目に充当する学校であった。第2は勤労青年を対象とした定時制学校であり，(1) 勤労青年の知性を高め，社会における市民の義務を理解させ，(2) 産業に関する知識・技術を高め，(3) 女子労働者には家政教育も提供することも目的としており，就労先の工場と協定により，最低144時間の教室での従業を実施するものとされていた。第3は，成人労働者を対象とした夜間学校である。この学校は全日制及び定時制職業学校の普及により可及的に消滅する暫定的な機関とされていた。ここでは国庫補助は拡張的職業教育 Trade Extension Training に限られ，普通教育や職業準備教育はその対象外とされていた［Prosser］。

またこの報告書は職業教育行政の実施機関についてもその設置を勧告している。Federal Board for Vocational Education は内務省教育局，郵政，農務，商務，労働の各長官と，大統領の任命した関係各界代表者から構成されてい

る。この機関は補助金交付に関する事柄とともに，州の職業教育計画の認可，教員資格基準の承認等の，州の職業教育行政の監督を任務としており，連邦教育局（U. S. Office of Education）とは別の機関であった。

　この報告書に掲載された18ヵ条からなる職業教育に関する法案は，ほぼそのままの形で議会を通過し，1917年2月ウィルソン大統領がこれに署名した。このスミス・ヒューズ法はアメリカの職業教育の新しい時代の始まりとされている。この法律の正式名称は「職業教育を振興し農業教育と工業教育の振興に関し州と協同し，さらに職業科教員養成に関し州と協同するための経費を支出し，支出を統制する法」である。

　④　スミス・ヒューズ法の意義

　アメリカでは教育も地方分権が基本であり，職業教育の推進とそのための国の援助についても，地域の住民の理解と同意が不可欠であった。職業教育に対する国の助成に対して，地方は「金は出しても，口は出さない」ことの保障を強く求めたため，国の職業教育の推進政策は難航することになった。

　1917年に成立したスミス・ヒューズ職業教育法は連邦政府の援助による職業教育の展開を企図するものであった。この法律は，(1) 連邦基準に沿った職業教育に対しては国庫から半額の補助が行われる。(2) 連邦職業教育委員会が援助業務を推進する。(3) 職業教育の具体的な内容については各々の州が決める。(4) 国の援助は職業教育以外の領域にも拡大されうること等が，規定されていた。この法律は成立時の上院の文教委員長がホーク・スミスであり，下院の文教委員長のダドリー・ヒューズであったことからSmith-Hughes Vocational Education Act と呼ばれた。同法は大衆化された普通教育を基本としつつも，「職業生活への準備」を中等教育の主要な原理とすることによって，アメリカにおける職業教育の導入に道を開いた［Hawkins p.105］。

　アメリカ合衆国における資本主義の発展に伴う徒弟制度の崩壊と，ヨーロッパからの熟練工の供給の停止という状況の下で，通商競争に備えてアメリカの熟練労働者の組織的な養成を行う公教育制度を確立するための産業政策立法としてスミス・ヒューズ法は第一に評価される。そしてこの法律によって，アメ

リカ合衆国は職業教育を一般教育と平行して公教育体制のなかに明確に位置づけたのである。またこの法律は普遍的な職業教育（Universal Vocational Education）の基礎を固めるものでもあった。民主主義の一つの理念としての「教育の機会均等」を職業教育の領域において実現したものといえる［草谷］。

　一方，同法の意義を職業教育の具体的な内容から見ると，それは"Real" Vocational Education［Snedden］であり，Unit Trade の教育であったと評価される。すなわち，より強力な技能教育を指向し，その職業の専門性を強く主張したものであった。全日制 Trade School が2年制の課程とされた根拠は一つの職業に対する準備として2年が妥当な年限であることであった。さらに週30時間以上とされた授業の2分の1以上を実習に充てるものとされ，実際にも全授業時間数の50％が実習に，25〜35％が専攻職種に関連した科目に配当されており，普通科目は15〜25％の時間配当が一般的であった。定時制の職業教育はスミス・ヒューズ法の下では2種に大別される。すなわち，初等教育の未修了者に対する補習的な教育を行う定時制補習学校（General Continuation School）と職業教育のための定時制の Trade School である。後者はさらに現在の職種とは異なった職種について行われる定時制職業準備教育（part-time preparatory）と現在の職種についての教育，つまり日々の就労に関する補足的な教育である定時制職業拡張教育（part-time trade extention）とに分けられる。スミス・ヒューズ法はこのうちの定時制職業拡張教育を中心としており，即戦力としての職業能力の養成を公教育に期待したものであった。この点は夜間学校では一層明確であった。成人労働者を対象とした夜間学校にも，一般教育を主とするもの，職業準備教育を主とするもの，職業拡張教育を主とするものの3種があった。労働者側は現在の職業を補足する職業拡張教育とともに，より望ましい職業に転換するための職業準備教育も要求したのであったが，スミス・ヒューズ法は職業拡張教育の夜間学校に対してのみ連邦補助金の交付を規定している。これは資本の効率性を重視する発想にもとづくものである。この規定により，それまでの職業準備教育と職業拡張教育の混在は禁止され，失業に対処する労働者の職業準備教育についての要求は連邦の援助から外

されたのである。このようにスミス・ヒューズ法の下の職業教育はTradeの教育であり，それもUnit Tradeの教育であった。それは知識・技能の発展や広がりという側面を排除し，限定された技能の訓練を行う教育であり，短期促成を意図した職業教育であった。このことは定時制や夜間学校において，現在就労している職種の補習教育の重視として一層鮮明にあらわれている。

5．職業教育の本格化

全国職業教育協会（National Society for Vocational Education）の報告によれば，1918年までにすべての州で同法の基準に従った連邦からの援助を受け入れており，1921年度の職業教育に対する補助金は連邦からのものが1064万ドル，地方当局からのものが518万ドルに達した。またこの年の連邦の援助を受ける職業教育に在籍している者は全米で32万人となり，そのための教員養成課程の在籍者は1万3000人となっていた［Hawkins p.122］。

スミス・ヒューズ職業教育法を契機として職業教育が本格化し，中等教育のカリキュラムの中にも多数の職業科目が登場した。連邦教育局の履修調査によると，1905年の時点では見られなかった職業科目が1922年の時点では多く姿を見せている。「商業」に限っても，簿記，速記，商業計算，商業法規，商業地理，商業史，商業実習などの科目が登場している［Edwards p.743］。

また同法の成立以降，アメリカでは単線型の学校体制を指向することとなり，中等教育におけるハイスクールと職業学校の一元化が進むこととなった。普通教育と職業教育とをバランスよく用意することが中等教育の正しいあり方とされた［Edwards p.750］。

2節　アメリカ職業教育における継続教育のシステム

初期の私立のラテン語グラマースクールは進学準備を主目的としていたが，そのカリキュラムには簿記，ペン習字，商業算術等が組み込まれており，商業技能に対するニーズの存在を示している。ボストンにおいて1821年に設立され

た最初の公立の高校でも，進学を目的とするカリキュラムの中に職業生活の準備のための科目がおかれていた。

　経済社会の発展に伴って，アメリカではコミュニティー・カレッジへの進学が一般化するとともに，中等教育段階の職業教育が一部それらの上級教育機関にシフトしている。その結果，学校における職業教育のレベルは中等教育，中等後教育 (post-secondary education)，高等教育の3段階の構成になっており，相互関係がやや複雑になってきているが，中等教育機関と中等後教育機関との連携については注目すべきものがある。それはカレッジからの教師の招聘や週1回半日程度の生徒のカレッジへの通学，カレッジへの進学指導などにあらわれている。

1．アメリカにおけるコーペラティブ教育
①　ビジネス教育の淵源

　アメリカのビジネス教育の最も初期の形態は，徒弟的訓練である。経験者である簿記係が助手に必要な訓練を施し，助手は次第にその技能を身につけていくことになる。しかし企業の規模が大きくなるに従って，このような形での簿記技能者の供給は困難になっていく。「巡回教師」が各地をまわって簿記とペン習字を教えるようになる。しかし産業の発展により商業の技能を持った人材はなお不足しており，必要な訓練のための私立のビジネススクールが各地に設置された。南北戦争以後の時期に商業教育の成長を促した要因が2つある。1つは1868年のタイプライターの発明であり，もう1つはタイプの草稿を作成するための速記の普及である。速記とタイプライティングを教える学校がつくられ，女性の入学が進んだ。公立学校でもこの時期にはビジネス科目を採用するところが増えた。進学カリキュラムの範囲を超えて，これらの科目を設置する総合制高校が生まれ，現在もなお主流となっている。1890年には商業専門の公立高等学校もワシントンD. C.に設置されている。

②　コーペラティブ教育の構造

　アメリカにおけるビジネス教育には，キャリアガイダンス，職業教育，消費

者教育，継続教育などの目標が含まれるが，現場実習を取り入れたコーペラティブ教育がアメリカでは特徴的である。流通やマーケティングに関する教育は，教室の授業と企業における実習，そしてクラブ活動の三本柱によって支えられている。

　コーペラティブ教育を選択した生徒は午前中，学校で正規の授業を受け，午後は各職場での現場実習に就くことになる。職場では実習責任者が定められており，生徒の指導監督に当たる。全体の指導計画を立案し，管理と運営に当たるコーディネーターの教師は，午前中に学校での授業を担当し，午後は各職場の訪問指導に出向く。地域にはこれを支援するための諮問委員会が組織されており，円滑な運営のために必要な助言を行うことになっている。さらに昼休みや休日に主に展開されるクラブ活動でその成果を補充する。学校では「流通教育」「事務教育」などの科目が設けられ毎日1回50分の授業が行われる。この科目を履修した者は午後に週15時間以上の職場実習を受けることになっており，両者をあわせて単位を取得する。

　このためのリーフレットが作成されており，地域における一般的な理解の促進に役立てられている。地域においてこの実習を引き受ける企業を募り，受け入れを依頼する。その際に，企業側の責任者を選任してもらい，彼らに対するガイダンスを行う。生徒の履修にあたっては，カウンセラーを交えて慎重に相談し，個々の生徒に適合した職場を選択する。その上で，事業主との面談を済ませてから，職場に配置する。この段階で，生徒，保護者，事業主，コーディネーターの四者の合意に基づく協定書が取り交わされる。

　生徒が職場に配置されると，コーディネーターの教師はたびたび各職場を訪問し，職場の責任者と打ち合わせを行うとともに，生徒の実習に対する支援を行う。実習に関する評価は職場の実習責任者が行う。評価の観点は，「流通教育」の場合であれば，店舗の営業方針，コミュニケーション，人間関係，施設・設備管理，在庫管理，棚卸し，販売手続きなどの項目についての理解と習熟があげられる。

　このような職場実習の基本的な目的は，生徒に勤労の世界やその規律及び人

間関係を見る機会を与えるとともに，家庭や学校とは違った体験を通して社会的な経験を深め，自信を得させ，学校での学習と勤労の世界とのつながりや適切な資格の役割について理解させ，卒業後の勤労への準備をさせることにある。

③ コーペラティブ教育の意義

E. E. Haris の定義によれば，コーペラティブ職業教育とは正規の時間に組み込まれた地域での雇用を通じて得られる学習経験と，就職指向の学校内指導とを結合した指導方式である。生徒は高学年において午後の時間に学校が教育的に選んだ地域の事業所に配置され，そこでパートタイムの労働条件に基づく賃金を得ながら就労する。この教育に対して政府から補助金が支給される。

この方法の利点について生徒の立場からは，ニーズと興味にあった教育が可能となり，中途退学を防ぐ有効な手段となりうること，就労が学習の動機付けとなり理論と実際の関連について理解が促進されること，教室での学習事項を実際の職場で応用することができるとともに職場の専門家から直接の指導を受けられること，職場における勤労体験が進路の選択に役立ち，また職業人としての資質の向上が期待できること，生徒と雇用主が知り合う格好の機会となり卒業後に正規の従業員として雇用される可能性があること，正しい勤労観を涵養するとともに賃金が学資として役に立つこと，などの多くの長所が存在する。アメリカではこのような現場実習が主流をなしている一方で，我が国で普及している学校内での模擬実践はほとんど行われていない［Harms］。

2．1963年職業教育法と職業教育開発

1963年職業教育法によりはじめて高校の商業教育に対する助成が法制化された。同法は職業教育の定義を改め，流通，家庭経済，貿易などとともに，ビジネス及び事務的職業もこの定義に含めることとした。この法律の成果は，青年と成人に対する就職や昇進のための教育を目的とする職業学校の建設であった。また補助金の10分の1は調査研究と啓蒙活動のために使われることになった。さらに補助金は就職や昇進のための入門的な準備，補習訓練，スキルアッ

プのためにも使われている。同法の最も重要な条項の一つは高校卒業後の教育と就職後の教育に関する規定である。全体的な職業教育の開発にあたって，マンパワーの需要分析，他の職業訓練と協調したカリキュラム，計画の評価と生徒の達成度の測定のための標準，職業情報の提供とガイダンスなどを促進するとともに，企業，業界，行政との協力が必要とされている。

同法はそれまでの職業教育関係立法を統合したもので，これにより恒久的な補助が可能となった。その目的は現行の教育計画を維持し発展させるとともに，必要に応じて新しい教育計画を開発することや，また全日制の教育を受けるために，パートタイムで就労する必要のある青年に適切な求人先を紹介すること，適切な就職準備ができないままで学校を中退したり，あるいは技術革新により再訓練が必要となった人々に対する訓練をすること，などとなっている。

3節　アメリカ労働運動と職業教育・訓練

ここでは，アメリカの労働組合運動において指導的な役割を果たしたアメリカ労働総同盟（AFL）議長サムエル・ゴンパース（Samuel Gompers）の職業教育戦略を足掛かりとして，アメリカにおける職業教育の展開過程を吟味することにより，アメリカ産業の勃興期における職業教育の社会的機能を明らかにすることにある。

1．都市化・工業化と職業教育・訓練

19世紀後半の職業教育は，小間切れ的な知識・技能の提供にとどまっており，普遍性を欠くものであったため，中等教育の教育課程として受け入れられてはいなかった。ただし「商業科」だけは幅広く普及しており，経営管理や事務に関する職業教育はすでに中等教育のものであった。これは当時のハイスクールが産業社会のリーダーたちをその主たる対象としていたことを示している［Hawkins p.15］。

南北戦争後の産業の発展を展望して，1862年に Morrill Act と称される連邦法が制定された。同法は中等教育機関において職業教育を実施する場合，国有地を無償で払い下げることが規定されていた。

　19世紀末のアメリカでは急速な工業化が進み，技能労働者が不足していたが，従来のようにヨーロッパからの移民にのみ依存することは困難になった。アメリカでもヨーロッパに負けない組織的な職業教育の展開が求められた。また職業教育についてドイツの制度に学ぼうという気運も高まった。

　アメリカの中等教育は20世紀に入り急速に大衆化するが，そこでの職業教育は依然として停滞気味であった。それは産業の発展にもかかわらず，熟練労働力を伝統的に移民に依存していたことと，アメリカ労働総同盟（AFL）が熟練労働力の供給を独占していたことによるものであった［Counts］。

　当時ハイスクールの出身者はみな良好な職業に就いていたが，たいていは「商業関係の仕事」であった。

　当時，急速な工業化は州際通商活動を活発化させ，労働者の職場移動が増大する傾向にあり，職業教育は地域レベルの問題ではなく全国レベルの問題となってきた。そのため，連邦レベルでの職業教育の計画化が進められることとなり，1906年に「全国職業教育推進協議会」（The National Society for the Promotion of Industrial Education）が設置された。

　ウィルソン大統領はこれに対応して「全国職業教育援助委員会」（Commission on National Aid to Vocational Education）を任命し，職業教育に対する国の援助の必要性を指摘した。同委員会は1914年の報告書の中で，職業教育を学校教育のなかに導入する必要性の根拠として，(1) 職業教育の持つ「為すことによって学ぶ」方式が教育の効果を高める，(2) 学校教育のなかに「有用性」という目的を入れること，の2つをあげている。前者は，当時の抽象的な学校教育に対する反省に立って，具体的な経験を教育のなかに取り入れ，生活と教育を結びつけようとする動きの活発化を反映したものである。後者は，産業界を代表する考え方であり，熟練労働力の供給を増やすとともに，それぞれの職種に見合った具体的な職能の育成を求めたものである［Hawkins p.98］。

南北戦争後のアメリカは都市化，工業化の急速な進行に伴い，旧来の農業を
ベースにした狭い自治的な地域社会の解体が進んだ［Robert 1967］。官僚主義
的に組織され，技術的に管理された社会が出現した。19世紀のアメリカ人を統
合していた価値の体系は弛緩し，技術システムがこれに取って代わった
［Higham］。このような社会の変化は職業教育に大きな影響を与えた。1860年
代から1870年代初めにかけてのアメリカの公立学校は，市民として必要な道徳
的価値，読み書き，計算，地理などを教えたが，職業に対する準備のための教
育を行うことはなかった［Bernard p.2］。変化は1870年代後半に始まった。
1879年の連邦教育局の文書は，コモンスクールにおける教育と労働の関係につ
いて言及している［Edward］。中等教育の分野でも将来の職業的活動に備え
た教育課程の準備が始まり，次第に職業教科が導入された［Bernard p.114］。
この時代，学校は地域共同体の付属物から抜け出して，個々人をより広い世界
へと結びつける公的な一つの機関へと変容した。中等教育における職業教育の
導入は，この変容の一側面であった［Robert 1969］。そこでは職業に関する教
科を配置するだけではなく，将来の進路や職業に対するガイダンスの機能も用
意された。官僚主義のシステムによって組織された社会へと変化するなかで，
学校における職業教育も新たな役割を担わされた。

2．アメリカ労働総同盟（AFL）の職業教育戦略

　従来，アメリカ労働総同盟（AFL）は労働力供給を制御する観点から労働
組合内部での職業訓練を重視してきた。しかし20世紀の初頭においてこの「組
織内訓練」から脱却し，「公的職業教育」の推進へとその路線を転換した。
　アメリカ労働総同盟（AFL）の議長サムエル・ゴンパースは1903年に「教
育委員会」（Commission on Education）を組織内に設置した。彼は労働者が
折からの技術進歩に対応してその職業能力を高めることの必要性を認識してお
り，労働組合の立場から公立学校における職業教育の重要性を訴えた［Vassar p.191］。
　アメリカ労働総同盟（AFL）は1909年の組合大会において「職業教育は私

的なものとしてではなく公的な機能（public function）を持ったものとして実施されるべきである」という決議を行った。サムエル・ゴンパースは1909年のリッチモンドでの演説のなかで「労働者は機械のように働くのではなく，製品や生産の全過程について総合的な知識を持つことの必要性」を強調している。また「労働者の福祉は職業教育の発展に大きく依存しており，その限りでは雇用主と地域社会の利益とも一致する」ことを説いている。

これはアメリカ労働総同盟（AFL）の職業教育に対する戦略の大きな転換を示すものである。

労働組合は，生産の機械化が進むなかでの人間の「疎外」に注目し，労働者が主体性を持って仕事を遂行できるように，労働者自身が生産の過程に関する総合的な理解力を持つことを望んだ。労働組合が学校における職業教育に期待したことは，広い知識と総合的な理解力の上に有効な職業技能を身につけた労働者の養成であった。産業社会の新しい状況に適合した広い知識や総合的な理解力を持った労働者を，労働組合内部での職業教育によって養成することは困難であった。これが熟練労働力の供給過剰，労働市場の混乱という危険をあえてアメリカ労働総同盟（AFL）がおかして，公立学校における職業教育に踏み出した理由である［Vassar p.178］。

南北戦争の後，1869年にフィラデルフィアにおいて労働運動体として「労働騎士団」（The Knight of Labour）が結成された。この労働騎士団は職業別組合を組織化することができないまま，1880年に結成されたアメリカ労働総同盟（AFL）に労働運動の主導権を譲り渡した。

当時のアメリカ労働総同盟（AFL）は労働組合主義の立場に立つサムエル・ゴンパースによって指導されていた。その政策は資本主義の枠組みのなかで，労働者の地位の向上を図ろうとするものであった［Arthur p.48］。

サムエル・ゴンパースは1908年に職業教育の調査を行う委員会を設置した。委員長にはミッチェル（John Mitchell）が任命された。この委員会は1910年に報告書を提出し，その中で職業学校に関する次のような勧告を行っている。「公立学校の制度のなかに職業に関する教育を行う学校を設ける。この学校に

は有能な教師が配置されるべきである。この学校の教育課程には数学，物理，科学，英語などのほか機械，製図，実習，さらに職業の歴史，団体交渉の理念などを含んだ経済学が含まれることが望ましい。」［AFL p.14］

　公立職業学校の設立を勧告したこの報告書はサムエル・ゴンパースの労働組合主義の影響を強く受けている［Arthur p.55］。職業教育によって労働者の技能が高まればその労働に対してはより高い賃金が支払われ，さらに有能な労働力の再生産が行われる。アメリカ労働総同盟（AFL）はこのような体制内における労働者階級の立場を受容する現実的な対応により存続を果たした。

　アメリカ労働総同盟（AFL）は徒弟制度が時代後れであること，そして素人の教師による従来の手工訓練が職業訓練としては役に立たないことを認識していた。だがアメリカ労働総同盟（AFL）は独立した職業教育が私立学校で行われることについて危惧していた。それはあまりにも企業に従順な労働者の養成が私立学校で行われることと，熟年労働者が過剰に供給されることを懸念したからである。アメリカ労働総同盟（AFL）は職業教育が地域ごとの産業の実情に応じて公立学校で行われることを求めていた［Gompers］。アメリカ労働総同盟（AFL）は公立の職業ハイスクールの設立を求めたが，普通学校と別に袋小路となる職業ハイスクールを設置する複線型システムを認めることはなかった。AFLシカゴ支部は，市当局による複線型のシステムの導入が，学校内に階級区別を持ち込むことになるとして，これに強く反対した［Julia］。職業教育に対する連邦政府の援助についてアメリカ労働総同盟（AFL）は積極的であった。「産業教育に関する委員会」はその報告書とともに，連邦政府に対して資金援助を求める働きかけを行っていた［AFL p.20］。

3．職業教育の社会的機能

　公立学校では生徒の進路に応じて多様な教育課程が用意されていたが，それは基本的に社会効率思想に基づくものであった。この思想は，官僚主義のシステムと技術的に管理される社会の出現と無縁ではなかった。官僚主義のシステムによって組織された社会はその統合と分化を必要とし，効率的な管理を求め

る。多様な教育課程は，その社会の組織構造に対応したものであった。この組織構造はその上層において組織の経営管理に従事する者，中間段階において働く人，下層で働く人で構成される。職業教育が生徒の多様性に応じて組織されるのであれば，それは官僚主義のシステムに組み込まれることになる。当時の職業教育は「教育者による企業秩序の受容である」と評されることもあった[Lazerson]。官僚主義的な組織の問題点はその階層性のゆえに各個人が平等でないことである［Higham p.26］。

アメリカにおける社会的統合は次の3つの形態をたどってきた。(1) 原始的統合 (primordial unit) である。これは継承されてきた特定の具体的な諸関係に対する感情の共有である。(2) イデオロギー的統合である。17世紀ニューイングランドでのピューリタニズムによる統合がその例である。(3) は技術的統合である。これは職業機能により人々を結びつけるとともに，それを支える権威構造として官僚主義のシステムが確立する［Higham p.7］。当時の職業教育は，官僚主義のシステムにより統合された社会の価値を体現し，人々の分業と協業による労働に貢献した。

20世紀初頭の公立学校は，前世紀のコモンスクールの伝統を継承しつつも，官僚主義的に組織された社会に対応する教育課程を用意し，新たな統合のための価値を追求した。学校における教育課程とは社会秩序のあり方をめぐる抗争の一つの現象形態である。1910年のミルウォーキーにおける地方選挙で社会民主党は勝利を収めたが，これはアメリカの大都市における社会民主党のはじめての勝利であった。彼らは学校の持つ社会的機能に着目し，進歩主義的な政策の下にこの拡大を図った［Reese］。

社会がその秩序を維持するために公的な機関を利用して行う人為的な社会統制では，社会と個人との間の相互作用は社会から個人への一方的なものと考えられる。また個人の人格の発達と関わる内面的な働きの間接的な結果としての社会統制では，社会と個人との関係を相互的なものと考えている。前者のそれを公然たる社会統制と呼び，後者を隠された社会統制と呼んでいる[Barry]。

一度，公的機関において承認された教育課程は，権威づけられ定義された知識として公然と実施される。教育課程の構成は，社会の秩序に関する理想や利害の葛藤と妥協の過程であるといえる。

学校教育は都市化，工業化に対応して変容した社会の要求する価値を体現する。学校教育は従来より社会的統合と社会秩序維持の2つの機能を果たしてきたが，これに変容した社会は職業準備という機能を累加した［Ridhard］。社会の職業的分業に対応した教育課程の多様化が進展した。この社会の新しい形態の社会統制を支えた思想は，社会の要求によって教育課程を構成しようとする社会効率の思想であった。社会効率の思想は社会の要求と個人の要求を結合し，教育課程の個別化を進めた。これは官僚主義のシステムによって組織された産業社会の社会秩序の維持に関わるものであった。

AFLの職業教育に関する政策の変更は，当時のアメリカ社会の変動のダイナミクスを見据えた，長期的な展望をふまえた戦略であった。今日，労働組合は政策形成への関与を主唱しているが，職業教育の領域における政策への提言については積極的とは思われない。労働運動を取り巻く状況が厳しい昨今こそ，現状に対する緻密な分析をふまえた戦略の構築が必要であると思われる。それは単に職業教育のあり方を考えるだけにとどまらず，労働組合の将来的な存立意義とも深く関わる問題である。

4節　アメリカの職業教育・訓練の現状

1．学校から職業への移行支援

アメリカには学卒就職のシステムはない。アメリカの若年者は，在学中からアルバイトなどの経験を積み，学校を離れた後は，いくつかの職を経験しながら適職を探索していく。しかし，1980年代以降，製造業の衰退等により高卒者が安定した職に就くことが難しくなってきた。高校中途退学が大きな問題となり，国際競争の激化のなかで，若年者の労働力形成のあり方が改めて問われるようになり，「学校から職業への移行」を支援する何らかのシステムが必要で

あると考えられるようになった。

① 学校から職業への機会法

1994年に「学校から職業への機会法」（School to Work Opportunities Act）という連邦法が制定され，各州は学校から職業への移行システムの形成が求められた。この場合の移行システムの形成とは，学卒就職システムを意味するものではない。進学希望者も含めて，すべての者に参加の機会を与え，就職に必要な準備をさせ，就職に至る道筋を見極めさせるところにこのシステムの役割がある。

具体的には，高校の後期の2年間が移行システムの焦点となる。日本の高校2年生にあたる11年生までに，自分の進みたい方向を大まかに選択させる。学校では普通教育と職業に関わる内容を統合した形のカリキュラムを提供する。さらに「職場における学習」がこのシステムの一環として提供される。「職場における学習」では，普通教育の内容の意味を再確認し，働く上で必要となる一般的なスキルを身につけ，また実際に仕事をしてみることによって，適性を見極めつつ将来への見通しを確かなものにしていく意味を持っている。

「学校における学習」と「職場における学習」さらに「両者を結合する活動」を通して，生徒は，自己の職業を見定め，そのために必要な進路を決定する。アメリカでは良い職に就くためには，高卒の学歴ではもはや不十分と考えられており，適切な卒業後の進学を動機づけることも，これらの活動の目的の一部に含まれている。

このシステムの形成における連邦の役割は限定されている。連邦教育省と労働省が連携してシステムの形成に当たっているが，連邦の役割は，システムの立ち上げの初期の推進力を補助金によって与えること，継続的な情報提供及び調査研究を行うことに限定されている。したがって，州により，また地方によって実際の運用状況はまちまちである。1996年の調査によれば，普通教育と職業教育を関連させ，さらに職場における学習まで取り入れた授業を行った学校は全米で2300校，生徒数にして28万人あまりとなっている。

② 職場における学習

「職場における学習」に参加する場合，一般の就職活動のように書類選考と面接がある。実習先の職場には，メンター（Mentor）と呼ばれる担当者が配置され，育成されるべき能力の項目が設定された上で，それぞれの能力項目について，職場，生徒，学校のそれぞれが定期的に評価を行うシステムになっている。また，メンターは仕事のやり方を教えるだけでなく，実習生を学校とは異なる職業の世界に導き，希望する職業への就職を実現するための具体的なアドバイスを与える役割を果たすことが期待されている。

「職場における学習」を含めた，この移行のシステムは，高校卒業生を直ちに就職させることではなく，高校の段階からはっきりとした職業意識を持たせ，目的を持って適切な進学を行い，仮に進学をしなかった場合でも，あるいは中退した場合でも，あらかじめ職業に対する準備をしておくことによって，将来の望ましい職業生活に入るための道筋をつけることを目的としている。

学校から職業への移行過程を捉えることの意味は2つある。1つは，学校教育が労働力形成の基盤であり，そこでの成果が，個人の労働市場における雇用可能性を大きく左右することになる。雇用可能性の低い「不利な立場にある者」に対しては専門的な訓練だけでなく，基礎教育あるいは高卒同等の修了資格の取得が不可欠の要素となっている。第2は，若年失業という形で顕在化している問題に対して，職業訓練のなかで対処するだけでは不十分であるという認識が，1980年代から高まってきたことである［日本労働研究機構1999　27頁］。

2．アメリカにおける高校中退と高卒検定（GED）

アメリカの高校中退率は1997年において11％となっており，1972年の14.6％から減少してきているとはいえ，16〜24歳の約1割強が高卒の学歴を取得していない。高卒の資格は，今やアメリカでは労働力とし最低限必要な資格とみなされつつある。高卒検定＝GED（General Education Development）は高卒資格を持たない者が受けるテストであり，読解，作文，社会，自然，数学の5種類のテストにより構成されている。このテストに合格すると高卒と同等の資

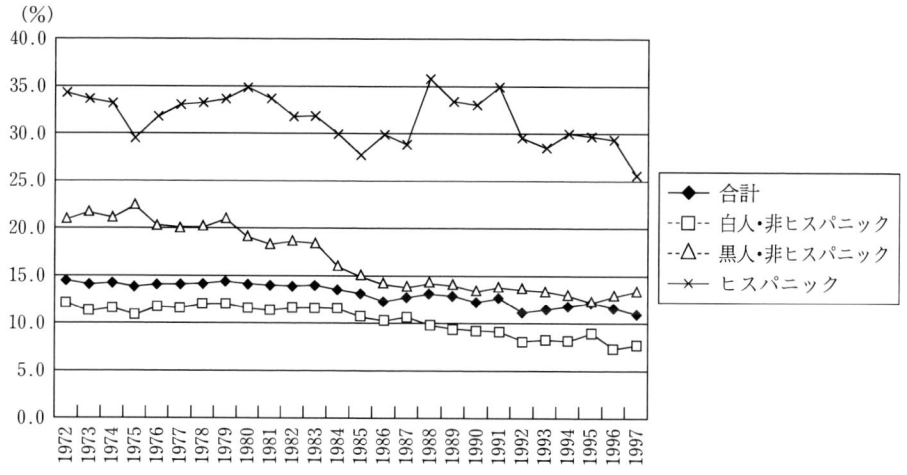

図表 3 − 1　高校中退率の推移

(注) 16〜24歳のうち，学校に在学しておらず，高校を修了していない者の割合。
　　 GED（高卒検定）合格者は高校卒業者とみなされる。
Source: Digest of Education Statistics. 1998. Table 105

格が与えられる。1997年には84万人が受験し，51万人が合格している。受験者の4割は19歳以下であった。高校を卒業していない者に職業訓練を行うときには，GEDの受験・合格が組み込まれることが多い。またコミュニティー・カレッジでも成人教育の一環として，GEDの受験のための準備教育を実施している例が多い〔図表3−1〕。

　連邦レベルの職業訓練では，社会・経済階層の低い者に対する職業訓練が大きな割合を占めており，職業訓練の実施にあたっては，GEDにより高卒資格を取得させることと，基礎教育及び補習教育が組み込まれている。

　高校中退者の多くは非労働力となっており，労働市場に参入していない。1997年には，男子の高校中退者では，雇用されている者は，全体の57%にすぎない〔図表3−2〕。雇用されるかどうかという段階で，すでに高校中退者は不利な状況にある。雇用されている場合でも低い年収に甘んじている。

　アメリカでも高校中退は深刻な問題であり続けている。労働力形成の観点からは，中退者を出さないことが大切であり，在学中から中退の可能性の高い者

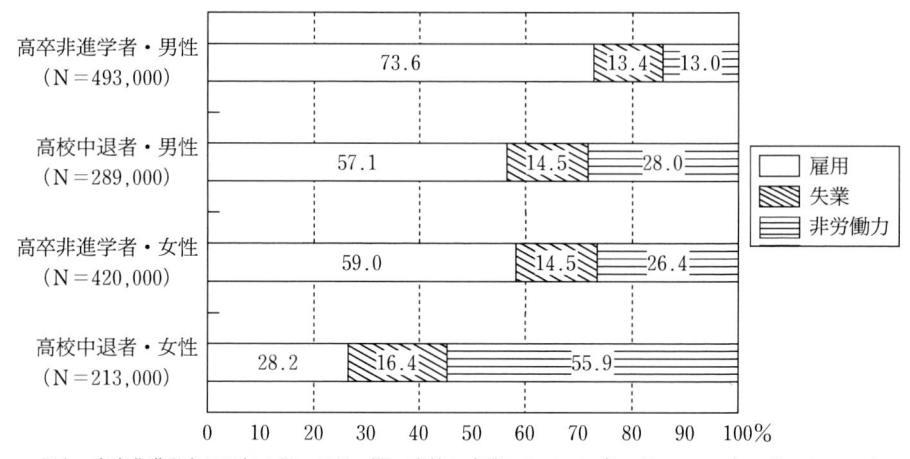

図表3－2　高卒非進学者と高校中退者の労働力状態

高卒非進学者・男性（N＝493,000）： 73.6 / 13.4 / 13.0
高校中退者・男性（N＝289,000）： 57.1 / 14.5 / 28.0
高卒非進学者・女性（N＝420,000）： 59.0 / 14.5 / 26.4
高校中退者・女性（N＝213,000）： 28.2 / 16.4 / 55.9

凡例：雇用／失業／非労働力

(注)　高卒非進学者1997年1月～10月の間に高校を卒業した16～24歳の者で，1997年10月にカレッジに在籍していない者。
　　　高校中退者は1997年10月までの過去1年間に高校を中退した16～24歳の者。
Source: Digest of Education Statistics. 1998. Table 382 & 383

に対し，特別な介入が必要となっている。連邦の職業訓練プログラムのなかには，若年者に対する学期中及び夏期休暇中のプログラムがあり，そこでは学業を続けさせ，あるいは休学者を復学させて，最終的に高校を卒業させることが，基本的なプログラムの目的のなかに含まれている。復学の見込みのない者に対しては，GEDによって高卒資格を取得させることが，職業訓練の前提とされている［日本労働研究機構1999　28頁］。

3．「学校から職業への機会法」の背景

　従来，アメリカでは，学校から職業への移行にあたって，決まった道筋というものは存在しなかった。しかし，高校を修了しない者が相当数存在しており，若年失業率は非常に高く，また高卒者の収入より教育水準の高い者との所得格差が拡大している。さらに国際競争の激化や，技術革新の進展により，不熟練労働に対する需要は減少している。その一方で，学校から職業への効果的な移行を支援する包括的なシステムが欠落していた。不利な立場にある若年

者に対する職業教育訓練のプログラムは今まで連邦政府の資金により行われてきたが，それらは統一を欠いた運営がなされてきた。若年者が職業への移行の道筋を自覚することの必要性と，学校教育のなかに「職場のなかにおける学習」を取り入れることによって移行の道筋を明確にすることが期待された。

① 連邦法の内容

「学校から職業への機会法」は，移行のモデルを提示した上で，システムの形成を促すものであるが，具体的には，システムの立ち上げの準備資金（State Development Grants）と初期段階の運営資金（State Implementation Grants）の2種類の資金が，連邦政府から支給される。

この移行システムは，中退者にも，学業成績優秀者にも，障害者にも，いかなる民族的・文化的背景の者にも，すべての者に開かれたシステムである。大学進学希望者もそうでない者も区別することがない。より良いキャリアのためには，すべての生徒に普通教育の基礎と，職業のスキルが必要であるということが同法の理念である。すべての生徒に参加の機会が用意されているが，すべての生徒がこのシステムに包含されなければならないということではない。

② 移行システムの構成要素

移行システムは「学校における学習」「職場における学習」そして「両者を結合する活動」の3つの要素から構成されている。「学校における学習」では，職業教育と普通教育が統合されており，低学年のうちからキャリアへの意識を高め，職業に関する探索を行う。そして高校2年生の段階で，キャリアの専攻を行い，その職業に応じた学習を進めることになる。

「職場における学習」では，職場が生きた学習の場として活用される。生徒は職場で実際に必要とされるスキルを学ぶとともに，学校で学ぶ抽象的な概念が，いかに実際に用いられているかを知り，理論的な学習の意義を再確認することになる。職場では実際に働いている従業員などがメンター（Mentor）となり，職場で求められている能力の形成に力を貸す。ここではメンターが賢明で信頼のおける指導者として大きな役割を果たすことが期待されている。この職場は，民間の職場に限らず，非営利機関や公的機関もこの対象となる。「両

者を結合する活動」は，学校における学習と職場における学習とを有機的な連関を持たせ，移行システムを一貫したシステムとして維持するために必要な活動である。

③ 移行システムにおけるパートナーシップ

このシステムを効果的に運営するためには，教師，事業主，従業員，生徒，保護者，行政，事業者団体及び労働組合などが適切に協力し合わなければならない。またキャリアに対応した学習を有効に進めるためには，中等教育と高等教育の諸学校との連携も必要である。この移行システムは，教育の改革であると同時に，21世紀の労働力需要に備えるものであるために，連邦レベルで，教育省と労働省がともに管轄しているだけでなく，州・地方レベルでも，教育，労働，経済開発などに関わる公的な機関の連携が求められている。

連邦法が示しているのは大枠であり，実際にどのようなシステムを形成するかは，州・地方の独自性に委ねられている。それは州・地方により，労働力需要のあり方も，高校教育の現状も，進学状況も異なっている。また各州は独自の教育改革を進めており，そのなかに移行システムをどう位置づけるかの方針もまちまちである。連邦は一律のパターンを押しつけるのではなく，モデルを提示し，初期資金を提供することによって，それぞれが独自のシステムを形成することを促す立場をとっている［日本労働研究機構1999　39頁］。

4．ビルトインされたセーフティネット

連邦法で示された「学校から職業へ」の移行の道筋は，「高校」から「就職」へという道筋ではない。この背景には，高卒ではもはや労働力需要に合わず，高卒者の社会的地位は低下しているという認識がある。「すべての生徒」を対象とする移行プログラムは，高卒就職者にも役立つものであることが求められている。しかし連邦法の重点は，高校卒業後，少なくとも2年程度は何らかの追加的教育訓練を受ける機会を拡大することのほうに置かれている。

連邦法の示すモデルは，学校から「高技能・高賃金のキャリアに向けた最初の仕事」への移行である。この「高技能・高賃金のキャリアに向けた最初の仕

事」に就くには，高校卒業後，4年制大学への進学も含めて，更なる教育訓練を受けることが奨励されている。更なる教育訓練が，どの学校種で行われるかは，一律に決まることではなく，自分の目指すキャリアのために，どのような教育・訓練機関がふさわしいのかを見極めることも，この移行プログラムの重要な役割とされている。目的意識もなく，誰もが大学に進むことが，奨励されているわけではない。

　アメリカの若者の多くは，大学進学を希望するが，実際に学位取得に至るものは少ない。そのような状況をふまえると，高校から大学そして就職という一律の経路を構想することは現実的でない。実際に高校を卒業して，そのまま労働市場に入る者，高校を卒業して労働市場に入った後に大学に進学する者，大学に進学したが学位を取得するに至らなかった者，など，様々なパターンが存在する。そのすべてに備えるためには，高校で十分な普通教育を提供して，大学進学の可能性を開いておくとともに，高校の段階で労働市場に対してある程度の準備ができているようにしなければならない。高校で習得した職場経験とスキルが，大学に進学したが学位を取得しなかった若年者にとって「ビルトイン」された「セーフティネット」として機能することが期待されている[David]。

5．「職場における学習」の意義

　この移行プログラムでは，「職場における学習」が重要な位置を占めているが，それは就職にすぐに役立つという意味でのことではない。「職場における学習」の意義としては，(1) 自分の希望するキャリアの仕事を体験したり，職場指導者であるメンターの働きぶりを観察することにより，自分の専攻したキャリアの再認識をする。(2) 学校での普通教育がいかに職場での仕事の基礎となっているかを知り，その学習の意義を再確認し，高校修了や大学への進学の動機づけとする。(3) 職場実習のための専攻プロセスを通じて，履歴書の書き方，面接の受け方など，採用されるための必要なスキルを身につける。(4) 遅刻しない，正確な情報の伝達，コンピューターの操作，円滑なチームワークな

ど仕事を行う上で一般的に必要とされるスキルを身につける。(5) 職場で求められる特定の基礎的な技能を身につける。(6) メンターとの対話を通じて，目指すキャリア実現のために必要な教育訓練，奨学金の利用などの具体的な段取りに関する情報を取得する。(7) 特定の事業主とのつながりをつける機会となる。大学に進学したとしても，パートタイム就労で関係を続け，卒業後にフルタイムで就職する場合もある。これらのうち，採用されるためのスキルや，職場で一般に必要とされるスキルを身につけることは，高卒ですぐ就職する場合も役立つことであるが，むしろ，実際の職業現場で求められる能力水準の高さを実感させ，進学に動機づけることのほうに「職場における学習」の重点が置かれている。また，「職場における学習」とは，ただ職場を見学させたり，生徒に補助的な仕事を割り当てたりすることではなく，実際にその職場で働く者がメンターとして生徒に関わり，その生徒にふさわしい，移行の道筋を提示し，その方向に動機づける意義を持つものである。その意味で「職場における学習」では，メンターの役割が非常に重要なものになっている。

　有給で職場実習を行う企業には税額控除を行う州が出てきたり，また，事業主の側でも，移行システムを支援する事業主の団体（National Employer Leadership Council）が結成されており，事業主に対してこのシステムに参加することを呼びかけるキャンペーンも行われている［日本労働研究機構1999 40頁］。

6．教育改革と移行システム

　「学校から職業への機会法」が制定された1994年に，教育改革に関する連邦法である「2000年の目標法」（Goals 2000: Educate America Act）が制定された。この法律は，アメリカの教育水準の向上を国民的な課題として，州・地方に対してその課題の達成を求めている。しかし，そこでは普通教育と職業教育の学習の統合という，移行システムのコンセプトは含まれていなかった。教育改革と移行システムの形成を統合させ，コンテクストに即した教育を教育改革の中心に置く州がある一方で，高い達成基準を設け，統一テストを実施するな

ど，普通教育の強化そのものに力を入れ，教育改革と移行システムの形成を切り離している州も見られる。現実には，多くの場合教育改革は，移行システムの理念を統合しないまま推進されている。教育省が1997年に設定した教育に関する優先事項の中にも，移行システムの理念や構成要素は存在していなかった［日本労働研究機構1999　42頁］。

参考文献・資料

Fischer, B. M., "Industrial Education", (1967).
Kandel, I. L., "History of Secondary Education", (1930).
アメリカ学会編「原典アメリカ史」（第4巻　昭和30年）
Cremin, L. A., "The Transformation of the School", Alfred. A. Knopf, (1962).
Kimbal, S. T. and J. E. McClellan, Jr., "Education and New America", Random House (1962) p.88.
Woodward, C. M. "The Rise and Progress of Manual Training", Report of the Education, 1893-94, vol. 1 (1896) p.878.
London, H. H., "Background and Outlook in Industrial Education", I. A. & V. E. (9/1949).
White, E. E., "Technical Training in American School", N. E. A. (1880) p.227.
Tompson, S. R., "The Decay of Apprenticeship", N. E. A. (1881) p.250.
Bennett, C. A., "History of Manual and Industrial Education 1870 to 1917", Chase. A. Bennett Co. (1957) p.16.
U. S. Bureau of Education, Bulletin, "Biennial Survey of Education 1920-22", (1924) (No. 35) pp.32-33.
Monroe, W. S., "Encyclopedia of Educational Reserch", McMillan Co. (1952) p.576.
小林澄児『労作教育思想史』（丸善　昭和9年）364-369頁
Woosward, C. M., "The Manual Training School", (1887) p.229.
Feirer, J. L. & Lindbeck, J. R., "Industrial Arts Education", (1964) p.7.
Thompson, L. S., "Anual Report of Industrial Department", N. E. A. (1881) p.241.
Russell, M. C., "What can be done to Secure a Larger Proportion of Educated Labour among Our Producing and Manufacturing Clases?", N. E. A. (1876) p.257.
Miles, M., "Instruction in Manual Arts in Conection with Scientific Studies", N. E. A. (1876) p. 250.
N. E. A., "Report of Committies on Technological Education—The Relation of Technical to Liberal Education", (1894) p.610.

Dewey, J., "Schools of Tommorrow", (1915) p.180.
田浦武雄『デューイ研究』(福村出版 1969) 236-237頁
Dewey, J., "Schools and Society", (1899) p.14.
宮原誠一『産業と教育』岩波講座・教育・3巻 (1952) 160頁
小林達夫「インダストリアルアーツ教育の性格」教育学研究245号 (1957) 51頁
斉藤健次郎「アメリカの技術教育」長谷川・三枝・岡編 講座科学技術教育 (下) 明治図書 (1959) 37頁
Pinner, M. A., "A Plea for the Systematic Extention of Industrial Training from the Kindergarten to Grammar School", N. E. A. (1895) p.754.
L. S. Hawkins, C. A. Prosser and J. C. Wright, "Development of Vocational Education", (1951) p.105.
N. Edwards and H. G. Richey, "The School in the American Social Oder", (1947) p.743.
Carti, M., "The Social Ideas of American Educators", Littlefield, Adam Co., (1959) p.211.
G. A. Prosser and C. R. Allen, "Vocational Education in a Democracy", (1925).
角田一郎「職業教育国庫補助に関する連邦委員会報告書」国立教育研究所所報9号
草谷晴夫「職業教育の社会的基底」149-150頁
D. Snedden, "Vocational Education", (1920).
H. Harms, S. W. Stehr and E. E. Haris, "Methods of Teaching Business and Distributive Education", (1972) p.413.
G. S. Counts, "The Selective Character of American Secondary Education", (1992).
Robert H. Wiebe, "The Search for Oder 1877-1920", Greenwood Press, (1967) p.13.
John Higham, Hanging Together, "The Journal of American History", Vol. 61, (1974) p.27.
Bernard E. McClellan, "Education for Industrial Society, Changing Conceptions of the Role of Public Schooling", (1972) p.2.
Edward Jarvis, "The Value of Common School Education to Common Labor", Circular of Information of the Bureau of Education No. 3, (1879) pp.217-251.
Robert Wiebe, "The Social Functions of Public Education", American Quarterly, Vol. 21 (1969) p.156.
R. L. Vassar, "Social History of American Education", vol. 2 (1965) p.191.
Arthur G. Wirth, "Education in the Thecnological Society", The Vocational-Liberal Studies Controversy in the Early Twentieth Century, University Press of America, (1980) p.48.
American Federation of Labor, "Industrial Education", (1910) pp.14-15.
Samuel Gompers, "Industrial Education and the American Federation of Labor", (1915).
R. L. Vassar, "Social History of American Education", vol. 2 (1965) pp.179-183.

Julia Wrigley, "Class Politics and Public Schools, Chicago 1900-1950", Rutgers University Press, (1982) p.79.

M. Lazerson and N. W. Grubb, "American Education and Vocationalism", Teachers College Press, (1974) p.50.

W. J. Reese, "Partisan of the Proletariart, Working Class and the Milwaukee School, 1890-1920", History of Education Quarterly, Vol. 21 (1981) pp.3-50.

Barry M. Franklin, "Bulding the American Community", The Falmer Press, (1968) p.10.

Ridhard M. Mereleman, "Public Education and Social Structure, Three Modes of Adjustment", The Journal of Politics, Vol. 35 No. 5 (1973) pp.798-829.

日本労働研究機構「アメリカの職業訓練」資料シリーズ96号 (1999)

David Stern, "Improving Pathways in the United States from High School to College and Career", OECD (1999).

第2章 ドイツの職業教育・訓練

1節　ドイツにおけるデュアルシステム

1．デュアルシステムの沿革

　18世紀以降，南ドイツで形を整えてくる教会の日曜学校と，手工業者の製図学校は長らく別個に発達してきた。しかし，1860年代までにバイエルンなどの中南部諸邦が手工業徒弟に日曜学校や実業補習学校への通学を義務づけたり，奨励するようになり，一般的な補習を行う日曜学校も専門的な補習を行う実業学校もともに徒弟制度や営業制度と直接の結びつきを持つようになった。当時のドイツの盟主プロイセンは，補習教育を徒弟制の枠内に置いて，市場における営業の自由や労使の契約の自由の確立を目指す営業法の問題として位置づけていた［寺田1996］。

　① 1869年北ドイツ連邦営業法

　今日のドイツの職業教育の起源は，1869年の北ドイツ連邦営業法（1871年以降はドイツ帝国営業法）にあり，同法の成立によって，今日にまで続く徒弟制度と職業教育制度の対抗的で，かつ相互補完的な関係が築かれた。同法は営業の自由を定めるとともに，営業者の徒弟の採用の自由と工業徒弟制度を公認しており，また熟練労働力の供給源として，また後継者養成として手工業マイスターの徒弟制が容認されている。この徒弟制には懲戒と教育の権利が含まれていた。

　この徒弟制を前提にして，これに限定的に介入し，徒弟の監護や公共の福祉の観点から，補習学校への就学義務が実現した。この就学義務の内容は，徒弟に対する通学の強制であり，雇主に対する通学保障の義務であった。しかし営

業法は補習学校の設置義務にまでは触れておらず,ラント（州）の法やゲマインデ（市町村）の条例に委ねた。このようにして営業法は,専門陶冶を担う徒弟制度と,一般陶冶のための補習学校を結びつけることによって,全ドイツレベルでのデュアルシステムの形成の端緒となった。

デュアルシステムに関する議論は1870年代には,社会問題の一つとして,社会政策学会で展開された。そこでは工業化時代の技術に対応の困難な徒弟制度を廃止するか,その訓練の一部を養成作業場へ代替させるべきであるという議論が展開された。一方で,徒弟による養成契約の破棄などに対する取り締まりを前提にして,補習学校を国民教育機関にする主張も行われた。前者の議論はドイツ国鉄の養成作業場のシステムに取り入れられた。後者の議論に沿って,徒弟だけでなく18歳以下の労働者一般が補習学校通学の規定の対象となり,ドイツの補習学校制度はその基盤を維持・強化することとなった。

② 1897年修正営業法

1897年の修正営業法は徒弟制の改革をもたらした。1890年代における社会民主主義や労働組合運動の勃興により,徒弟制や補習学校は,これらの勢力からの徒弟や職人に対する政治的・階級的感化の防波堤としての役割を期待された。補習学校は手工業者や徒弟の一般陶冶としての補習に加えて,職業意識の覚醒と「公民」教育としての機能が期待されることになった。このような観点から同修正営業法は雇主の通学保障義務を強化した。その後の同法の修正により,女子商店員や徒弟はその失業期間中も就学義務が適用されることとなり,同法はデュアルシステムの第二の発展の契機となった。

③ 1969年職業訓練法

1918年以降,労働組合サイドからは,徒弟制度の労働協約による規制と,統一的な職業訓練法の制定を求める動きが始まった。職業のための訓練の対象は徒弟に限らず,不熟練の男女を含む若年労働者一般に拡大され,「職業訓練」概念を成立させた。そのために労働組合は大きな役割を果たした。労働組合は使用者団体との協約交渉において徒弟制度を労働協約に盛ることを求め,「職業訓練権」概念を確立するとともに,徒弟制や職業訓練の社会化を追求した。

またワイマール共和国政府は，工業，商業，手工業に分割された徒弟制度を統一的な職業訓練法に統合することを試みた。しかし，商工業者や手工業者らは，「営業の自由」と職業訓練における「職業身分自治」に拘泥しており，その後に生じた社会的な混乱により，徒弟制度の統一的職業訓練への転換は，第二次大戦前には実現しなかった。しかし，それらの基本理念は第二次大戦後の1969年職業訓練法に継承されている。同法は営業法の手工業と工業の徒弟関係規定を削除し，徒弟訓練を労働法の体系における職業訓練法に移行させている。その意味で，この時期は1969年法への発展につながるデュアルシステムの第三期の始まりとも見られる。

2．デュアルシステムの構造

ドイツにおいては中世のギルドと徒弟制度が，英仏におけるように産業革命によって崩壊することなく，手工業の分野で存続した。

デュアルシステムでは，9年間の義務教育が終わって上級学校に進学しない者が，18歳に達するまでの約3ヵ年の間，徒弟として労働するかたわら，定時制の職業学校に通学する。

デュアルシステムの中核は企業における現場訓練である。訓練期間の約4分の3がこの現場訓練に充てられ，連邦政府がこれを統括している。政府，経営者団体，労働組合の三者の協議を経て訓練規定がつくられており，そこでは訓練の職種，目的，内容，試験などについて定められている。この規定に基づいて具体的な訓練の運営に当たるのは，手工業組合や商工会議所などである。訓練に要する施設，人件費，教材費，訓練中の徒弟の賃金などの費用は企業が負担する。

徒弟訓練を受けようとする者は，義務教育修了時に職業相談，広告，縁故などを利用して訓練先の企業を選択し，その企業との間で訓練契約を結ぶことになる。この契約を結ぶと，企業の徒弟であるとともに，職業学校の生徒であるという二重の身分を持つことになる。

訓練期間は職種により異なり，2年ないし3年半となっている。男子では自

動車，電気，機械関係の職種が多く，女子では販売，美容，事務，医療関連の職種が多い。徒弟訓練の最終試験に合格すると，熟練工や職人として訓練先や他の企業に就職し，数年間の現場経験を経て，マイスターの試験を目指すことになる。マイスター資格は独立して自営する場合や，工場の職長になる場合の条件となっている。

　職業学校は州政府の管理の下におかれる。工業・技術，商業・管理，家政・看護，農業，鉱業などの学校がある。学科・科目構成は州や地域ごとに違っている。施設・設備費，教材費は州政府の負担となるが，教員の人件費は連邦が負担する。職業学校の授業は通常午前8時に始まり，午後1時に終わる。授業終了後，生徒は企業に戻り就労することになる。週当たりの授業時数は，地域によって違うものの，平均的には職業科目が6〜8時間，普通科目が3時間の週11時間程度となっている。またブロック授業の場合は，年間授業時数に相当する授業を数日間に集中して実施する。生徒はその間の就労が免除される。

3．社会経済環境の変動とデュアルシステム

　ドイツのデュアルシステムはドイツ経済が活況を呈していた時期には他の欧米各国から高い評価を受けていた。しかし，今日ではいくつかの問題点が指摘されている。徒弟訓練は，中小零細企業に低賃金の若年労働力を提供し，コストを上回る便益をもたらした。しかし昨今の状況は徒弟の賃金の上昇をもたらし，経済的なメリットが消えつつある。訓練を実施している企業は3分の1程度といわれている。

　大企業の場合，徒弟訓練は経費はかかるものの，採用募集のコストをかけずに多数の熟練工の予備軍を擁し，優秀な者を自由に選抜できるメリットがあった。しかし，自動化・省力化の進行により，工場における生産は少数の技術者と，機械のオペレーションと監視を行う半熟練工によって遂行されるようになり，熟練労働者の必要性は薄れている。半熟練工の技能はOJTによって養成が可能である。経済のグローバル化に対応して，ドイツの企業は経費の削減に努めており，中欧や東欧に生産拠点を移す動きが高まっている。このような傾

向に対して，訓練を実施しない企業から課徴金を徴収し，訓練を行っている企業に助成金を公布する制度が検討されている。

　1950年代までは，中産階層の子弟にとって，徒弟訓練を受けてマイスターを目指すことが理想であった。60年代以降，高等教育への進学率が高まり，職業学校においても，専門上級学校や職業専門学校を併設する例が増えており，グルントシューレ卒業の段階でギムナジウムに入れなかった生徒にも高等教育への進学の道を開いている。一方で，人気の高いサービス，ハイテク関連職種の訓練は実科学校やギムナジウムの卒業生によって占められ，本来の生徒が人気の低い製造，販売などの訓練職種に押し出されているという事態も生じている。

　ドイツ経済の1970年代半ば以降の不況と若者の増加は，若年失業を増大させた。このためギムナジウムでアビトゥーアを取得し，先に徒弟訓練修了資格を得てから大学に進学する者が増えている。現状ではデュアルシステムの人気は高いが，21世紀初頭に若年者人口が減少に向かい，高等教育のキャパシティーに余裕が生じる段階になるとデュアルシステムの参加者は大幅に減少するものと考えられている。

　1980年代半ば以降の技術革新とサービス化・情報化に伴い，熟練工の概念が「自主的に判断し，実行し，管理する人間」へと変容してきており，職業教育と普通教育の理念における境界は曖昧になってきている。実際にアビトゥーアを発行する職業学校コレークシューレも登場している。普通教育と職業教育の融合はデュアルシステムを一層有名無実にする。

　ドイツでは，かかる状況にあってもデュアルシステムの廃止はまだ多数意見にはなっていない。進学の機会の拡充はよいとしても，一律の単線型は普通教科の学力が一元的に支配するメリットクラシーを懸念することもその一つの理由である。デュアルシステムは職業別労働市場の存在をドイツにおいて全社会的に維持してきた仕組みなのである［岩木1997］。

2節　雇用保障としての職業教育・訓練
　　　――カナダとの比較をふまえて

1．若年失業と教育訓練

　1970年代及び1980年代を通じて，ドイツの労働市場は，カナダよりも若年労働力の参入という面で沈滞していた。しかしカナダの経済も若年者を平均以上の失業から守ることができなかった。1970年代末以降，カナダの若年者は成年者の2倍の失業率を経験することになった。そして1990年代の状況は1980年代のそれよりもさらに悪化している。同じ時期に，ドイツの若年者失業率は成年者の1.5倍程度であり，1990年代に入ると成年者を下回った。

　ここ数年，技術革新と市場の国際化が，先進国経済における高い失業の原因であるとされることが多い。とくに，労働市場の需要と供給における，技能の面でのミスマッチについての議論が盛んだ。若年者の失業の状況はその教育水準により異なっており，両国とも高い水準の教育訓練は低い失業の可能性と結びついている。

　ドイツでは10代の失業者の実に4分の3近くは訓練を受けていない。教育訓練の不十分な10代の若者が，労働力全体の約2割に達しており，その彼らが失業の相当部分を占めている。訓練を経ないで若年者が労働市場に参入しても失業する可能性が高く，その困難は成年になっても解消されない。熟練を欠いた労働者はその生涯を通じて失業しやすい。

　カナダでも，中等教育をドロップアウトした若年者の失業率は平均の2倍に達している。中等教育を修了すると，就職の可能性は相当に改善されるが，失業率はなお平均程度にとどまっている。高等教育を修了した者だけが，平均より低い失業率を享受している。その失業率は熟練を欠いた若年者の約2分の1である。

　教育訓練の制度が，カナダとドイツとでは基本的に異なっているため，直接的な比較は困難である。それでも，カナダにおいて若年者の半数以上が熟練を欠いている一方で，ドイツではそれが4人に1人であるという事実は注目に値

する。このことは，政府の計画や教育制度が教育訓練に対する若年者の意欲と無関係ではないことを示している。

2．学校から職場への移行

　カナダとドイツの教育制度はそれぞれまったく異なった前提の下に構成されている。カナダの教育制度は広範な学芸を主体とした学校を基礎にしている。一方，ドイツでは学芸的なものから職業教育まで多様な学校が存在している。

　ドイツの教育制度は多様に構成されており，能力が不足する生徒には純粋に学問的な方面の進路は開かれていないが，見習制度や職業学校において進んだ訓練を受けることができる。その結果，10代の若者に最も人気のない選択は，未熟練労働者として労働市場に参入することである。

　ドイツでは中等教育をドロップアウトした若者は最小限の職業訓練を受けなければならないことになっている。一方，カナダでは職業訓練を受けることなく低い水準の職業に就くことが多い。

　カナダの教育制度は，学校と職業経験という2つの柱から構成されている。近年，第2の柱である職業経験が崩れ始めている。ドイツでも見習訓練の機会が減り始めているが，政府は企業に対し見習訓練の機会をもっと多く提供するように圧力をかけている。

　カナダの若者は義務教育修了年齢である16歳以降いつでも成年者の労働市場に参入することができるが，より早い時期に学校を去るほど，また職業訓練を受けていないほど，労働市場で成功するチャンスも少なくなる。これには民間部門がほとんど職業訓練に関与していないことも一つの理由となっている。

　ドイツの教育制度は若者に豊かな職業生活への移行を可能にしているが，市場メカニズムにより多くを依存するカナダの制度の場合，あまり若者の役には立っていない。とくに職業経験の保障という観点からは，あらゆる年代において，ますます困難になってきている。

3．若年者の職業教育・訓練

　教育政策と賃金決定は若年労働市場のあり方に大きな影響を与える。同じ意味で政府の政策，とくに失業対策も重要である。労働市場政策は能動的政策と受動的政策とに分けられる。能動的政策は失業保険や所得保障などの基本的な社会政策を含んでおり，必要とされる金銭的な支援を行う。この政策は積極的であり，直接的な介入により労働力供給の構造的な特質の修正に踏み込むこともある。職業訓練は積極的政策の典型である。

　カナダが受動的政策を選好し，ドイツが積極的政策を選好していることは明らかである。カナダでは若年者を対象とした施策はほとんど存在せず，若年失業の増加にもかかわらず，その対策としての予算支出さえも1990年代前半から急激に減少している。その予算支出額は対 GDP 比でドイツの5分の2となっており，減少傾向にある。一方，ドイツでは増加の傾向にある。

①　若年者のための特別な施策

　ドイツにおける若年者政策の目標は，恵まれない境遇にある若年者に対する職業訓練の機会を増やすことにある。ドイツではこのために，職業準備，職業訓練支援，及び企業共同訓練センターの3種類の施策を用意している。職業準備の施策は，見習工として地位を得られなかった若年者に対する就職前の措置として構成され，統合と職業訓練への第一歩として位置づけられている。このためのコースは教室での訓練からなり，(1) 見習工の機会を得られなかった若年者を対象とした2ヵ月から12ヵ月にわたる基礎訓練，(2) 学校中退者を対象とした職業情報の提供と就労意欲を引き出すための最長3ヵ月のクラス，(3) 上記のコースに含まれない若年者を対象とした高度な職業訓練のための12ヵ月までのコース，の3種が存在する。

　カナダにおける若年者向け施策は，職業指導，奨学金，就労経験の3つの類型のいずれかに属する。カウンセリングサービスと金銭面での支援を実施し，おもに中等教育修了後の若者に就労経験を与えることが一つの柱となっている。職業指導には，カナダ学生就職センターなどの行うカウンセリングサービスも含まれる。このセンターは夏期にのみ開設され，高校生，大学生を対象と

して適職発見のための支援を行っている。またカナダ職業週間が毎年11月の第1週に設定され学生生徒に対して職業と雇用に関する情報の提供を行っている。その他，若年者等を対象とした通年のカウンセリングも実施されている。

② 一般の訓練プログラム

ドイツにおいても，またカナダにおいても若年者はともに一般の訓練プログラムに参加することができる。ドイツには3つの類型の一般の訓練プログラムがある。同一の職種におけるより高度な訓練，異なった職種での再訓練，そして非公式なOJTである。カナダでも使用者側の強い要求に沿って，連邦政府の支出により，カレッジにおいて同様なコースが開設されている。

20歳以下でこれらのプログラムに参加している者の比率はドイツのほうがカナダよりもかなり低い。ドイツのティーンエイジャーはすでに若年者向けに仕立てられた多くのプログラムに参加している。さらに企業内訓練を含むドイツのデュアルシステムは若年者の知識技能の水準を高度化しており，彼らの技能が時代後れになることを防いでいる。一方，カナダでは若年者の多くが10代の失業中の未熟練者であるにもかかわらず，最近まで彼らのための特別な訓練プログラムが用意されていなかった。

③ 教育制度との関わり

カナダでは若年者の失業率は成年者の2倍に達している。ドイツでは成年者と同じか，あるいはそれ以下の失業率となっている。1980年代初頭からの若年者人口の急減と，1990年代の就学期間の長期化はカナダでは失業率を低下させる要因になると解釈されるべきだが，実際には若年失業率に顕著な低下が生じないどころか，景気循環のピークにおいてもなお高止まりしていた。

失業者の相当の部分は，訓練を受けていない未熟練のティーンエイジャーが占めるが，訓練と教育により，その就職の可能性を大いに高めることは可能である。職業訓練プログラムと若年者の就学促進の政策や展開は，基本的な教育制度と連携しているが，両国の教育に対する基本的なアプローチの相違から，若年者の失業問題の緩和における有効性の水準，目標やトーンなどが異なっている。

社会が急速な変化を遂げているなかで,「継続教育」は労働生活における不可欠の要素となっており,より高度な訓練や再訓練は,必ずしも失業対策としてだけでなく,すべての年齢層において随時,行われることが肝要である[Dominique 1997]。

3節 ドイツの職業教育・訓練の現状

1. 職業教育の法制度

ドイツでは州が学校教育に関する責任と権限を持つというドイツ連邦共和国基本法上の原則がある。この原則の下に各州は学校法を定めている。しかしこの原則は,学校教育以外の教育訓練には及ばない。この部分をカバーするのが連邦の「職業教育訓練法」である。この法律の2条では,「州の学校法による職業学校では提供されないような訓練の範囲に適用する」とその守備範囲を定めている。具体的には,養成教育訓練,向上教育訓練や再教育訓練なども含む学校教育以外の職業教育・訓練がその範囲となる。また訓練のカテゴリーだけでなく,職業領域においても手工業から家事サービスまで広範囲の産業・職業の訓練をカバーしている。

① 養成教育訓練における法の適用関係

学校教育における職業教育と,学校外での教育訓練の両者の領域が法的に錯綜する養成教育訓練について,法の適用関係を概観する。

1897年に成立した修正商工条例(職人保護条例)は,徒弟訓練に関する訓練機関,試用期間,指導者,試験などの規定を盛り込んでいた。しかし職業教育・訓練に関する包括的な立法である「職業教育訓練法」が成立するのは1966年になってのことである。職業教育訓練法の内容は,訓練契約,指導員,資格,職業内容,その他である。この法律の関連法として,「職業教育訓練促進法」が1981年に成立している。事業所における訓練は,「職業教育訓練規定」に基づいて行われる。

ドイツでは,連邦,州,地域,企業のそれぞれのレベルで各機関・組織が職

業教育・訓練に関与している。連邦レベルでは，教育科学研究技術省，連邦雇用庁などがこれに関わっている。州レベルでは，職業教育の責任は州政府が負うことになっている。またそのための諮問機関として州職業教育訓練委員会がある。この委員会は，政・労・使の三者構成となっている。また地域レベルでは商工会議所などの組織が訓練契約に関与し，企業や学校などにおいて職業教育・訓練が実施される。職業教育・訓練を実施する企業では，経営協議会に選出された従業員代表がその実施計画と指導者に関して企業側との間で共同で決定する。

② 学校教育と職業教育・訓練

ドイツでは，職業教育・訓練が学校教育制度の中に組み込まれ，職業教育・訓練と学校教育が一つの総合的なシステムとして統一化されている。また教育のそれぞれの段階における多様な選択肢，すなわち進路選択の可能性が用意されている。ドイツでは初等教育修了後は，州により若干の違いはあるが，生徒の能力に応じて，(1) 大学への進学につながるギムナジウム，(2) 職業資格の取得を目指すことになる基幹学校，(3) 専門上級学校への進学につながる実科学校の3種類に分かれる。これらの学校への進学に際しては，入学試験は行われず，初等段階の成績をもとに決定される。

基幹学校に入学したが，その課程を修了するに至らなかった者が，ドイツでは増える傾向にある。この場合，職業資格を持たないまま職業生活に入ることになるが，再度チャレンジするための職業訓練準備年という制度が用意されている。基幹学校の課程を修了した者は訓練生訓練を受け，職業資格を取得することになる。彼らは専門労働者として職業活動に従事する。その後，職業継続教育訓練を受けてマイスターなどの上位の職業資格を得る道が開ける。

実科学校の課程を修了した者は，全日制の職業専門学校に進み，資格を得て就職するか，または専門上級学校へ進むことになる。ギムナジウムの課程を修了しても，すぐに大学に進学するのではなく，訓練生訓練を受けて，その修了後に大学に進む者が増えている。就職してからの職業資格のグレードアップでは専門学校（Fachschule）が重要な役割を果たす。この学校の入学は，職業

資格と一定期間以上の実務経験を条件としている。専門学校を修了すると国家試験を経て，職業称号を取得する。そして専門業務の管理監督者として認められ処遇されることになる。

　ドイツでは学校教育と職業教育・訓練が密接に連携しているので，学校を中退した場合の職場での労働条件は単純労働者となり著しく不利になる。

　後期中等教育の段階では，多様な職業教育・訓練を施す学校があり，入学資格，課程，カリキュラム，修学期間，取得資格とも様々であり，複雑な様相を呈している。このなかで，職業学校（Berufsschule）は，訓練生訓練における理論面での学習の場を提供している。高等教育の段階では，大学が官吏，医師，法曹などの高度な専門的職業人の養成機関としての役割を果たしてきた。しかしドイツの大学では伝統的に学術的なものが尊重され，農学，商学，工学などの実学は軽んじられてきた。1972年の教育制度改革により，実践的な専門教育を重視する専門大学が新たに発足した。ここで取得する学位は，上級の専門職や管理者として必要とされる職業資格的なものとして機能している。職業学校修了者はこの専門大学の入学資格を取得できる［日本労働研究機構2000 4頁］。

2．訓練生訓練の法的枠組み

　ドイツにおける職業教育訓練では，職業学校での教育と同時に訓練生として企業でのOJTを受ける。企業で訓練を受けるためには，企業との間で訓練契約を結ぶ必要がある。訓練場所を見つけるためには連邦雇用庁の職業情報センターでアドバイザーの指導の下に詳細な情報を提供してもらい，希望の企業と直接交渉し，訓練契約を締結し，訓練が始まる。訓練生に対しては，訓練生手当が支給され，社会保障制度の対象になる。訓練生手当は労働協約によって規定されている。訓練の時期は一般に16歳から19歳の間の2年から3年半程度である。

　企業における訓練と職業学校の教育は別個の法律を根拠にしており，訓練生訓練がそれ自体一つの法的な制度であるわけではない。企業における訓練は，

連邦の職業訓練法で「養成訓練」として規定されるものであり，訓練の実施は事業主と訓練生との間の任意の契約によるものである。一方，職業学校における教育は州の法律を拠り所としており，その就学は後期中等教育の諸学校に進まない場合の，職業学校就学にもとづくものである。最終試験に合格すると職業能力の証明書や課程の修了証が与えられる。

① 企業内における職業教育・訓練

企業内における職業教育・訓練の基本的枠組みは，職業教育訓練法を中心として，手工業規則，経営組織法などによって規定されている。このなかで職業教育訓練法は，政府，企業，事業者団体などの職業教育に関係する当事者間の利害・権限を規定するとともに，訓練生の権利・義務も規定している。また企業内における職業教育・訓練の内容や形態などの質的な標準は，訓練規則によって規定されている。ここでは職業教育・訓練の職種，期間，内容，時間配当，試験などの事項が定められている。訓練を行う企業の質的な基準は，事業者団体の監督を受ける。修了試験は訓練規則に沿って技能・知識の習得状況について口頭，筆記，実技の試験方法で行われる。試験の監理は事業主団体の内部に設けられた試験委員会が担当する。

② 訓練生訓練の現状

ドイツの訓練生の総数は，1996年の時点で総数159万人であり，このうちの57万人が新規に訓練契約を結んだ人たちであって，同一学年の約6割が訓練生訓練を受けている。しかし近年では，訓練生総数は減少傾向にある。その理由としては，対象となる若年層の人口が減少局面にあること，大学等への進学者が増えていること，不況の影響で訓練を行う企業が減少していること等が指摘されている。

訓練契約を締結する際に，訓練職種はあらかじめ決定されることになる。その職種は1980年代初めには400種を超えていたが，今日では360種程度になっている。産業構造の転換による既存職種の統合の一方で，情報化，サービス化の進展に伴う職種の新設も行われている。訓練生の多い職種は，男子では自動車整備，電気工事などであり，女子の場合は，看護婦，事務処理，販売などであ

る。
　③　訓練生訓練の課題
　訓練生訓練の中心は，企業の現場での訓練であり，訓練期間の4分の3は現場訓練で占められる。訓練施設，指導員の人件費，教材，訓練生手当などの訓練関係の費用の一切を企業が負担する。しかし，訓練生訓練は企業にとっても，実践的な訓練であるため即戦力となる労働力の養成が期待できること，訓練修了後に資質ある訓練生を正式採用しやすいこと，比較的安価な訓練生手当で就労させることが可能なことなど，企業にとってもメリットが大きい。それでも訓練の場を提供する企業の枠は1985年から1995年までの10年間に30％も減少しており，訓練を希望する若年者に提供できる訓練の枠はかなり不足している。とくに旧東独地域では深刻であり，大きな社会問題となっている。
　④　訓練生訓練から労働市場への移行
　中途退学にあたる訓練契約の解除も増加傾向にある。訓練契約の解除率は1992年の時点で24.9％に達している。途中解除の割合は，地域によっても，また職種によっても異なっている。旧東独地域のほうが低く，また理容・美容の職種で高い。
　訓練修了の時点で，事業主は訓練生を雇用する義務はなく，また訓練生もその企業にとどまる義務はない。「養成訓練」の目的は全ドイツで通用する職業能力を身につけることにある。資質のある訓練生を即戦力として雇用できることは企業にとっても魅力であり，この制度を自社の新規採用の一環として捉えている企業も多い。ただしこの場合，企業規模間の格差が大きく，大企業では採用が一般的であるのに対して，中小企業では訓練生の正式採用の割合は低くなっている。訓練修了後に採用されない者の比率も高まっているのが近年の傾向である［日本労働研究機構2000　15頁］。

3．職業教育・訓練と訓練職種の見直し

　ドイツの職業教育・訓練に関しては，いくつかの問題が生じている。訓練を受ける側の問題としては，高学歴化の進展と，学力の低下の問題が指摘されて

いる。また教育訓練内容に関しては労働力の需給関係の変動や，仕事の変化への対応の問題がある。そして訓練の実施については，受け入れ企業の減少や訓練枠の不足の問題がある。

　企業は成績や素質の高い訓練生を集めようとする傾向があり，訓練職種の一部では実科学校やギムナジウムの修了生に対する訓練契約の優先が進んでいる。人気職種ではアビトゥーア（大学入学資格）の取得を前提とする訓練もある。基幹学校卒業生の多くは，生産現場や技能関連の職種で訓練契約を結ぶことになり，訓練途上での挫折や職種変更，また資格取得後における就業分野と職業資格とのミスマッチの問題も生じている。

　教育内容についても，高度化や専門化が進み，新旧の資格の間で交代が行われている。職業資格や職業訓練に対する要求は高まっており，学力不足の者や基幹学校修了者には教育訓練の内容が難しくなってきている。訓練契約のミスマッチの問題も含めると訓練生訓練を修了できない者は2割以上になっている。この対策として，知識専門技術よりも実務を重視する低いレベルの訓練職種を設定することが検討されている。訓練職種の見直しでは，伝統的な技能系の職種に対して，情報化や先端技術に対応した新しい職種が注目されている。コミュニケーション・スキルや情報活用能力，創造力などを育む教育・訓練への対応がなされている［日本労働研究機構2000　27頁］。

4．職業継続教育訓練

　ドイツの継続教育訓練（Weiterbildung）は，労働運動の主導の下，労働者の教育状況の改善という理念の下に，労働者教育，職業教育，あるいは「読み・書き・計算」といった初等レベルの学習活動として始まった。1970年代にはブラント政権の下で職業継続教育訓練（Berufliche Weiterbildung）が継続教育訓練の主要な柱となった。

　職業継続教育訓練の実施体制は，労働市場政策の手段として行われる公的な職業継続教育訓練と，企業における職業継続教育訓練とに分けることができる。公的な職業継続教育訓練とは，雇用促進法（1998年の雇用促進改革法によ

り社会法典第3編に移行）の下で行われる教育訓練であり，養成訓練の修了または適当な職業経験を前提とし，(1) 職業上の知識・技能の向上を目的とする措置，あるいは (2) 職業上の昇進を可能にする措置に参加することをいう。このような教育訓練は，連邦雇用庁及び地方雇用庁が所轄し，訓練のコースそのものの直接的な運営は学校や事業者団体，労働組合などが担ってきた。

職業継続教育訓練の根拠となっている立法は複雑であり，州法と連邦法，教育法と労働法・経済法とが錯綜している。学校教育の外での職業継続教育訓練は雇用促進法，職業教育法，経営組織法などを拠り所としており，学校教育の一環としての職業継続教育訓練は学校法，成人教育法，教育休暇法などを拠り所としている。

継続教育訓練を受講するための有給教育訓練休暇を請求するための根拠は，経営組織法や労働安全法などで規定されている。この労働の免除を請求できる日数は年間に5日となっている。

継続教育訓練に関する規定を設けている労働協約は増える傾向にあり，使用者による労働免除，参加費，交通費などのコストの負担を定めたり，技術革新や合理化に関連して労働者の適応と技能の向上のための協定を結び，また資格取得や再教育プログラムが用意されたりしている［日本労働研究機構2000　28頁］。

5．学校教育と職業教育訓練

ドイツでは，学校教育制度のなかに職業教育・訓練が組み込まれており，職業教育と普通教育が一つの総合的なシステムとして統一化されている。一方で，学校教育のそれぞれの段階には，多様な選択肢，進路選択の可能性が用意されている。大学に進学する前に職業教育・訓練を受けて職業実務の習得を希望する者も増えており，訓練生契約を結んだ者のうち，アビトゥーア（大学入学資格）取得者の比率も1994年の時点で15％弱に達している。また，職業教育のコースを選択した者も，一定の要件を満たせば，高等教育への進学ができる。このように多岐にわたる選択の可能性が用意された，オープンな制度とな

っている。

　前期中等教育の基幹学校では，学校での教育を行い，その後の企業における実務的訓練である「訓練生訓練」と組み合わせて，職業資格の取得を目的としている。基幹学校における必修科目のなかには「労働科」があり，経済や労働に関する基礎知識の習得と職業への準備を行う。

　ドイツでは，前期中等教育の学校を卒業して，すぐに就職する者は，企業等での訓練と職業学校での教育を組み合わせた訓練生訓練を受けることになる。ドイツではすべての青少年が満18歳になるまで，就学義務がある。職業学校への就学は通常3年である。職業学校では週当たり1日ないし2日，合計12時間までの教育が行われる。基幹学校を中退した者等に，その修了と同等と認定されるための，一般教育及び職業教育を行うためのコースが「職業基礎教育年（Berufusgrundbildungsjahr）」である。ただし，中退者は，その前に職業準備年（Berufusvorbereitungsjahr）を修了しておく必要がある［日本労働研究機構2000　75頁］。

　ドイツでは，学校教育は州政府の管轄下にあるが，その修了証やそこで得られる職業資格は，連邦全体で通用することが重要である。職業資格は，その職業レベルと専門性を証明するものであり，州の職業教育・訓練は普通教育よりもこの点でさらに強い規整を受けることになる。このため訓練生訓練の，企業で実施される部分については，州による相違のないように連邦が所管している。このためドイツでは，職業教育・訓練については，連邦レベルと州のレベルとの二面的な把握が必要となる［日本労働研究機構2000　144頁］。

参考文献・資料

寺田盛紀『近代ドイツ職業教育制度史研究』風間書房（1996）
岩木秀夫「ドイツ2元職業訓練制度の動向」産業教育　47巻569号（1997）
Dominique M. Gross, "Youth Unemployment and Youth Labour Market Policies in Germany and Canada", ILO (1997).
Wolf-Dietrich Greinert, "The Germansystem of Vocational Education", Nomos Verlags-

gesellshaft, (1994).
日本労働研究機構「日独における職業能力開発のしくみ」(1997)
日本労働研究機構「ドイツの職業訓練」資料シリーズ 97号 (2000)

第3章
フランスの職業教育・訓練

1節　フランス職業教育における連携と継続

　職業教育における「連携」と「継続」はその構造的特質を検討する際の重要な要件である。ここでいう「連携」とは職業教育機関が，地域や産業との間で教育における協力，支援のつながりをつくることであり，学校生徒の事業所実習や見習い等の形態をとって行われる。また「継続」とは職業教育機関で学ぶ生徒がそこでの教育訓練だけで職業教育を完結させるのではなく，より進んだ段階の教育訓練に接続できることをいう。このようなタテとヨコの拡がりを持った構造によって職業教育は活性化される。

1．フランスにおける連携のシステム
①　学校教育における見習訓練の試み
　フランスでは学校教育において従来，見習訓練への関与がほとんど見られなかった。だが1983年以降の地方分権化や経済的困難，ドイツとの関係の深まりなどを背景として見習訓練制度の再活性化が始まっている。1988年から職業リセにおいて見習訓練を実施する試みが始まっている。このプログラムはUFA (Unité de formation et apprentissage) と呼ばれ，具体的にはリセの中に見習訓練の特別クラスを設置する。通常のリセの生徒は学生身分であるが，このクラスの生徒は雇用契約を結んでいる被雇用者である。このクラスは15名を1単位として編成される。

　1991年からは，「1＋1方式 (Formule 1＋1)」という新しい方式も採用されている。これは，2年間の職業教育・訓練のうち，最初の1年は学生身分

で，主に学校で理論教育を受け，2年目からは被雇用者として企業と学校で交互に訓練を受ける伝統的な見習訓練に入る方式である。最初の1年間においても，2週間の企業実習を2度経験する。教育訓練期間中，初めはリセの役割が大きいが，それを徐々に減らし，代わって企業の役割を大きくしていくことによって，リセから企業への移行をできるだけスムーズにすることが主眼とされている。職業教育と企業経営者との間の溝を埋めていくことが求められているが，リセと企業の間の関係を再編成する「1＋1方式」の見習訓練はその一つの解決策と見られている。

またEU加盟各国との相互関係の深まりが，企業とリセとの関係を深める契機になるとの見方もある。今後，ドイツのシステムに学ぼうとする姿勢は強まると予想されており，ドイツもまたフランスに注目している。この「1＋1方式」は，1年目はフランスの良いところを，2年目はドイツの良いところを取り入れた手法である。

② 産業の要請

フランスでは近年，経営者団体の職業教育・訓練に対する積極的な発言が増えている。

フランスの初期職業教育・訓練は，歴史的に学校教育と産業界が分断されてきた。とくに第二次大戦後，この傾向は一層強まった。職業教育をはじめ学校教育は，すべて国家の事業とみなされ，中央のコントロールの下におかれてきた。このため産業界のニーズと適合しない教育訓練が行われることが多く，現実とかけ離れたものになってしまう傾向が強かった。急激な技術革新によって産業組織が変動している金属や化学などの第二次産業部門では，学校における職業教育が適切でなくなっていることに対して不満が大きい。

このための解決策として，伝統的な訓練手法である見習訓練の再活性化を産業界は提唱している。従来の問題点を克服するために，最も威信の高い技師免状（ingénieur）を含むすべてのディプロムのレベル及びすべての職業分野で，この制度を適用できるように改革が行われた。

また産業界は職業教育・訓練における，学校と企業の役割分担の明確化も訴

えている。学校教育は経済的要請と離れた基礎的な普通教育や市民教育など，個人としての人間の成長に関わる部分を担当し，産業界はその基礎をふまえて，実践的な教育訓練を行い個々人に職業能力を付与する（qualify）ことを担当すべきだとしている。職業能力形成（qualification）をめぐって大きな議論が起こっている。

2．フランスの継続システム
① 初期教育訓練と継続教育訓練

フランスでは職業教育・訓練を「初期教育訓練」(formation intiale) と「継続教育訓練」(formation continue) との2つに区分して捉えている。

このうち初期教育訓練とは，学校教育ないし見習訓練制度の形で行われる一般普通教育及び職業教育を意味しており，主に国民教育省の管轄下にある。一方，継続教育訓練は離学後の人々を対象として，労働省の所管の下に，実質的には地方議会や産業別・地域別の労使団体のコントロールを受けて運営される職業教育・訓練である。

フランスの行政機構は，一般行政と教育行政が明確に分離されており，そのことは初期教育訓練と継続教育訓練との関係にも反映されている。一般行政と教育行政とは地域区分と，管轄組織を異にする。フランスの一般行政に関する地域区分は市町村（Commune），96の県（Département），22の州（Région）の三層構造をとっている。一方，教育行政の地域区分は，全国に26の大学区（Académie）が設けられている。この大学区は州の地理的範囲とほぼ一致しているが，大きな州では2つの大学区がある。大学区を統括する責任者は大学区総長（Recteur）であり，その下に大学区事務局（Rectorat）が置かれる。この事務局に所属する視学官（Inspecteur）が区内の教育の監督を行う。大学区総長は教育大臣から任命され，中央の政権交代に伴って交替することが多い。

このような行政体系の違いから，初期教育訓練が，大学区事務局を通じて中央の教育省の監督下におかれるのに対して，継続教育訓練は州議会と地域別・

産業別の使用者団体と労働組合により管理されている。しかし1982年以降の地方分権化政策により，いずれも州レベルの自立性が増しており，州議会と大学区事務局との間の連携・調整が必要になっている。

また，行政機構上の分離は，初期教育訓練と継続教育訓練の性格における相違をもたらしている。すなわち初期教育訓練は中央集権的性格が強く，内容や教育機関の性格が全国的に画一化されている。一方，継続教育訓練の内容は産業と地域の特殊性に応じて細分化されており，教育訓練を提供する機関のタイプも多様である。

初期教育訓練では，一定のコースを履修したのちに試験を受けて，国家資格であるディプロムを取得することが主要な目的となっている。このための教育や試験の内容は厳密に法定されており，取得したディプロムは全国共通に有効である。他方，職能団体や企業も，そこでの教育訓練を受けたことを証明する称号や資格を付与しているが，それらはディプロムとは区別されている。継続教育訓練ではディプロム以外の資格が取得されることが多い。

初期教育訓練の価値意識と継続教育訓練や産業界のそれとの間には乖離が存在する。初期教育訓練では，エリート主義的性格でアカデミック志向が強い。すなわち，フランスの学校教育制度は，厳しい選抜を通じて少数のエリートを養成するグランゼコール（grandes écoles）を頂点としており，エリート選抜のプロセスが初等教育の段階から始まっている。初等教育においても落第の制度があり，実際の落第経験者も約3分の1に達しており，進路決定にも大きな影響を及ぼしている。

学校教育においては抽象性や論理性が重視され，フランス語の表現力や，哲学などの人文教育，純粋論理科学などの威信が高い。中等教育において優秀な生徒は数学ないし人文のコースを選択し，各種の試験では「論文」が課されることが多い。グランゼコールでも，抽象的・論理的諸学が教育内容の中心となっている。

このような過度のエリート主義的選抜を緩和するための諸措置が実施されており，今日では進学の機会もかなり開かれている。後期中等教育の修了免状と

して，従来からの普通バカロレアに加えて技術バカロレア，職業バカロレアが創設され，どのタイプのバカロレアでも高等教育への進学が可能になった。これらのバカロレアの増設による進学機会の拡大は，若者の間に就職よりも進学を選好する態度を助長させる方向で機能している。職業バカロレアや技術バカロレアは，学校教育における職業教育の地位を高めるために導入されたものだが，いずれも高等教育進学のルートと化してしまっている。

　このように普通教育の威信が高く，進学志向が強いことの結果として，初期教育訓練の実践的な職業能力の形成は，学校教育において周辺的な地位におかれてきた。このことはリセ（後期中等教育）に進学する段階における進路選択の際の生徒や教師の意識において顕著である。普通リセと職業リセとの間には大きな意識面の格差が生じている。一方で，フランスでは職業教育に対する関心は低く，一般的な知識・教養があれば職業の世界に容易に入ることができるという意識があり，このような初期教育訓練内部における価値意識は，産業界の実情からも遊離しているとの批判が経営側からも述べられている。

　② 継続システムと労働運動

　継続教育訓練は1971年法によって制度化されたが，その中心的な目的は初期教育訓練における格差を埋め，不利を挽回する機会を提供することであった。継続教育訓練そのものが，「機会の平等」を達成する手段として位置づけられている。

　機会の平等の理念は，継続教育訓練の枠組みの決定に対する労働者側の発言権の保障のなかにも見ることができる。1971年法の継続教育訓練の制度の大きな特徴は，その基本事項が，労使間の交渉とその結果締結される労働協約によって決定されるということである。フランスではこのような労使間の対話（ソーシャル・パートナーシップ，Partenaires sociaux）が職業教育・訓練においても，法規制に上乗せした形で規制力を発揮している。

　フランスの労使の団体は，5つのナショナルセンター（CFDT，CFTC，CGT，CGT-FO，CGC）と3つの経営者団体（CNPF，CGPME，UPA）が中心になっている。フランスの労使団体は産業別，組織別の編成を特徴として

いる。継続教育訓練に関する制度的な枠組みは、これらの労使団体の中央レベルでの交渉の結果、締結される職業間労使協定（Accords nationaux interprofessionnels）で定められたのち、法律として制定されるようになっている。

この職業間労使協定は、三経営者団体のうちCNPFが主導権を握っており、交渉の際に発言するのはCNPFだけである。他の2団体は交渉の準備段階で意見を述べ、経営側の合意を追求することにしている。

この他、産業レベルでも団体交渉が行われ、労働協約が締結される。職業教育・訓練の内容や具体的な事項に関しては産業ごとの交渉と協約が非常に重要である。

フランスの労働組合の組織率は低調であるが（民間で約5％、公共部門で8〜10％程度）、協約締結のプロセスを通じて、労組は重要な役割を果たしている。職業教育・訓練に対する労使の関与は継続教育訓練だけではない。初期教育訓練に関しても、多くの関連委員会に労使団体がメンバーとして参加して、社会的対話を積み重ねている。組織率が低いにもかかわらず、労組がかなりの影響力を行使しているのは労働者の利益の確保にとどまることなく、積極的に労働者間の平等を保障しようとする基本的な原則が存在するためである。

2節　職業教育における機会の平等と分権化

1．職業教育・訓練の無償化

フランスでは職業教育・訓練の全般にわたって「機会の平等」の理念が重視されており、「教育訓練は無償」が基本原則となっている。教育訓練の費用負担は国や自治体などの公共部門と民間の企業がその責任を担う。このことは、初期教育訓練においても継続教育訓練においても同様である。初期教育訓練については、初等・中等教育の学校教育費に関して公財政支出が90％以上を占める。高等教育の公財政支出も87％（1992年）に達している。フランスにおけるこのような教育の無償性は19世紀後半に確立された公教育3原則「義務性・無

償性・宗教的中立性」が今日に受け継がれたものである。この理念は第二次大戦後の第四共和制の下の1946年憲法，そして1958年憲法でも踏襲されている。

　フランスでは初期教育訓練の財政は国家が負担する部分が大きいが，継続教育訓練の場合は，企業の負担部分が大きくなる。フランスではいかなる教育訓練に関しても個人は原則として費用を負担しない。このような特徴の根底には，教育や職業訓練及び文化に接近する平等の機会を保障するという，憲法上の理念がある。

2．職業選択のための教育

　フランスでは，情報提供，ガイダンスやカウンセリングのシステムが充実している。その背景には「自らの行動を決定するのは個々人であるが，そのために必要な情報には格差があってはならない」という考え方がある。

　フランスでは前期中等教育のコレージュ修了後に進路が分岐するため，コレージュ段階での進路指導が重視されている。コレージュでは，生徒や父兄の希望と学業成績を考慮して校内の進路委員会が個々の生徒に進路を提案する。生徒や家族は，その進路に不満がある場合，異議を申し立てることができる。

　国民教育省は，近年できるだけ早い段階から進路に関する情報を与え，志望を決定させる方針をとっている。進路指導の充実策の一環として，コレージュの2年の時点で，「選択のための教育（pédagogie des chox）」を実施することを計画している。これは，企業見学や企業人の講演など，職業一般について理解を深めるための指導である。フランスの失業率は近年，高水準にあり，親が失業している場合，子どもに職業に対するイメージがわきにくいという問題が生じており，この「選択のための教育」にはそのような状況に対する対応という意味もある。

　またコレージュ段階の進路指導では，全国580ヵ所のCIO（Centre d'information et d'orientation，進路・情報センター）に配置されている進路指導カウンセラーも大きな役割を果たしている。

　この進路指導カウンセラーは，適性検査の実施，面接相談，情報の提供など

を行うほか，コレージュ内の進路委員会のメンバーにも加わる。

このCIOでの職業指導の際に用いられる情報を収集，提供するのがONISEP（Office national d'information sur les enseignements et les professions, 国立教育・職業情報機構）である。この機関は1970年に国民教育省から独立して設置された。教育的な活動を目的とする機関で，組織や活動方針の決定は労使等の外部の代表を含む理事会でなされる。

3．職業情報の保障

フランスでは職業情報の提供や進路指導に関する制度がよく整備されている。

個々の生徒の進路は，生徒の能力，家庭の意向，労働市場の状況という3つの要素によって決定される。家庭の影響が強いことが階層の再生産につながっているという批判もある。しかし状況は大幅に改善されており，大学へも広範な層から進学している。一方，進路決定には，親の職業，家庭の環境や意向が大きく影響している。特定の家庭や地域で育った子どものなかには，進路について十分な情報やサポートを得られない場合もあり，ONISEPは，そのような生徒に対して情報を提供し，情報の格差を埋めることを一つの大きな目的としている。

ONISEPは，その提供する情報が教育システム内部の進学情報に偏っているという指摘がある。もちろん職業に関する情報も提供されているが，それは仕事の現場の実態を伝えるものにはなっていない。またCIOのカウンセラーも企業や職業生活の実態については把握しきれていない。また進路指導のカウンセラーが少なく，十分なサービスを提供できないこと，進路決定において結局は学業成績が基準とされがちであること，などの指摘もある。これらの限界はあるにしても，フランスでは情報と機会の平等という理念を実現するための制度や組織が，社会のなかに高い密度で張りめぐらされている。

4．職業教育と地方分権化

　1981年に政権に就いたミッテラン社会党政権は地方分権化改革に着手した。職業教育・訓練に関しても，中央から地方への大幅な権限の委譲が行われた。初期教育訓練における教員の人事と人件費，教育課程やディプロム試験の内容の制定，教育の監督に関しては従来通り中央政府が権限と責任を担うが，個々の学校の施設設備や運営については，地方行政組織の各レベルに権限と費用負担責任が委譲された。初等教育の施設設備と運営は市町村レベルに，前期中等教育（コレージュ）は県レベルで，後期中等教育（リセ）は州レベルで管理されることになった。

3節　ディプロムとバカロレア

1．ディプロムと職業教育・訓練

　フランスでは個人の専門的職業能力の客観的証明としてのディプロムの社会的重要性は高い。ディプロムとは国民教育省管轄下の学校教育ないし見習訓練の後に，試験を通じて取得される国家免状である。1989年の新教育基本法では，国民の教育水準の引き上げのために，すべての青年に後期中等教育2年修了レベル以上の何らかのディプロムを取得させることを目標にしている。また個人が取得しているディプロムの水準及び内容と，就職後に企業内で従事する職種や地位が緊密に対応している。ディプロムと職種の対応関係は，政令をはじめとして複数の根拠によって支えられている。また産業別労使協約は，ここの職務に求められるディプロム水準を基準として職務を職種別・熟練度別に格付けし，それに応じた賃金水準を定めている。フランスの賃金は職種別・熟練度別に体系化されており，同一労働同一賃金の典型とされている。ディプロムはその体系化の基準となっている。

　しかし近年ではディプロムと職種の対応関係は，それほど厳密ではなくなってきている。その背景には1970年代以降，産業別労使協約が，個々の職種に求められるディプロムに一定の幅を認めるようになっているという事実がある。

そしてより重要な要因としては，労働市場における「買い手市場化」があげられる。近年の失業の多さにより，企業側では当該職種に本来合致しているディプロムよりも高い水準のディプロム保持者を採用し，かつ賃金は本来のレベルに据え置くことが頻繁であり，「資格インフレ」が生じている。

フランスでは個々人が持つディプロムに対応した職位に企業の外部から直接就職しようとする傾向がある。この点が，新規学卒者が企業内の低い職種に就職し，その後に内部昇進していく日本のシステムとの大きな違いである。

フランスでは，このディプロムと職種の対応を柔軟にする必要があるといわれている。ドイツや日本のように企業内の配置転換や内部昇進，OJTを増加させたり，あるいはアメリカのように賃金に労働市場の需給状況を反映させることによってマニュアル労働への誘因としたり，学生アルバイトで多様な仕事を経験できる社会的流動性を高めるべきだと考えられている。

2．職業バカロレアとジェネラリスト指向

1980年代以降のフランスでは，若年者に対する職業教育・訓練が重要な社会政策的課題となっており，とくに若年者の社会参入を促進する有効な手段として，教育機関と職業現場を往復しながら教育訓練を受ける見習訓練及び交互訓練契約に力を入れている。フランスでは義務教育年齢は6歳から16歳までとなっており，落第を経験しなければ，6歳から11歳までの5年間が初等教育，その後15歳までの4年間が前期中等教育（コレージュ），そして18歳までの3年間が後期中等教育（リセ）となる。職業リセに進学した場合は，就業年限は4年間となる。

フランスでも普通教育指向，進学指向の増大といった現実があるが，政府及び産業界は，学校教育における職業教育・訓練をさらに拡充する姿勢をとっている。

職業リセでは最初の2年間の修了時に，熟練労働者としての職業レベルを証明するCAP（職業適格証），BEP（職業教育免状）を取得するための試験がある。この試験の合格者のなかで，進学を希望する者がさらに2年の教育訓練

を経て職業バカロレア試験を受けることになる。1996年の時点では，職業リセ在学者の3分の1が後半2年のコースに進んでいる。

CAP と BEP の違いは専門分野の範囲にあり，前者は非常に細分化されているが，後者はその範囲がやや広くなっている。

職業バカロレアは，1986年に新しく創設されたもので，80年代初頭の技術革新と職場組織の変化を受けて，一般労働者と技術者の中間に位置づけられる職種に対する需要の増大を背景として，この職種に対応するディプロムがバカロレアのレベルでつくられることになった。これは後期中等教育における職業教育の全体的な改革と現代化の要請にも応えるものであった。職業バカロレアは実践的性格が強く，専門技術や特殊技能を身につけ，自分でスキルを実践できなければならないとされている。

欧米の他の諸国の職業教育と比べると，職業バカロレアは一般教育に力を入れている。それは将来における転職の可能性を広げるためでもある。産業界は近年まで，より狭い専門に特化することを求めていたが，最近ではそのようなスペシャリスト的人材よりも，変化に対する適応力を持ったジェネラリストを期待するように変化しており，職業教育コースにおいても一般教育をおろそかにしないという政府の方針と合致するようになってきている。また職業コースと普通コースの間でコース変更の道が用意されており，1年間の適応課程を経由することによって変更が可能となっている。

普通リセに付設されている上級技術者養成のための実践的職業教育・訓練を行う機関として STS（Section de technicien supérieurs，中級技術者養成課程）がある。STS は修業年限2年の短期高等教育機関として位置づけられ，書類選考により入学選抜が行われ，修了後，試験を経て BTS（中級技術者養成課程免状）が取得できる。その実践的な教育内容は産業界からも評価されている。

参考文献・資料

「公共職業訓練の国際比較研究・フランスの職業教育訓練」日本労働研究機構（1997）No.75
「フランス教育制度と職業参入」日本労働研究機構　資料シリーズNo.31（1993）
辻川英髙「フランスの職業訓練制度」海外職業訓練No.6（1985）
夏目達也「現代フランスにおける職業指導の動向」日本産業教育学会紀要　17号（1987）
堀内達夫「資格制度からみたフランスの職業教育について」技術教育研究　27号（1986）
Aventur, F. and Brochier, D. "The Continuing Vocational System in France", Report for the "FORCE" EC. Action Program, (1995).

第4章
スイスの職業教育・訓練

1節　スイスの職業教育・訓練の特質

　技術の急速な進展は，職業能力や資格をすぐに陳腐なものにしてしまう。このことは民間企業だけでなく，産業競争力の強化のための訓練施策を立案し，訓練施設の管理運営に当たる行政当局にも大きな影響を与えている。また労働市場への参入の難しさから，若者は初期職業訓練の段階において，企業の求める資格や技能に素早く対応することが求められている。若年失業の増大に関して，職業教育・訓練の効率の改善に関する検討が求められている。

　多くの産業国家において教育政策の担当者は，予算の抑制・削減が行われるなかで，教育制度を拡充しなければならないジレンマと格闘している。このような財政環境にあって，公的部門と民間部門との資金面での協力が，職業教育・訓練サービス拡充のための新たな展望を提供している。

1．スイス職業教育の沿革

　スイスでは19世紀の初頭にギルドの廃止と産業革命の波がおしよせ，繊維，機械などの新興産業が外国製品との競争にさらされた。その後このような新たな事態に対して，19世紀後半に創設されたスイス産業連盟は，保護関税ではなく職業教育を通じてこれに対応しようとした。従来の徒弟制度とマイスター試験の見直しが行われ，連邦政府に対しては職業教育に対する助成を求めた。

　職業教育は19世紀末から20世紀初頭にかけて労働組合と使用者団体の間の利益対立の焦点となった。連邦職業教育法の制定をめぐって徒弟の保護，職業能力の維持向上，普通教育などに関して対立が際立った。このため同法の成立は

1930年までずれ込んだ。この対立を経て，職業教育では事業所での実習とあわせて学校への通学を義務づけることになった。学校への通学が義務づけられたことで，今日のようなOJTに職業学校での職業教育と普通教育を加えた混合的な職業教育制度が認められることになった。この職業教育の形態は部分的な修正を受けながらも今日まで維持されている。

2．スイス職業教育の法的根拠

スイス連邦憲法3条は各州（カントン）が教育に関する主権を持つことを定めている。一方で，その34条（ter）は連邦に対して，工業，商業，農業，サービス業等の職業教育に関する立法権限を与えている。この憲法規定に従って，連邦職業教育法が職業教育の枠組みを定めている。その枠組みに沿って基礎的及び発展的な職業教育の規整が，この領域において権限を持つ連邦当局によりなされている。

この連邦職業教育法は，職業教育を推進する際の連邦の各方面の要請を反映している。同法6条では，見習制度の目的は，職業に従事するために必要な技能や知識の習得だけでなく，健全な一般教育を行うことにもあるとされている。また同法は訓練の期間や場所，訓練者の資格そして試験の実施の方法等についても定めている。各州が教育に関する主権を保持していることから，連邦憲法3条は，各州が連邦職業教育法の施行に関する必要な措置をとる責任を負うと定めている。そのため，各州は独自に，職業教育のための立法を定めており，それに基づく独自の命令や規則を持っている。

デュアルシステムの職業教育に関する権能は，連邦当局，各州及び職業団体との間のパートナーシップによって行使される。連邦職業技術教育局の活動を通じて，連邦は職業教育の基準設定，その充足状況の監視，施設の配置などについての責任を果たしている。各州はその職業教育事務所を通じて，監督機能を発揮するとともに，研修生に対する最終試験を実施する。またこの職業教育事務所は職業学校の運営も行う。職業団体は研修生のための訓練コースを設定する責任を引き受ける。

初期の職業教育・訓練は一般教育における後期中等教育に相当する。初期職業教育ではその訓練の形態としてフルタイムの職業学校での教育訓練，またはデュアルシステムでの教育訓練のいずれかを選択することになっている。スイスでは15歳から19歳までの若者の大部分は職業教育を選択しており，後期中等教育を受けている生徒もその69％までが職業教育または技術訓練のコースに参加している。

　スイスではデュアルシステムを選択した研修生は，週当たり１～２日を職業学校での理論的な教育訓練コースに出席し，残りの３～４日を民間または公的部門の事業所で実習を受けることが典型的である。またいくつかの大企業では，職業学校に代替する独自の教育施設を設けている例もある。選択した職種により２年，３年または４年の教育訓練を修了した後，研修生は連邦の職業資格を取得するための試験を受けることになる。後期中等教育の卒業資格は通常の場合，大学への入学許可を与えるものではないが，高等教育段階の職業教育を受けることは許可している。しかし，職業教育を修了した者のなかでこのようなコースを選択する者は少数である。その理由としては，このコースの存在があまり知られていないことなどが指摘されている。近年，連邦及び州の職業教育当局は，高等職業教育の改革の一環として，高い評価の得られる職業教育を選択肢の一つに加える方策を検討しており，ドイツのホッホシューレをモデルとした高等専門学校（HES）が設置されることになった。

　スイスの職業教育は国際比較において，若年者の失業率や職業への統合などで，他の諸国を大きく凌駕している。国内においても，そのシステムをより良く整備している州ほど若者の統合に成功している。しかし大学入学資格の取得を目指したギムナジウムへの進学者の増加は，職業教育の存在価値を問う圧力となっている。また実習先の事業所の訓練サイトの減少も深刻であり，将来における職業の展望を欠いた職業教育の行われている例も見られ，職業教育の空洞化が懸念されている。

　労働組合の強い意向を受けて1980年から施行されている改正連邦職業教育法は，デュアルシステムの活性化を図る施策をとるとともに，能力の差異をも考

慮に入れたことが特徴的である。職業教育は，生徒の能力に応じてより高度な理論的学習の機会を提供すべきであるとされた。しかしこの間の産業技術の高度化は事業所での実習を費用のかかる複雑なものにしており，コストの面からもその実施が難しくなっている。

　一方で，一般教育の改革も学校での試行を重ねながら進められており，国語・社会といった固定的なカリキュラムに代わって，プロジェクト方式による広範な学習の可能なカリキュラムが導入された。これに関連して多くの職業教育関係の規則も改正され，その細分化が進んでいる。ここでは普通教育と職業教育の相互乗り入れ，弾力的な事業所実習の運営，職業教育修了時の最終試験の容易化，職業教育の継続などの一連の施策が検討されている。

3．スイス職業教育の特質

　ヨーロッパでは，労働市場への参入の難しさから，若年者を対象とした職業教育においても，産業の求める技術・技能に素早く対応することが求められている。さらに若年者失業の増大は職業教育の効率の改善を求める圧力となっている。

　スイスの職業教育は近隣のドイツやオーストリアと同様に，国家の管理の下で市場を指向する類型に属する。公立の職業学校の教育制度を土台として，企業とともに生徒の教育訓練の責任を分担する。スイスにおける比較的低い若年者の失業率は，この職業教育における「デュアルシステム」に負うところが大きいとされている。デュアルシステムは学校における職業に関する理論の学習と事業所における実技の訓練を交互に行う職業教育の形態である。若年者の低い失業率との関連から，今日注目されている。

　スイスのデュアルシステムも1世紀以上の伝統があり，その職業教育は若者たちの高い評価を受けてきた。スイスの若者の4分の3は義務教育修了後，このような職業教育に進んでいる。スイスにおける高等教育への進学率は16％にとどまっており，上級の職業資格を目指す若者は基本的に大学へは進学しない。企業もこのような職業教育に積極的に関与している。スイスのデュアルシ

ステムは若年者が労働市場に参入することを容易にし，産業が求める技術・技能を効果的に養成する点で効率的な訓練形態であると考えられてきた。

4．労働市場と職業教育

　企業はデュアルシステムの職業教育の要石である。1995年の統計ではデュアルシステムにより14万人の雇用が創出されており，スイスの雇用全体の4％に達していることが明らかになっている。実習先の事業所では300を超える職種が用意されているが，生徒の大半は建設，販売，サービス，保健福祉，車輛などの5つの業種に集中している。そして製造業を選択する生徒も36％程度にとどまっており，経済構造の変化を反映している。スイスでは全体としての雇用はそのほとんどが中小企業によって担われているが，デュアルシステムの生徒の実習先企業は小規模，中規模，そして大企業とバランス良く3分の1ずつ配分され，それぞれが実習を担当している。

　デュアルシステムはスイスにおける職業教育と産業経済の特徴的な枠組みであったが，近年その変容も垣間見られる。1985年から1995年までの10年間にデュアルシステムの企業実習を受ける生徒の数が30％も減少した。その原因は，職業教育における需要と供給の両面に関連している。

　スイスにおいてもこの間，15～19歳の年齢層の人口は減少しているが，それだけでは十分な説明は困難である。義務教育修了者の中で，より一般的なタイプの教育を望む者が増えてきたこともその原因の一つと考えられる。それは大学入学資格の取得を希望する生徒が増えていることの反映でもある。この10年間に大学入学資格を取得している19歳人口の割合は，12％から17％に増大し5ポイントも上昇している。

　一方，近年デュアルシステムの実習を行う事業所の数も漸減しており，実習サイトの減少という供給の側にその主な原因があるとも考えられている。1998年2月の段階で実習サイトを得られない生徒が7000人存在している。この数年スイスの労働市場も沈滞しているが，それだけの理由ではないようである。この間の雇用の減少よりも実習サイトの減少のほうが上回っており，これをさら

に業種ごとに見た場合，建設を除いて，他の販売，サービス，保健福祉，車輛のいずれもがこの間に雇用を増加させているにもかかわらず，実習サイトは減少させている。すなわち実習サイトの減少は労働市場の変動の影響のないところでも発生している。

5．職業教育の新機軸

スイスの職業教育は，「能力の差異」を考慮して能力的に進んでいる生徒に対してより高度な理論的学習の機会を提供する目的で「職業的熟練」と呼ばれるコースを設置している。この「職業的熟練」とは，職業に関する能力の証明と，高等教育段階の修了とを結びつけた概念であると理解されている。この概念の下に，工業，商業，貿易，工芸，デザインなどのコースが開設されており，看護やソーシャルワークのコースも予定されている。このコンセプトにおいて重要なことは，高等教育水準の基礎学力があるということである。ここでは語学，数学，自然科学，職業関連科目などが高い水準で指導されている。進んだ指導を提供することで高い学習意欲と能力を持つ若者に，職業教育の魅力をアピールすることを意図したものである。

当初，この「職業的熟練」のコースに進む者は15％程度と予想されていたが，現実にはその数は毎年のように増えている。この「職業的熟練」の導入の契機は，職業教育における技能や資格の取得が，もはや高等教育段階の教育訓練まで展望しないと十分とはいえなくなっているという職業教育関係者の認識にあった。特に普通教育や理論面での教育の不足が懸念されていた。

またスイスはEUへの加盟を見送ってきたこともあって，長期の不況を克服するために独自の改革が必要であった。この職業教育における新機軸は，職業教育の多様性を追求することにより，伝統的に独自性の強いスイスの職業教育をヨーロッパ標準に対応できる開放性を持たせるという意味もあった。国境を越えた人や労働力の移動の増加に対する認識は職業教育の政策に大きな影響を与えている。

国家の職業教育・訓練のシステムと労働市場との関係は，国内の経済的・政

治的枠組みによって強い影響を受ける［Blossfeld］。そこで，スイスのデュアルシステムに基づく職業教育・訓練の制度の運用と，経済的・政治的環境とが，どのように影響しあっているかということを検討する。次に，企業負担の面から，訓練コストの分析が行われる。人的資本に関する理論［Gray］は，企業の訓練関係の支出を投資として捉えており，そこでは経済的な効率や有効性が問題となる。さらに企業が教育訓練を行う際の誘因についても検討がなされる。

　デュアルシステムは，若者が労働市場に参入することを容易にし，企業が求める技能を養成する点で，効果的な訓練形態であると長い間考えられてきた。しかし，近年このシステムは，若者や企業にとって魅力を欠いたものになってきており，スイスでは多くの初等教育修了者が，この制度による研修を受けることが難しくなってきている。スイスのデュアルシステムには未来があるのか否か，また，あるとすればその教育訓練の形態はどのように再編されなければならないのか，これらの問題提起に答えるための努力が行われている。

2節　スイス職業教育の課題

　スイスの職業教育・訓練の制度と労働市場の関係は，国内の政治的・経済的環境から強い影響を受けていることは明らかであるが，スイスの若年者の失業率が成年者のそれより低い水準にあることから，その関係が注目されている。スイスの職業教育・訓練におけるデュアルシステムは，教育訓練におけるコストが相対的に低いことにより，他の工業国においても職業教育・訓練の形態として改めて関心を集めている。21世紀に向けて，スイスのデュアルシステムの経験は，他の国々に対して有益な教訓を提供することになると思われる。

1．デュアルシステムと企業

　デュアルシステムの下で，研修生が企業で費やす時間の間は，彼らは訓練を受けつつも，生産過程に参加している被雇用者として考えられており，研修の

形態や訓練の段階，企業の種類によって金額は変わるが，賃金が支給される。

しかし法的な立場からは，研修生は何よりもまず訓練を受けている未成年者であると考えられている。したがって連邦職業教育法は，企業内での研修生の教育における指導的役割を，研修担当者が果たすことを求めている。またこの担当者は企業と職業学校，職業教育事務所，及び研修生の両親との間の連絡調整も行っている。この機能は小企業では事業主が，また中堅企業や大企業では使用者によって担われることが典型的である。研修担当者は特定の分野の連邦の職業資格を取得しており，研修者訓練のコースを修了していることを求められている。

研修生は数週間の導入コースからその教育訓練が始まる。それは職業学校で行われる場合（職業理論及び一般教育）と，訓練センターや大企業の研修ワークショップで行われる場合（実習及び生産）とがある。このようなワークショップで実施される場合，「三者構成」の訓練制度と呼ばれることもある。

訓練の場所は異なっていても，企業は職業教育・訓練におけるデュアルシステムの要石であることに変わりはない。1995年に行われた連邦のスイス企業調査によれば，デュアルシステムの研修生が14万強の雇用を保持しており[OFS 1998a]，雇用全体の4％に達していることが明らかになっている。訓練の場所の36％は製造業であり，64％がサービス部門である。これはスイス経済のサービス経済化の進展を反映したものである。300種を超える職種が研修生のために用意されているが，研修生の大半は5つの業種に集中している。それらはおもに，建設業，小売業，企業サービス，健康福祉，自動車販売修理などである。スイスでは，雇用の99％までが中小企業によって担われているが，研修生は企業規模によりバランス良く配分されている。小企業が31％，中企業が33％，大企業が36％の研修生をそれぞれ担当している。

2．デュアルシステムの減少傾向

このような教育訓練制度は長い間スイスの経済と教育の枠組みの特徴であったが，その土台が失われつつあるという指摘もある。企業における研修生の数

が1985年から95年までの10年間に30％も減少しているという事実がある。同じ10年間に大学入学資格を取得している19歳人口の割合は12％から17％に増加した［OFS 1997］。このような変動は職業教育に対する社会的認知の悪化によるものと見られる。しかし，最近の調査によれば研修生自身は職業教育に対して良好な印象を保持しており，その両親たちも同様の印象を持っていることが明らかになっている。それにしても研修生は一般大衆の目からはイメージの悪化があることを感じている［OFPT 1998］。

　一方で，近年の訓練場所の漸減をふまえると，研修生の数の減少の主たる原因は教育訓練の供給サイドにあると見られる。実際に1998年2月の段階で7000人の若者が訓練場所を探していた。また，そのことが労働市場の沈滞によるとする可能性は，スイスの雇用動向をふまえると排除しうる。最近の連邦の企業調査では，1985年から95年までの10年間にスイス経済の雇用は8％も減少しており，これは訓練の場所の数の減少をさらに下回っていることが明らかになった。業種ごとの分析では，建設業だけが訓練場所の減少よりも多くの雇用を減らしているが，小売業や企業サービス，保健福祉，自動車修理販売業等では，同じ期間に訓練場所は減っているものの雇用は増加している。訓練場所の減少は経済変動の影響のない部門においても生じている［OFS 1998b］。

　このような訓練場所の減少傾向をふまえると，企業における研修生の教育訓練コスト分析も必要になってくる。またこのような教育訓練に対する賛否の理由についても検討しなければならない。これらの分析・検討の結果は職業教育におけるデュアルシステムの再編にあたって，有益な情報を提供することになる。

3．デュアルシステムの効率性

　職業教育におけるデュアルシステムは，スイスでは長い伝統を持っているが，その体系的で広範な研究は，今日に至って，ようやく企業の訓練コストの問題として行われるようになった［Ridherd］。一方，ドイツやオーストリアでは，初期の職業教育・訓練に関するスイスとの比較研究の蓄積がすでに存在

している。

　ここでの研究の目的は，その有効性の評価だけでなく，その効率の測定にもある。以下のデータは業種と規模を異にする１万7000社を対象として1995年以降に実施された質問紙法による調査の結果である。約20％の企業が回答を寄せているが，このうち訓練のコストに関するものは900件にすぎず，そのほとんどが予算の形式に関するものであった。大企業を除くと訓練費用に関して分析的な会計処理を行っている企業はほとんどない。

　企業の視点からは，デュアルシステムの職業教育の存在は，費用と収益の両方の意味を持つ。研修生の賃金，訓練に費やす時間，管理経費，訓練施設器材の経費などが費用として事業主の負担となる。一方，公的部門や職業団体からの補助金，研修生の生産過程に対する貢献の価値などは，事業主の収益となる。したがって総費用と純費用の区別が必要になる。総費用は企業が負担する経費のすべてによって構成される。一方，純費用は，総費用から研修生の訓練によって生じる収益を差し引いたものである。

　企業の規模及び業種ごとの，研修生一人当たりの年間の総費用について検討すると，企業の規模により，費用の面でかなりの不均衡が見られる。このことについては２つの説明が可能である。第一の説明は研修生の賃金に係るものであり，第二は費用の構成によるものである。研修生の年間の平均賃金額は企業規模と相関する。この調査によれば，小企業で訓練を受ける研修生は年間5500スイスフランの賃金を受けているが，中企業では１万1100スイスフラン，大企業では１万4400スイスフランと増えている。企業の訓練経費の70％以上が研修生の賃金，訓練担当者の人件費，その他の企業内の訓練関係諸経費となっている。小企業や中企業では研修生の教育は，基本的に訓練担当者がその責任を持つことになっている。大企業ではその他の研修のための人的資源も活用される。企業規模に関係なくほとんどの企業で，外部の訓練担当者を利用することは極めて限定的である。

　企業の業種ごとに訓練費用を見てみると，非分類の業種で相対的に高い訓練経費がかかっており，多くの小企業から構成されている建設業では訓練コスト

は低くなっている。また機械製造などの技術集約的な業種で，そうでない業種よりも教育訓練に多くの支出が行われている。

　研修生の教育訓練を行う企業は，確かにその費用を負担しているが，一方で研修生の生産過程への貢献により収益も得ている。研修生の生産に対する貢献は，企業の提供する情報によって測定されることになる。

　研修生の生産への貢献は，熟練工との比較によって表現され，その訓練の進捗とともに増大する。教育訓練の最終年度においては，研修生の貢献は半熟練工と等価であるとされる。訓練を通じての，事務・商業関係の職種の研修生の生産に対する貢献は，技術・製造関係の職種の研修生のそれよりも高くなっている。教育訓練の全期間（職種により3〜4年間）の年平均から計算すると，研修生の生産に対する貢献は企業規模により33〜37％の間で変動している。貢献の価値は，教育訓練を終了し職業資格を取得した労働者に支給される年間賃金に，これらの比率を適用することによって評価される。研修生を受け入れる企業が負担する年間の純費用は，総費用から研修生の生産に対する貢献の金銭的な価値を差し引くことによって決まることになる。

3節　スイスにおける職業教育・訓練の改革

　スイスの職業教育は連邦レベルでの規制が行われている数少ない教育の一領域である。小学校，中学校，技術学校，専門技術学校，そして多くの大学は各州政府の管轄下にあるが，入門段階と継続段階の職業教育・訓練は連邦政府の管轄とされている。職業教育・訓練の課程や科目，その他の事項は1978年のスイス職業教育訓練法に基づいて連邦政府，スイス技術訓練教育局（BTT: Bundesamt für Bildung und Technologie）との協議をふまえて，使用者団体と労働組合が決定する［Philip］。

　個々の州においては職業教育は分野別の立法に基づいて実施され，通商産業に関する職種では地域の使用者の要請に配慮したものとなっている。同様の立法は農業に関する職業教育・訓練も規制している。看護に関する職種に限って

各州は，その規制を社団であるスイス赤十字に委ねている。スイス教育制度の連邦レベルでの一般的な特徴は，州際レベルで他の教育分野との必要な調整が自主的に行われていることにある。他方，職業教育に関する事項は，中央においてコントロールされており，スイスのいずれの地方においても同等の教育訓練を受けられることが保障されている。このため教育訓練に関する規則は知識技術について適切な要求水準を設定するとともに，それに沿った検定制度と教育課程及び教育組織の整備を求めている。職業教育を行う学校は州または市町村の財源によっているが，連邦の定めた教育内容に関する規制に従うことになっている［Wettstein 1994］。職業教育におけるドイツのデュアルシステムと異なり，スイスでは職業学校の普通教育と普通科目は職業教育・訓練の修了試験の科目となっており重要視されている。

　連邦政府とともに労働組合，使用者団体も職業教育・訓練の規制において重要な役割を演じている。それは零細企業，家内工業，非営利組織，そして使用者及び従業員の代表と連邦政府による「歴史的な合意」によるものである。これらの当事者はまず同じテーブルに着席し，職業教育・訓練に関連する広範な問題について討論した。そして必要な事柄は州または市町村の条例や，法的な効力を持つ協定としてまとめられた。ドイツの場合と異なり，教育訓練の内容の決定にあたって，調査は殆どその役割を果たしてこなかった。

1．職業教育改革の背景

①　通商政策と職業教育

　産業及び通商の自由の導入により，伝統的な取引方法や小経営は困難な状況に陥った。他のヨーロッパ大陸諸国に比して早い時期に起こったスイスの産業化の動きは，多くの若者を徒弟制の下での訓練から，産業における賃労働へと向かわせた。その報酬と労働条件は魅力的であった。19世紀初頭のギルドの廃止と技術革新，そして繊維や機械などの新興輸出産業，さらに外国製品との競争の増大，これらは小規模事業者の不安を募らせることとなった。1879年創設のスイス産業連盟は保護関税を採らず，教育訓練を通じてこの状況を改善しよ

うとした。その第一段階として，職能団体のレベルでの徒弟訓練とマイスター試験のあり方の見直しが行われた。1880年代に入るとスイスの産業界は連邦政府に対して輸出競争力を維持するために介入することを積極的に要請した。その結果，徒弟制度の改革が行われた。同時に連邦政府に対しては職業教育や専門学校，公共職業訓練などに対する助成が求められた。19世紀末から20世紀初頭にかけて，職業教育はもう一つの理由から労働組合と使用者団体との間の利益対立の焦点となっていた。両者の対立は連邦職業教育法の制定にあたって，徒弟の保護，職業能力の維持向上及び普通教育などに関して表面化した。この対立の結果，同法が成立したのは1930年になってからのことである。職場での訓練とあわせて学校への通学を加えることが，すべての徒弟に対して義務づけられた［Tabin］。後にハインリッヒ・ベンデル（Heinrich Bendel）やグスタフ・フラオエンフェルダー（Gustav Frauenfelder）らによって発展することになるスイス公益協会（Schweizerische Gemeinnützige Geselschaft）の理念に沿って，それぞれの母語による科目の教育が行われ，書写，商業，公民とともに職業に関連して計算の指導も行われた。

② 後期中等教育における職業教育の位置

伝統的に職業教育の眼目は若者の就職を確保することであり，そのために統一的な訓練基準をつくり，必要とされる技能を学校で習得できるようにしてきた。1930年代に連邦職業教育法が成立すると，このような伝統的な職業教育の方法は後退し，手工業的な技能の習得は，機械工業に対応した技能の習得へ道を譲ることになった。20世紀の初めの徒弟制度は小企業を保護するための手段として見られていたにすぎなかったが，今日の職業教育におけるデュアルシステムは中間層の職業領域のほとんどに拡大している。

その後，職業学校の教育課程も変更されることになった。後に工業や商業の職業学校に発展することになる，初等教育の修了段階での訓練校での初期の教育は，システムが十分に整備されておらず，余暇の時間を利用して授業が行われており，卒業はほとんど困難であった。そこでは，若者はすでに経験したことのある職種のクラスを選択する傾向が見られた。授業科目もそれぞれウェイ

トを異にしていた。職業学校の教育は，書写や商業に関連した職業科目や初等学校で教えられた事柄の繰り返しではなく，より専門的な職業教育・訓練が施されるようになった。また特定の職業や専門性を配慮した一般科目の拡大も図られた。

　1週間につき1日ないし1日半を学校での授業にあてる，この方式の職業教育・訓練は主として工業及び商業の分野で発展し，第二次大戦後において特に注目を集めることになったが，農業やソーシャルワーク，看護などの職種では他の教育訓練の形態もとられていた。1980年代中頃まで，このデュアルシステムは順調に発展し，ギムナジウムへの進学者以外の16歳から19歳の若者の一般的な職業教育・訓練の形態になっていた。初期の職業教育・訓練は労働者の中のエリート層に限られていたが，1950年代から60年代そして70年代と経るに従って，次第に義務教育を修了した者の標準的なコースになった。若者の多くがこのルートをたどるという事実は，義務教育を修了して後期中等教育へ進む若者の比率が90％を超えることを意味している。この数字は国際的にも大変に高い水準にある。職業教育を志向する比率は高い。1995年にAレベルに相当するMaturaの証書を得た生徒は1万2900人に達する。また指導資格を得た者も3100人いた。通常の職業資格の取得者は工業及び商業の領域で4万6000人，看護職は4000人となっている［Borkowsky］。ギムナジウムや他の一般的な学芸のコースを後期中途な教育の段階で選択する者はスイスでは全体として2割に満たない。一方で3分の2以上の若者が職業教育のコースに進んでいる。

　しかしながら，国際的に徒弟訓練制度とみなされるこの種の職業教育は，それが広範に行われているという理由だけで成功しいるわけではない。国際的な比較からは，若年者の失業率，若者の職業への統合などの点で，スイスは他の諸国を大きく凌駕している［Bierhof］。スイス国内においても，デュアルシステムの普及には地域によって相違があるが，職業教育のシステムをより良く整備している州ほど若者の統合に成功している。

　スイスのデュアルシステムは実際に学校，職場そして訓練センターの三者の教育訓練を結合しており Trinal System と呼ばれている［Wettstein 1985］。

この制度は若者にも社会にも長期にわたり好評を博し続けている。

③ 1970年代の改革

1970年代にデュアルシステムの短所の一面が明らかになってきた。1960年代に始まった教育の拡大はギムナジウムへの進学者の増加となってあらわれ，職業教育はその存在価値を問う圧力の下に置かれた。このシステムの弱点は経済循環の影響を強く受けることである。またこのシステムの運営にあたって，企業の利益を中心にしているのか，あるいは若者自身の利益を考えているのかによっても，大きな差異が生じる。将来における職業の展望を持たないで，訓練が行われている例もある。また一面で職業教育の空洞化ともいうべき事態も生じている。能力のない訓練担当者が事業所で訓練を行っている例も見られる。このような能力の欠如に対処するために政府の運営するワークショップも設立されることになった。ここでは全日制で教育が行われ，職業における理論と技術の統合を目指している。

1963年に基本的な規制の改正がはじめて行われ，その後1978年の職業教育法（Berufsbildungsgesetz-BBG）による職業教育・訓練の広範な改革へとつながっていく。この法律は労働組合の意向を受けて1980年に施行され，今日もなお有効である。この法律には2つの特徴的な要素がある。その1つは工場や学校の訓練担当者に教育訓練の明確化と規制を求めることによりデュアルシステムの教育内容の活性化を図ったことである。もう1つは，職業訓練における能力の差異を考慮に入れたことである。能力の未熟な若年者は，低い熟練と理論的知識で習得可能な職種の訓練を受けることができる。一方で職業学校は，その能力の進んでいる者に対してはより高度な理論的学習の機会を用意している。「職業的熟練」（Berufsmaturität）に関する改革はこの「能力の差異の考慮」に沿ったものである。

2．職業教育改革の方向性

① 近年の職業教育改革の動向

1980年代半ばまでに改革の効果があらわれ始め，職業教育を志向する者の数

も増え始めた。その一方で職業訓練を受け入れる事業所の逼迫が始まった。このような事実とは別に経済の先行きが長期にわたり不透明であることから若者は高等教育への進学を選択する傾向も見られた。技術がより精密になるとともに，職場での訓練は費用のかかる複雑なものになった。コストの面から事業所でも訓練の実施が難しくなった。このような状況のなかで，職業教育の魅力を維持し高めるための広範な職業教育政策の改革が求められた。1990年代の初めから，一連の改革が進められた。一般教育の改善も学校での試行を重ねながら進められた。商業科目，社会，国語などの固定的なカリキュラムに代わって，プロジェクト方式の広範な学習が可能なカリキュラムとなった。同時に多くの訓練関係規則が改正され，短期間にその内容が更新された。近年では商業教育の新たな再編成の動きが進んでおり，その細分化が著しい。法改正に先立って連邦職業教育局が1996年に出した報告では，必要とされる一連の政策がリストアップされている。その中には職業教育と普通教育との相互間でのコース変更を容易にすること，成人教育に関する広範な協力，継続教育訓練の組織化のための試行，職業教育・訓練の修了時の最終試験を容易にすること，学校での全体としての教育を減らすことなく，学校と事業所の学習の両方を弾力的に組織できるように両者が協力できるような新しい体制を模索すること等，が含まれている。これらの多くの新機軸は新職業教育法の草案（1999年現在）の土台となっている。さらに大きな変化は，保健介護関係の職業教育・訓練も対象となり，後期中等教育段階以降の職業教育・訓練が一元的に規制されることである。

② 職業的熟練（Berufsmaturität）の導入と高等専門学校

最も重要な新機軸は二面的な資格審査を行う「職業的熟練」（Berufsmaturität）として知られることになった訓練コースの設置である。この職業的熟練という言葉は，所定の職業に関する能力の証明と高等教育段階の専門学校の課程の修了とを結びつけた意味を持つ。1993年から始まった「職業的熟練」は最近の関連法規の改正により，工業，商業，貿易，工芸，デザインなどの学科が開設されており，まもなく看護やソーシャルワークなどの職業においても適用

される予定である。

　職業能力の証明を別にすれば，高等教育を受ける基礎力があるということが重要である。適切な追加的指導が行われている。そこでは語学の学習とともに数学，自然科学，職業に密接な関連を持つ選択科目の指導が行われている。一般に職業的熟練は見習訓練の一部として行われ，デュアルシステムを既に修了しても，働きながら履修することも可能であり，また最終の1年間を全日制のコースに通学することもできる。

　この新機軸のおもな目的は，追加的な指導を通じて職業教育の水準を高等教育の入学資格に対応したものにするとともに，高い学習意欲と研究能力を持つ若者にも職業教育が魅力のあるものにすることである。教育政策としてはこの種の教育訓練に進む者は，年間15％程度と楽観的な予測がされていたが，現実にはこの「職業的熟練」の参加者は毎年のように増加している。

　「職業的熟練」の導入はスイスの工業や商業などの領域の専門高校（Höhere Fachschulen）を高等教育の専門学校（Fachhochschulen）へと変容させることに役立った。

　この「職業的熟練」の導入の大きな契機は，多年にわたる職業学校関係者の国内的にもまた国際的にも，その教育制度における位置を高めようとする努力にあった。諸外国の事例をふまえて経済界の要請に応えることのできる高等教育機関としての認知を職業学校は求めてきた。職業学校では，職業教育における技能や資格は高等教育の専門学校での教育訓練まで継続しなければ不十分であると考えていた。職業教育・訓練は一般に肯定的に捉えられていたが，その内容に関して普通教育や理論教育の不足が指摘されていた。職業学校には高等教育の専門学校での教育により良く接続するような配慮が求められている。このような視点は政策当局によって既に検討がなされており，労働市場の将来予測をふまえて1996年法の中で適切な方策が講じられている。結果的に「職業的熟練」は高等教育における専門学校に関する議論のなかで形成されてきたといえる。職業教育機関の高度化は単にその名称の変更にとどまらず教育内容の高度化であり，ヨーロッパ水準の公式な要請に対応することを意図したものであ

る［Kiener］。
③ 改革の基盤
　1990年代に教育の領域でなされた改革への努力と新機軸の中の精神はまことに大いなるものがある。その貢献は国内にとどまらず，国際的にも注目すべきものである。ヨーロッパとの関連では，他の領域とともに長期の不況を克服するための改革が課題であった。教育制度の改革に対する国内の必要性と国外からの刺激とがその背後にはあった。教育の改革には異なる当事者から実に多くの要望が寄せられる。今回の改革では経済や雇用はあまり重視されず，また新技術への適応や若者の労働の世界への統合も求められたわけではない。改革の中心は教育制度の多様性をより多く求めることにあった。この改革を主導したのは社会的パートナーではなく，工業学校や職業学校そして教育行政の人々であった。

3．職業教育改革の現状
① 国際化への職業教育の取り組み
　長い間，スイスの教育制度は国民の満足を，必ずしも十分に得てきたわけではない。人々は発達を助長する国際的な職業教育・訓練をベストと考えてきた。しかし職業教育・訓練におけるスイスの独自性は，それを諸外国と比較することがほとんど困難であるところにある。このような伝統的な態度は1990年代初めからのEU参加に関する討論のなかで急速に変容を始めている。「ヨーロッパ互換性」の問題が，教育政策の分野でも，国際的な議論のドアを大きく開くことになった［Gonon］。この動きはスイスの教育制度に関する経済協力開発機構（OECD）の初の調査結果［OECD 1991］が公表されたことにより一層加速された。この調査は，いくつかの領域についての検討はなされなかったが，改革に対する積極的な効果をもたらした。国際的な視点の重要性を認識するようになった。教育制度のあらゆるレベルにおける大いなる開放が一般に求められており，教育政策の担当者も国境を越えた人や労働力の移動が増加していることの認識を深めつつある。

② 普通教育との競合と企業の訓練意欲

　外国からの視点は職業教育におけるデュアルシステムの根拠の問題と関連する。ドイツではデュアルシステムは高い評価を得ているが，その一方で長期にわたってその重要度は低下を続けている。ギムナジウム型の教育に対する需要は高まる一方である。その高い評価にもかかわらず，労働を基底に置いた職業教育・訓練は，その基盤を失いつつある。そして後期中等教育はより普通教育を指向し，高等教育への資格の取得を求める傾向が続いており，多様な選択の可能性を用意するようになってきている。

　このことは現役の若者やその両親だけではなく，訓練を実施する事業所も相当程度希望していることである。とくに技術革新に熱心な企業や海外戦略を進めている企業では，急速に訓練生の受け入れ定員を減らしている。企業は将来熟練工になろうとする訓練生を受け入れる代わりに，ギムナジウムやその他の高等教育の修了者を雇い入れる傾向をますます強めている。

　職業教育の関係者は「職業的熟練」の導入が職業教育・訓練の改革のための一つの方法と考えている。「職業的熟練」は職業教育・訓練を高等教育に接続することで強化し，学問的な関心の高い若者にもアピールするものにしようとしている。職業教育・訓練を望む者は，その訓練の修了の時点でさらに専門教育のコースを開始する可能性を持つべきである。職業教育・訓練とギムナジウムとの間で戸惑っている若者はまず職業教育・訓練へと進むことが望ましい。産業界もこのような考え方に対して大変に好意的である。

むすび

　「職業的熟練」の導入と職業教育・訓練の改革はデュアルシステムの意義を保持する方向で行われている。しかし「職業的熟練」の存在が，後期中等教育段階での普通教育と職業教育の区別に対して大いに挑戦的であるとはいえない。多くのヨーロッパの国々と比較して，スイスでは普通教育と職業教育は単一のシステムとして統合されていない。むしろ後期中等教育では2つのタイプ

の教育を明確に区分しつつ，高等教育への接続の可能性を確保しようとしている。

　職業教育・訓練の分化は学問的な要素に重点を置く方向に進んでいる。既存の職業教育に対するその価値を減じないための改革の圧力も増大している。改革に関与する者はその結果生じる諸問題に対処するとともに自らの一層の改革に努めなければならない。

　スイスの職業教育・訓練の制度と労働市場の関係は，国内の政治的・経済的環境から強い影響を受けているが，スイスの若年者の失業率が成年者のそれより低い水準にあることから，その関係が注目されている。スイスの職業教育・訓練におけるデュアルシステムは，教育訓練におけるコストが相対的に低いことにより，他の工業国においても職業教育・訓練の形態として改めて関心を集めている。21世紀においても，スイスのデュアルシステムの経験は，他の国々に対して有益な教訓を提供する。

参考文献・資料

Blossfeld, Hans-Peter, "Unterschiedliche Systeme der Berufausbiludung und Anpassung an Strukturverändrerungen im internationales Vergleich", (1992) p.50.
Gray Becker, "Human capital, A theorical and empirical analysis with special reference to education", (1964).
OFS, "Recensement des entreprises", Bern, (1998a).
OFS, "Indicateurs des hautes écoles suisses", Bern, (1997).
OFPT, "Baromètre des places d'apprentissage", Bern, (1998).
OFS, "Enquête suisse sur la population active, 1996, Recensement des entreprises", Bern, (1998b).
Ridherd Bardeleben et al, "Betriebliche Kosten und Nutzen der Ausbildung", Bielfeld, (1995).
Philip Gonon, "New efforts at reform of the Swiss vocational trainning system", Vocational Trainning No. 17, European Journal, CEDEFOP, (1999) p.45.
Wettstein E., "Vocational Education in Switerland", Luccerne, DBK, (1994).
Tabin, J. P., "Formation Professionelle en Suisse. Histore et Actualité", Lucerne, Realités Sociales, (1989).

Borkowsky A., Gonon Ph., "Berufsbildung in der Schweiz, Beteiligung gestern und heuteneue Herausforderungen", BFS Bern, (1996).
Bierhoff H. and Paris S. J., "From School to productive Work, Britain and Switzerland compared", Cambridge University Press, (1997).
Wettstein E., Bossy R., Dommann F. und Villiger D., "Die Berufusbildung in der Schweiz, Eine Einfürung", Lucerune, DBK, (1985).
Kiener U., Gonon Ph., "Die Berufsmatur als Fallbeispiel Schweizerischer Berufsbildungspolitik", Zurich, Ruegger, (1998).
Gonon Ph., "Das internationale Argument in der Bildungsreform. die Rolle internationaler Bezüge in den bildungspolitischen Debatten zur schweizrischen Berufsbildung und zur englischen Reform der Sekundarstufe II", Bern, Peter Lang, (1998).
OECD, "Reviews of National Policies for Education−Switzerland", Paris, (1991).
「世界の労働」第49巻7号 20頁
Living and Working in Switzerland, 9. Education, p.133, David Hampshire, 4th Edition, (1993).
Labour Law in Switzerland, § 4. Vocational traininig, p.44, Verlag Stämpfli, (1994).

第5章
我が国の職業教育・訓練

1節　近代日本の職業教育の特質

　近世の日本においては職業と学校の関連づけはほとんど考えられていなかった。また，職業は原則として自由に選べず，変更もできなかった。しかし，生計・職業を維持伝承するための技能・知識の伝授は様々な方法で庶民のなかに存在していた。「しつけ奉公」「丁稚奉公」「行儀見習」「徒弟」などの方式で，職業に関する教育方法が形成されていた。家業を営むための経営管理方針に相当する「家訓」や「家法」のなかには，後継者教育，奉公人の訓練，暖簾内成員の強化等を促し，その教育方法や理念等を規定していた。近世においては，職業教育はそれぞれの職業分野において独特な見習，もしくは徒弟制として存在していた。

　幕末期以降，社会情勢の変化は，近世における学校制度の普通教育的機能と社会制度における職業教育的機能との分立関係を崩壊へと導く。欧米から導入された近代産業を社会において発展継続させるためには，国民大衆の生産活動が基盤に据えられなければならず，彼らが生産技術の基本を学校で理解し，生産労働と社会的な諸関係を見通せることが不可欠の条件となった。明治政府は，国民に基礎的学力を身につけさせるために初等教育の整備に力を入れた。また外来技術の摂取が緊急の課題であったことから，高等教育の整備の必要性も認識されていた。しかし初等教育と高等教育の間をつなぐ中等教育の整備にまでは力が及ばなかった。とくに中等教育における職業教育の整備は明治後期になってからのことである。

　理論面に偏りがちな学校での職業教育に対して，実技，経験，実践などの面

を重視した職業教育のあり方を追求するなかで，政府は明治27年に徒弟学校制度を創設した。ここでは伝統的な職業教育の制度を近代的な学校制度に組み込む試みがなされている。さらに明治32年には実業学校が制度化され，中等教育における職業教育の整備が進んだ。一方で伝統的な職業についての社会制度を，学校の中に導入すること自体が困難な面もあり，学校の職業教育を補完するものとして企業内教育が行われ，日本独特の職業教育の装置が出来上がった。

　日本に限らず封建社会における職業というものは階級の象徴であり，常に身分制度と結びついたものであった。職業は身分的に規定されており，世襲的に従事されるのが普通であった。このような制度は職業身分制度または職業世襲制度と呼ばれ，この制度の下では，職業選択は身分的秩序を乱すものとして禁じられていた。職業教育は庶民の生活の一機能として営まれ，職業に必要な知識，技能，態度などを授ける教育の場は家族の生活の場でもあった。このような職業教育の営みは，日常的，経験的に行われた。

　人材養成は明治初期の我が国教育の重要な理念である。人材養成のための機関は学校である。明治5年に制定された「学制」は，学校の種類を近代産業に対応させる構想を持っていた。中学を規定した29章では，工業，農業，商業などの職業教育の学校を規定していた。しかし当時，これに該当する学校は設立されなかった。明治6年に文部省が布告通達した「学制二編追加」では，その189章以下に専門学校の制度が新設された。この専門学校は，外国人教師によって教授される高度な学校である。また師範学校的な性格も持ち，卒業生は外国の知識・技術を日本語で日本人に教育するという目的もあった。当時これも一つの構想の段階であり，学校の種類を整えた程度にとどまっていた。とくに職業教育についてはそれが機能できる状況にはなかった。学制は日本の当時の社会事情より制度的にはるかに進んでおり，当時の日本の国力では実現することが困難であった。しかしながら明治政府は殖産興業を主導するために関係分野の機関がそれぞれ必要な指導者の養成を試みていた。工部省は伝習所，工学寮などを設け，また大蔵省は銀行学局を，内務省が農事修学場を設けて必要な

技術の教授を行っていた。この他に，民間の需要に応えるために独自の職業教育機関が設置された。商法講習所や三菱商船学校などがこれにあたる。このように明治初期の職業教育は現場と緊密な連絡の下に行われており，産業指導者の養成を目的としていたことが大きな特徴であった［梁1999］。

2節　戦後の学制改革と職業教育

　戦後，アメリカ教育使節団の報告書の趣旨に沿って教育制度改革の具体的方策が立てられ，昭和22年4月に6・3制の小中学校が発足し，翌23年4月からは新制高校が発足した。この年の3月には新教育制度の法制的措置として教育基本法が制定，公布され，同時に学校教育法も公布された。この制度の下での9年間の義務教育年限の拡張は，諸種の職業訓練に対する前提条件としての基礎教育を拡充することになった。

　学校教育法は，中学校の目的は「中等普通教育」を施すことであるとし（35条），中学校における教育を次のように規定している（36条）。(1) 小学校における教育の目標をなお十分に達成して，国家及び社会の形成者として必要な資質を養うこと。(2) 社会において必要な職業についての基礎的な知識と技能，勤労を重んじる態度及び個性に応じて将来の進路を選択する能力を養うこと。(3) 学校の内外における社会的活動を促進し，その感情を正しく導き，公正な判断力を養うこと。このうちの (2) については，中学校における義務教育としての職業教育の目的，方向を明示したものとして注目される。だが，この目的の (2) を達成するために，義務的な普通教育の教科としてわずかに「職業家庭科」が設置されたにすぎなかった。もちろん (2) の目的はその他の普通教育科目をも通じて達成されるはずのものであるが，それは極めて基礎的，間接的かつ観念的にならざるをえない。かくして中学校における職業教育は，主として職業についてのガイダンスや情報提供的性格を持ち，職業家庭科という教科を中心に実施されることになり，この教科を通じて「職業家庭科における基礎的な知識技能及び態度を身につけさせるとともに自己の適性の発見に努めさせ，

職業指導の活動と合わせて職業選択の能力を培」おうとするものであった。その内容は農業，工業，商業，水産，家庭などで，年に105時間から140時間を限度とした必修科目であった。

したがって職業教育・訓練の観点から見ると，戦後の新制中学における職業教育はアカデミカルで観念的であり，実際には簡略化され，戦前の「実業教育」よりも著しく後退することになった。

次に新制高校における職業教育について見ると，学校教育法は，高等学校の目的を「中学校の教育の基礎の上に……高等普通教育及び専門教育を施す」こととし（41条），さらに次の3つの目的を規定している。(1) 中学校における教育の成果を更に発展拡充させて，国家及び社会の有為な形成者として必要な資質を養うこと。(2) 社会において果たさなければならない使命の自覚に基づき，個性に応じて将来の進路を決定させ，一般的な教養を高め，専門的な技能に習熟させること。(3) 社会について，広く深い理解と健全な批判力を養い，個性の確立に努めること。とくにこの (2) の目的を達成するために職業学科が設置された。この中には農業，商業，水産，工業，家庭などの学科がある。そして「学校教育法施行規則」に基づいて各教科の学習指導要領（Course of Study）がつくられ，その中に具体的な学習目標や学習内容，指導上の留意点などが盛り込まれていた。さらに従来，普通教育において専門的指向がおろそかにされ，また実業教育において教養的側面が軽視されてきたことの反省に立って，教養教育とともに専門教育を積極的に普通教育のなかに取り入れ，普通教育と実業教育の対立の止揚を目指した。ここに新制高校の総合制が推進されていくことになる。

したがって，新制高校における職業教育も，職業教育・訓練の視点から見ると，戦前の「実業教育」からは大きく後退した。新学校制度は従来からの実業教育の体制を著しく破壊したばかりでなく，実質的には産業教育の方向を逆にまったく台無しにしてしまった［藤林1953］。普通教育と結合し，その基礎の上に立って広い視野から職業教育を振興しようと企図したはずの新制高校の総合制が，現実にはかえって，職業教育のための施設・設備及び教員を分散さ

せ，普通教育偏重，職業教育軽視の傾向を助長する結果をもたらし，やがて単独制復帰の動きが起こってくることになる［隅谷他 16頁］。

3節　産業教育振興法と職業教育

　戦後の学校教育制度の改革は「産業教育」の視点から見ると，前進というよりはむしろ後退を意味する。昭和25年にアメリカから第二次教育使節団が来日し，新制度のその後の状況を視察した際に，彼らが驚きと失望をもって報告した事項の一つは，産業教育の不振，低下の顕著な点であった。このような産業教育の実態に対して，関係者の熱心な提唱と世論に呼応して昭和26年6月に産業教育振興法が制定公布された。この法律の1条は次のように規定している。
　「この法律は，産業教育が我が国産業の経済の発展及び国民生活向上の基礎であることにかんがみ，教育基本法の精神にのっとり，産業教育を通じて，勤労に対する正しい信念を確立し，産業技術を習得させるとともに工夫創意の能力を養い，もって経済自立に貢献する有為な国民を育成するため，産業教育の振興を図ることを目的とする」
　続く2条では，「そのような意義を持つ産業教育は，農業，工業，商業，水産業その他の産業に従事するために必要な知識，技能及び態度を習得させる目的をもって行う教育である」と定義し，3条において，国の任務として次のように規定した。
　「国は，この法律及び他の法律の定めるところにより，地方公共団体が左の各号に掲げるような方法によって産業教育の振興を図ることを奨励しなければならない
　1．産業教育に関する総合計画を樹立すること
　2．産業教育に関する教育の内容及び方法の改善ため必要な援助を与えること
　3．産業教育に関する施設または設備を整備し，及びその充実を図ること
　4．産業教育に従事する教員又は指導者の現職教育または養成の計画を樹立

し，及びその実施を図ること
5．産業教育の実施について，産業界との協力を促進すること」

この3条により，国は地方公共団体に対し財政的援助その他を通じて産業教育振興の助成を行うべき義務のあることが宣言されたわけである。この法律は産業教育の国策的意義と使命を提唱し，国や地方公共団体の任務を明らかにした。しかしながら，この産業教育振興法はこれまでの産業教育のあり方を根本的に改革しようとするものではなかった。また産業教育の理念，方法などを掘り下げて検討することもなされなかった。したがってその運用にあたってはかなり限定されたものとならざるをえなかった。この法律の実質的な対象の範囲は職業高校にとどまり，施設の充実も戦争により喪失した施設・設備の回復維持に重点がおかれ，財政の援助もかなり限定的であった［隅谷他 42頁］。

4節　戦後の定時制高校の展開

我が国における中等教育の夜学校は，明治6年に制定された実業補修学校や，大正末から昭和の初めにかけて相次いで誕生した夜間甲種中等学校を中心に発展してきた。戦後の学制改革以降は定時制高校として統一され，後期中等教育を広く青少年に開放することを目的として発足した。最初の数年は，校数，生徒数とも急激な進展を見せた。それは戦争や戦後の混乱のために勉学の機会を奪われてきた，意欲的な勤労青少年が，新しい時代を生きるための知識や技術の習得を目指して競うように入学したためである。食糧事情や交通事情の悪いなか，十分な教材の手当てもできない上に停電に悩まされながらも，熱意のあふれる学習の取り組みが行われた。昭和28年をピークとして年を追うごとに定時制高校の生徒数は減少し始める。経済事情が好転し，生活に余裕が生まれたことから，全日制高校への進学が増加するようになったからである。大手の民間企業の定時制高校に対する就職差別は少なくなかった。定時制高校生に対する採用試験を実施しない企業の理由は，「よその職場でしつけられているため再教育がしにくい」「学力が低い」「年齢が高く世間ずれしている」など

が多くを占めていた。種々の偏見と冷遇のなかで，定時制高校の教育が勤労青少年に対する魅力を失い，さらに職場の労働時間に起因する授業への遅刻や欠席，自習時間に恵まれない学習環境が，学力の低下や学習意欲の喪失となり，中途退学者を続出させることとなった。昭和50年代にはかつて全高校生徒数の2割を占めていた定時制高校生は3％にまで落ち込んでしまった。それに拍車をかけたのが，平成に入ってからの中学卒業者の減少である［上田2000］。

5節　職業訓練法と職業訓練体制の確立

昭和33年7月に公布された職業訓練法は，まず「労働者に対して，必要な技能を習得させ，及び向上させるために，職業訓練及び技能検定を行うことにより，工業その他の産業に必要な技能労働者を養成し，もって，職業の安定と労働者の地位の向上を図るとともに，経済の発展に寄与することを目的とする」（第1章総則1条）とうたい，この目的を達成するため，労働大臣は基本的な職業訓練計画を定め（4条1項），これに基づいて，都道府県知事は当該区域内で行われる職業訓練の実施に関し基本的な計画を定めるものとすると規定した（同条3項）。

この計画を実現する訓練体制として，公共職業訓練の制度と事業内職業訓練の制度を設けるとともに，これら双方の職業訓練が相互に密接な関連の下に行われるべきことを規定した（3条1項）。さらに第4章では訓練担当者の資質の向上を図る目的で，職業訓練指導員の免許制を採用し，第5章では労働者の技能水準の向上を図る目的で技能検定制度を設けた。このように職業訓練法は諸制度を相互に関連させることにより体系的かつ総合的な訓練制度を確立しようとするものであった［隅谷他 84頁］。

1．職業訓練制度と学校教育の連携

職業訓練制度と学校教育の連携については，事業所の養成規定による技能者養成制度の発足により，二重通学の弊害の問題として顕在化したが，法制度上

具体的に検討されることがないままになっていた。昭和36年の学校教育法改正で，定時制課程または通信制課程に在学する者が「文部大臣の指定する技能教育のための施設」で教育を受けている場合，その施設での学習で教科の一部を履修したとみなす道が開かれた［細谷1964］。

2．公共職業訓練制度

　職業訓練法は，公共機関の行う訓練をその程度等によって体系づけようとして，労働省令で定める基準に従って訓練が行われるものとした（10条）。これは公共職業訓練がそれぞれの設置主体により独立に行われながら，全体として公共職業訓練の体系をなすこと，さらには公共職業訓練及び事業所内訓練が学校教育法による学校教育との重複を避け，かつこれと密接な関連の下に行われるべきこと（3条2項），また事業所内訓練とも相互に密接な関連を持って行われるべきこと等の理由によるものである。従来の失業対策としての職業補導は職業安定法から切り離され，公共職業訓練の中に吸収されることになったが，公共職業訓練の雇用対策としての側面は，求職者に対する無料の訓練や訓練生に対する手当の支給などを通じて維持されている（11条）。事業所内訓練制度とは，事業主がその雇用労働者に対して，職業に必要な技能を習得させ，または向上させるために行う訓練制度である（2条）。

3．職業訓練行政

　職業訓練法は，諸種の技能訓練制度とりわけ公共職業訓練については，これを職業訓練行政として拡充法制化し，中小企業労働者の技能水準の向上に狙いを置いて体系的・総合的な行政の推進を試みている。なお職業訓練法は昭和30年代に入り，産業界における生産性向上運動や技術革新に対応すべく，従来の年少労働者保護の見地から労働基準法に基づいて行われてきた技能者養成事業と，雇用安定行政の見地から職業安定法に基づいて行われてきた職業補導事業とを，職業訓練行政として統合，一本化し，そして各分野の訓練体制の体系化を試みた。そして，技能のレベルアップと客観化を図り，かつその社会的評価

を高めさせる目的で，技能検定制度を重要な柱として加えた。かくして公共と民間の職業訓練体制の有機的総合体制化を意図し，これによって大企業と中小企業との間の技術，技能水準と生産性の著しい格差，さらには労働力需給の構造的不均衡に対処しようとしたものであった［隅谷他 88頁］。

4．職業訓練行政の推移

　職業訓練行政は，雇用労働をめぐる種々の問題に絶えず対応することを求められてきた。昭和34年には，「エネルギー革命」による石炭産業のスクラップ・アンド・ビルドに伴って炭鉱離職者臨時措置法が制定された。最盛期（昭和32年）に31万人を数えていた炭鉱常用労働者は3年後は17万人に減少していた（『職業研究』1960年1月号9頁）。右法律の施行とともに炭鉱離職者特別職業訓練が田川，飯塚，直方，小野田，美唄など8ヵ所で開始された。この転職訓練は，昭和35年からは，数10万人規模で存在するといわれた農漁村次男三男対策及び中年離職者対策として広範に拡大していくこととなった。

　またこの年には池田内閣が「国民所得倍増計画」を公表し，高度経済成長路線の下，重化学工業化の一層の推進と技術革新による生産性の向上，農業の近代化など産業構造の高度化を強力に推し進めていくこととなった。そのために技能労働力の不足に対処し，中小企業における技術水準の向上を図り，産業構造の転換に伴う離職者，転職者の就業，陳腐化する恐れのある技能工の再訓練などの課題に対処することが求められた。昭和41年には，「雇用対策法」が制定，施行され，職業訓練は，高度経済成長を目指す国の雇用政策の一環として明確な位置づけが与えられた［隅谷他 154頁］。

6節　職業訓練法の改正と職業訓練体制の改編

　雇用訓練法改正に先立って昭和41年「雇用対策法」が制定された。この法律は国の完全雇用に対する責任を国民に明らかにしたものである。しかしこの法律は完全雇用達成のための総合施策を行うことをうたっているにもかかわら

ず，その施策を労働力流動化政策としての労働力政策のみに限定し，規定するにとどまっていた。

　この法律は，国が雇用に関しその政策全般にわたり，必要な施策を総合的に講ずることにより，労働力の需給が質量両面にわたり均衡することを促進して，労働者がその有する能力を有効に発揮することができるようにし，これを通じて，労働者の職業の安定と経済的・社会的地位の向上を図るとともに，国民経済の均衡ある発展と完全雇用の達成とに資することを目的としている（1条）。そして技能を習得し，職業を通じて自立しようとする労働者の意欲を高めるよう努めなければならないとしている（1条2項）。

　この雇用対策法によって，職業訓練施策は，その法のうたっている完全雇用政策の重要な柱として位置づけられることになった。しかしながら，他方で，雇用対策法は持続的高度経済成長を目指す上で重要な労働力流動化政策の一環として職業訓練施策を位置づけることにも力点を置いていた。国は，各人が，その有する能力に適し，かつ技術の進歩，産業構造の変動等に即応した技能を習得し，及び産業の必要とする技能労働者を確保するため，技能に関する訓練の充実する施策を講じることになっていた（3条2項）。また，就職が困難な者の就職を容易にして，労働力の需給不均衡を是正するために，労働者の職業の転換，地域間の移動，職場への適応等を援助するために必要な措置を充実することとされていた（同条4項）。

　労働大臣の諮問に対する中央職業訓練審議会の答申をふまえて昭和44年7月に新職業訓練法が成立した。この答申は，職業訓練における生涯教育訓練体系の確立を構想したものである。その一つは，職業訓練の理念を打ち出したことである。その中で，職業訓練と「密接な関係を持つ学校教育の分野においても，……従来の学識偏重といわれていた学校教育を本来の「学・術」併立の制度に立ち返りうるよう改め，学校における職業指導を充実し，早い時期から青少年に正しい職業観をあたえ……」，「学校関係者の間においては従来とかく進学重視の傾向が見られたが，学校教育の本来の使命に即しつつ，将来の職業生活のしっかりした基礎を付与するような配慮が望まれること」を指摘している

(「答申」序論)。

　答申は，従来の職業訓練の体系には，段階的，体系的に実施するための各種の訓練体制が皆無に等しく，転職訓練についてもその体系上の位置づけが明確でないことなどを指摘している。すなわち旧訓練法がもっぱら産業労働力の確保をその基本的視点とし，その上に立って施策が構築されており，したがって，それは新たな経済社会に対応する生涯訓練としての職業訓練の理念に欠けていると批判している。しかしこの答申の後も，終身雇用を建前として教育訓練体系を整備，確立してきた大企業を別として，その他のほとんどの訓練体制の実態は，この答申が構想したものとかけ離れた方向に進展しつつあった。

　新職業訓練法は，労働者の職業生活の全期間を通じて職業訓練が段階的かつ体系的に行われなければならないとしている（3条）。そして職業訓練は学校教育との重複を避けるとともにこれと密接な関連の下に行われるべきこと（同条2項），そして，青少年に対してはとくにその個性に応じその適性を生かすよう配慮して行われるべきこと（同条4項）などが規定された。そして新職業訓練法4条では，関係者の責務（努力義務）が規定された。次に，労働大臣が策定する職業訓練基本計画（5条）に関して，「関係行政機関の長及び都道府県知事の意見をきくものとする」として，地方の実態を考慮し，地方のニーズに応じた職業訓練のあり方を追求している。ここでは公共職業訓練における地方分権化の考え方がある程度，考慮されていると見られる［隅谷他 244頁］。

7節　職業能力の開発と職業教育の現状

　職業能力は社会や経済の発展と，個人の職業生活における自己実現をつなぐ環である。この職業能力を開発する教育訓練システムを実効のあるものに整備していくことは，重要な課題である。ここでは今日の職業教育が抱える困難な課題の解決の道筋を検討する。

1．産業社会の高度化と職業教育

　職業教育・訓練はそれが行われる社会の産業構造及びその発展の程度と無関係ではありえない。このことは産業構造と対応しない職業教育・訓練はその存在理由を失うことを意味し，また産業発展の程度に合致しない職業教育・訓練はその効果を大きく削がれることになる。日本の産業は世界的にも最高の技術水準に達しており，システムの面でも相当に高度化している。かつて日本の産業はその二重構造が特徴であるとされてきたが，技術やシステムの面では大企業においても中小企業においてもその差異は縮小しているといわれている。最先端の技術やシステムが中小企業においても積極的に導入されている。これらの技術やシステムの進歩をフォローし職業教育・訓練がその成果を確保していくためには，現状はソフトの面でもハードの面でも必ずしも十分であるとはいえない。産業界はこの状況をふまえてすでに早くからOJT等の訓練技法を導入してこれに対処している。職業教育・訓練のあり方が問われる理由の一つはここにある。

2．高校における職業教育の困難

　高校への進学率はすでに9割を超えて久しい。進学率が上昇して多くの人々が後期中等教育を受けられるようになることは基本的に望ましいことである。だが現実には，荒廃する学校現場も少なからずあり，また中途退学者も年間に全国で10万人を超えている。これらは高校教育一般の問題であるが，とくに職業教育を担当する高校において深刻である。学校での学習を通じて，自己実現のできない生徒があまりにも多い。この生徒たちにとっては学校とは抑圧の機構であり，それが憎悪や忌避の対象となっても不思議ではない。基礎的な学力の不足による学習内容に対する理解の難しさがしばしば指摘される。一方で産業における技術やシステムはますます高度化している。職業教育のあり方の問われるもう一つの理由はここにある。

3. 定時制課程の理念

　学校教育における定時制課程は，すべての人々に教育の機会均等を実現することをその理念としてきた。すなわち経済的またはその他の理由により全日制の高校への進学が困難な者に対して高校教育を受ける機会を保障するために定時制高校は設置されている。かつて東京都だけでも100校以上もの定時制高校が設置され，ピーク時には5万数千人もの生徒がそこに在籍していた。昨今では定時制高校に在籍する生徒の数は著しく減少している。この減少の第1の理由は全日制の高校に就学する生徒の増加傾向が全国的に続いたこと，そして第2の理由は地方の中学を卒業したのちに上京し，就職するとともに，職場の近くの定時制高校に入学する者が急激に減少したことである。とくに地方からの定時制高校への入学者はピーク時に4万7000人もあったが，今日では大変に珍しい存在になっている。

　このような事態に対処し，定時制高校の活性化を図るために種々の措置が今までにとられてきた。その1つは就学希望者に対するカウンセリングサービスの拡大であった。10数名の就学相談員が5ヵ所の就学相談所に常駐し，定時制高校への就学及び学習の継続に関するアドバイスとガイダンスを行ってきた。また若年勤労者とその雇用者に対して定時制高校に関する情報の提供も行った。その2は就学を促進するための財政的な支援の拡大であった。定時制高校の生徒に対する教科書の無償貸与，修学旅行経費の助成，給食経費の補助などである。その3は広報活動の拡大であった。労働経済局の協力を得て定時制高校の広報文書を雇用主や一般の都民に配付するとともに，個々の工業，商業の事業所への訪問による広報も積極的に実施された。また定時制高校をより魅力的なものにするための施策もとられた。全定併設校における定時制専用の教材室，集会室，食堂の整備が進められた。また定時制高校では中途退学者，原級留置が多いことにかんがみ生徒の学習や生活に関するガイダンスやカウンセリングの充実が図られた。

　このような措置や施策とともに教育の内容と方法の改善も進められた。定時制の生徒は能力，適性，年齢，及び職業などの面で非常に多様である。このた

め個別指導の強化，わかりやすい授業の実施など，教育内容と方法の改善の努力がなされた。

　かつて定時制高校の存在理由は教育の機会均等の保障という憲法上の理念の中に存在し，その実効性を確保するために多くの施策がとられてきた。今日，就学保障措置の整備と人口動態の変動による児童生徒数の激減から，全日制課程への全入が可能となりつつある状況においては，高校教育の機会均等の保障という定時制高校の存在理由は止揚されたといえる。その役割を終えた定時制高校は可及的すみやかに整理され歴史的存在として過去のものになるのだろうか。

4．職業教育における連携と継続

　教育の機会均等という憲法上の理念は本当に実現されたのであろうか。全日制高校に全員が就学可能となったという現時点の現象だけを見ればそうともいえる。しかし，現実には，荒廃する学校現場があり，膨大な数の中途退学者が存在し，しかも職業教育を担当する高校においてこの事態は深刻である。生徒の抑圧の機構となり，憎悪や忌避の対象となっている学校は，はたして本当にこのような理念を実現し保障しているのだろうか。一方で産業における技術やシステムはますます高度化している。社会や経済の発展と，個人の職業生活における自己実現をつなぐ環である職業能力の開発を担う職業教育にとって事態は深刻である。

　職業教育のあり方に関する諸外国の制度を見ると，そこには人的資源を産業社会の土台とする基本的な発想があった。このことは経済大国といわれるようになった我が国の場合にも忘れてはならない視点である。戦前の複線型の教育制度における実業学校が，地域の産業社会と密接な結びつきを持ち，地域社会に貢献していたことはよく知られている。だが今日そのような状況は存在しない。また戦後の高度成長期に技術高校において産学協同型の職業教育が行われたが，観念的な批判のなかで消滅した。かつて定時制高校が培ってきた豊かなノウハウを活用し，地域の産業との連携の可能性を模索し，職業上の関心と必

要性を学習と整合させ,さらに高度な教育訓練への継続も保障するなかで,個々人が自己実現を図ることのできる職業教育のあり方を考える必要がある。

現場の教員の努力と創意は何よりも大切であるが,それにも自ずと限界がある。職業教育のあり方に関する総合的な議論と抜本的な制度改革が必要となっている。

我が国において,職業教育と地域や産業との連携は少ない。これには産学共同に対する消極的なイメージと,企業の文化や教育に対する理解の状況が反映されているが,職業教育における連携のための,積極的な地域ネットワークの構築に向けた新たな取り組みが必要である。また職業教育においては,上級の教育機関との接続関係が十分に配慮されなければならない。我が国の場合,専門高校・大学・大学院を一貫した職業教育の枠組みとしての検討も考えられる。公共職業訓練機関との接続についても,重複を省いた一貫カリキュラムをつくり,意味のある連携を模索すべきである。専門学校との接続についても,その可能性は大きい。高校段階における我が国の職業教育は,その専門性という観点からは現実の経済環境の下ではやや中途半端な傾向がある。専門的な職業資格の取得との関連でとくにこのことがいえる。上級教育機関との接続の下に高校の職業教育はその成果を一層高めることが可能になろう。

参考文献・資料

梁忠銘『近代日本職業教育の形成と展開』(第1版・1999) 8頁
藤林敬三「産業教育」(1953・9) 20頁
上田利男『夜学』(増補版・2000) 356頁
細谷俊夫「日本労働協会雑誌」(1964・6) 7頁
隅谷・古賀『日本職業訓練発展史・戦後編』(第1版・1978)
「世界の労働」48巻11号

第6章 職業教育改革の国際比較

　近年，政策担当者は初期及び継続段階の職業教育・訓練に対する注目を強めている。この傾向は多くのヨーロッパ諸国で見られる。その結果，職業教育の重要性は高まっている。政治家たちは，職業資格が若者に良好な職業キャリアを提供し，失業との闘いを助け，その脅威を緩和するものと確信している。同様に，政治家たちは熟練労働者の活用の範囲が広がることが企業の競争力を高めることになると確信している。この職業教育・訓練の肯定的な評価は，困難な状況を解決する戦略の重要な要素として政策形成において注目を集めている。政策の詳細は，初期及び継続段階の職業教育・訓練の対象，内容，水準だけでなく，その資金の投入にまで及ぶ。

　基本的に，職業教育・訓練に関する財政は国家の行政制度に組み込まれており，社会的な合意に沿って，国や企業そして個人が直接または間接に負担できる範囲で支出が行われる。その場合，投資効果はあまり顧慮されることはない。職業教育・訓練の財政システムでは，資金の投入先やその経路は組織機構や施設の配置などによって決定される。初期及び継続段階の職業教育に対する全体的な財政支出のパターンは，とくに労働市場の国際化や技術革新等により外部環境が変化した場合には，支出の構造として個人や企業にとって適切で満足のいく訓練を提供することに失敗している。このような状況は対象となる集団，地域，産業部門の利益になるような形での資金の流れの，新たな方向づけ，集中，増加を求めている。このような政策の政治的な反作用は多様である。世論は既存の資金投入システムの弾力性の欠如を，沈滞の根本的な原因であると見ており，伝統的な制度の抜本的な改革あるいは全面的な廃止を求めている。

　ドイツにおける職業教育・訓練のための資金投入システムに関する議論は，

先進的な事例として近隣諸国の注目を集めている。ここではヨーロッパ4ヵ国（デンマーク，フランス，イギリス，ドイツ）の資金投入のシステムに関する比較を行う。

1節　職業教育・訓練政策と効率性

1．国家の規制と計画

　4ヵ国における国家の資金の投入と規制の概要は次の通りである。

　国家は全日制の学校における初期及び継続段階の教育訓練の経費の大部分をを負担する。しかし国家の関与の規模は基本的な統治制度の違いにより，国によって異なる。

　デンマークとフランスでは，企業は法律により，職業教育・訓練に対する資金投入の貢献を求められている。その貢献の程度は企業の規模を考慮に入れることもある。フランスの企業は，初期及び継続段階の職業教育・訓練のすべての領域について貢献を行うことが義務となっている。デンマークではすべての企業は，初期の職業教育・訓練のための負担金の支払いを法律により求められている。デンマークの継続段階の職業教育・訓練に対する資金投入は労使の拠出による労働市場基金から行われている。この基金は，1995年までは全額国庫により賄われていた。

　ドイツとイギリスでは事業所ごとの初期及び継続段階の職業教育・訓練は自発的に行われており，その資金も事業所が支出している。企業の資金投入に関する法的な義務はない。ドイツでは労使による雇用保険の拠出金の一部が，企業ベースによらない未熟練の若年者の訓練と失業者の能力開発のために使われている。これも広い意味では企業にとっての間接的な費用負担と考えられる。

　この4ヵ国は学校外での職業教育・訓練に対しても直接または間接に資金面での関与を行っている。イギリスではNVQ（全国職業検定）やTFW（労働のための訓練）などのプログラムへの資金提供を通じて，この分野では最大の国家的拠出を行っている。これらのプログラムの参加者は統一の試験に合格す

ることによって，様々な水準の職業資格を取得することができる。デンマークでは企業ごとの初期職業教育・訓練に対する国の資金投入は企業の負担額の4分の1程度である。一方で国家は継続段階の職業教育・訓練のための資金の相当部分を負担してきたが，今日その額は減少している。

　ドイツでは原則として補助金の形での，企業ベースの職業教育・訓練に対する直接的な資金投入は差し控えられている。連邦憲法裁判所（Bundes Verfassungs Gericht）の1980年12月10日の判決は，社会的集団としての企業に対し質・量ともに満足のいく訓練の場所を継続的に提供することを義務づけている。しかしとくに，東ドイツの諸州では十分な訓練場所を供給することが継続して困難であったことから，この原則は常に無視されてきた。連邦政府の報奨金が訓練契約に対して支出され，また連邦及び州政府は企業ベースの訓練に代替する，EUの支援する地域主導のプログラムに対しても資金供給を行っている。とくに，州では突発的な困難を緩和するための対象と手段を限定した多くのプログラムに対しても，資金提供を行っている。国家による長期の支援は，中小企業の行う企業内訓練を補完する，中央での職業教育・訓練の事業に対する資金の供給と費用の分担を目的としたものである。

　ドイツの継続訓練参加者に対する支援は，職業訓練手当，初期訓練の奨学金，低利の貸付などの形態をとっている。

　フランスでは，国家は労働市場において困難を抱えているグループに対して，税による財源から訓練を行っている。また企業も税の優遇を受けて訓練を実施している。これによる税の減収も，国家の職業教育・訓練に対する資金供給に相当する。

2．社会的パートナーとしての労使の役割

　デンマークは社会的パートナーを，初期及び継続段階の職業教育・訓練の資金面での運営に，参加させることに関して特徴的である。全国協約及び地域協約において個別的な資金拠出を減らしていることが目新しい。ドイツでは初期段階の職業教育・訓練に対する資金供給に関する労働協約は建設産業に限定さ

れている。いくつかの産業部門では近年労働組合が訓練手当の減額または凍結に合意しており，さらに使用者の訓練への関与の見返りとして，賃金引き上げ要求を差し控えている。

　フランスでは，企業が支払う制定法上の訓練関係税は企業の賃金支払総額の2.5％となっており，その一部は地域または部門ごとに合意された基金を通じて補助金として訓練を実施する企業または団体に提供される。イギリスでは職業教育・訓練は個別企業の資金で実施されるが，ドイツのように体系的に規整された形にはなっていない。労働組合の影響力はとくに1980年代にその政治的役割が削がれて以降，失われている。

2節　職業教育・訓練の効率化と財源

1．資金の拠出

　これら4ヵ国すべてにおいて，職業教育・訓練の際に参加者の負担する直接的また間接的な経費の比率は，国家の決定によるものであり，また一部は社会的パートナーや企業の決定の結果でもある。技能の向上のための継続教育訓練の領域では，とくに現在の一般的な政治状況が著しく個人の負担する経費の額に影響を与える。財政が逼迫し，労働市場が危機的な状況にある場合には，政策担当者は各種団体からの高い資金拠出を求める傾向がある。このような政策との関連において，実質的に教育に対する関心が低下することはない。ドイツでは連邦労働省が失業保険からの資金の使用を完全に停止しており，労使の均等な拠出で進んだ職業教育・訓練の経費を賄っている。この場合，欠損については立法措置よりも国が部分的な拠出を行うことで緩和を図っている。

　イギリスとドイツ以外の国では，補助の有無にかかわらず，教育訓練の受講者の授業料に対する税の控除はほとんど行われていない。国は直接的にも間接的にも個々人の教育訓練に関する経費については協同で負担することにしている。

2．企業の共同による資金拠出

　職業教育・訓練の財政面での改革に関するドイツの20年にわたる労使間の議論は新しい段階に入っている。その引き金となったのは，不況による企業内訓練の減少と人口構造に由来する訓練需要の増大である。労働組合は，個々の企業の訓練経費の負担はデンマークやフランスのように訓練を行っていない企業も，協同で負担する方式に改めるべきであるという主張を繰り返している。使用者側はこのような国家の介入に道を開くような方式には反対している。

　フランスやデンマークのモデルをドイツに適用する場合，デンマークの年間の訓練供給が需要を15％以上下回っており，訓練全体に占める企業ベースの訓練の割合がドイツの水準を下回っていることも忘れてはならない。他の国の財政方式の導入が成功するか否かは，その職業教育・訓練が受講者の利益を第一にしているか否かによる。デンマークそしてフランスにおいても，企業内訓練の比率（従業員に対する訓練生の割合）はドイツよりも相対的に低い。ドイツの6％に対してデンマークでは2.5％にとどまる。集団的に組織された資金の拠出は企業内訓練の効率が低い場合には，一定の刺激をもたらすことになると思われるが，その現実的な根拠は明らかでない。あらゆる職業分野を緻密な初期職業教育・訓練のシステムが貫徹しているドイツの場合には，その影響について懐疑的である。大部分の訓練は資金的なインセンティブを求めることなく企業により提供されている。それは一つの伝統であり，また一定の見返りがあるからでもある。

　しかし，ドイツの使用者もそのコストを，訓練を行っている企業とそうでない企業との間で公平に分担する必要性がないとしているわけではない。このことは労働協約や同業団体の規約において，訓練と技能の質を確保するための企業ベースでない初期職業教育・訓練に関する，資金拠出の規定のなかにあらわれている。

3．税制面での優遇

　この4ヵ国の職業教育に関する財政については，フランスを除いて，いずれ

の国も職業教育・訓練の質と量を充実し改善するインセンティブを提供する，国家の財政政策が存在していない。

　EU 委員会はこの政策分野の施策について検討を行っている。EU が1995年に出した「教育と学習」に関する白書では，学習型社会に向けた EU 委員会の第五の目標が示されている。それは資金の投入であり，適切な政策の要請である。ここでは訓練に対する支出は人的資源に対する投資であり，このための税の活用は資本投資と同様に把握するべきであるとしている。フランスの初期及び継続段階の職業教育・訓練に対する平均以上の支出を行っている企業に対する税の投入は，ドイツにおいても最も有効で透明性の高い税の活用の方式であると考えられている。同様な財政面でのインセンティブは訓練を行っている事業所に対する，税の減免などの措置によっても達成することが可能である。

4．訓練バウチャーについて

　訓練バウチャーは職業教育・訓練の需要を喚起するための，インセンティブとしての活用が可能である。訓練バウチャーは若年者や成年者が訓練機関での受講料等の支払いを保障されることによって訓練を受けやすくする制度である。

　しかし，これも企業ベースの職業教育・訓練の供給と，資金措置のなされた訓練促進プログラムとのギャップを埋めることはできない。経費の一部を補塡するバウチャーは一定の訓練需要を支えることはできるが，訓練希望者が残余の経費を負担する意思がある場合に限られる。そして潜在的な教育訓練需要を減少させるリスクも伴っている。資金の問題の解決は訓練の受講者の個人のレベルにとどまるものではなく，労働市場全体に不利益を及ぼすものでもある。バウチャーの制度は最近イギリスでも導入されており，潜在的な訓練生の意欲とともに労働市場におけるその立場を強化している。しかし政府と訓練実施団体との契約が改定され訓練件数が増加しなければこの制度も機能しない。バウチャーの利用は若年者に対してのみ，訓練の需要側と供給側の双方にとって，継続段階の教育訓練においては一層効果的である。

3節　職業教育・訓練の効率化への取り組み

　政治家は職業教育・訓練の領域における政策の立案を強く求められている一方で，研究者は職業教育・訓練に対する財政措置の手続きと方法の効率化の問題に関する包括的な解答の提示が要請されている。しかしこの問題に関するデータは著しく不足している。

　職業教育・訓練の成功を測定することは困難である。その理由は一般的に承認されている評価の基準が存在しないことと，失敗と成功の原因について分析しにくいこと等が挙げられている。

1．ドイツ

　資金投入による効果の測定は需要に応じた投入量の確定を意味するが，ドイツの2つの事例は効率に関して信頼できるデータを得ることが大変に困難であることを示している。ドイツには法律で規制された徴収制度が1976年から80年まで存在した。政府は訓練機会の少ない企業に対して徴収することができた。この制度によって徴収された資金を企業ベースの訓練に役立てることがその理念であった。状況がこの制度の適用を要請していても，実際にはそれが適用されることはなかった。この規制が実施されている間，企業は訓練件数を増やしたが，全体として訓練需要とは適合しなかった。この規則が手続きの面で憲法違反であると判断されてから後は，訓練件数の増加も止まった。今日まで，ドイツでは課徴金の脅威と企業の訓練件数の増加との間の因果関係に関する科学的な調査は行われていない。政府も労使もこの方式を再び導入しようと試みることはなくなっている。

　建設部門では1970年代中頃から一般の労働協約の中で課徴金方式が定められており，訓練需要の増大に対応して多くの訓練契約が締結された。しかし1980年代半ば以降，訓練に対する一般的な需要が減少するとともに，訓練契約の件数も半減した。それでも課徴金制度を導入する以前の水準を下回ることはなか

った。

　職業教育・訓練のコストと質の関係はさらに評価が複雑である。1974年に専門家委員会が職業教育訓練に関する助成とその成果をインデックス化したドイツ型の評価方式を考案した。組織，技術，人材，訓練方法などが助成の要素として挙げられており，成果としては訓練によって達成される職業的・社会的能力をその要素としている。資金投入の方式の評価については実施されることはなかった。

2．イギリス

　訓練に対する資金投入の管理についてはイギリスでは批判的な立場から調査が行われており，国の資金はポイント制により訓練実施団体に配分されている。その際の主な基準は，訓練プログラムのコストの差異，訓練生のコースの修了率，訓練の予約率，訓練生の就職率となっている。1994年に実施された調査［Felsted］によれば，ポイント制の導入によって高コスト型のプログラムは減少し，安上がりで平易な短期の訓練コースが増大している。政府の資金投入に対する条件が現実には，資金投入を通じて職業教育・訓練のより良質な成果を達成するという目的とは正反対の結果をもたらしている。

3．フランス

　国立統計局（INSEE）の調査によるとフランスでは1989年から1993年までの間に調査の対象となった雇用者の25%が継続教育訓練に参加していた。一方で継続教育の助成に関する法律が施行された直後の1973年から77年までの間の参加率は11%にとどまっていた。またこの調査によれば継続訓練に参加した後の雇用者の収入は平均で2.5%上昇していた［Goux］。

　異なる国の間での職業教育・訓練に対する資金投入の規制に関する評価は著しく困難であり，その必要性も疑わしい。職業教育・訓練のシステムは長い年月をかけて確立されたものである。その機構や組織は各国の経済的・社会的諸条件や哲学的・文化的な土台によって規整されており，不可能ではないにして

も，その比較を一層困難にしている。その困難のなかには深刻な方法論上の問題も含まれている。

今日の諸問題を精密に解決することはできないとしても，ヨーロッパで行われている具体的な取り組みについては，その成果を検討すべきである。職業教育・訓練の財政についてはその調達のネットワークを多面的に展開することにより，その透明性を確立することが可能である。またそのことは，EUの1995年の白書が指摘するように人的資源会計に関する重要な情報を提供することになっている。

職業教育・訓練の効率を高め雇用や経済的，社会政治的な要請に応える資金投入のシステムのための平易な処方箋は存在しない。広範な社会的コンセンサスの土台に立ってはじめて職業教育・訓練のシステムの財政面でのコントロールは最大の効果を発揮することになる。その政策決定は職業教育・訓練に関わるすべての集団の合意が必要である。

4．職業教育の3類型と効率性

初期職業教育には3つの類型があり，民間と公的部門との関与のあり方によって区分されている。第1の類型は，イギリス，アメリカそして日本などにおいて見られる市場中心型のモデルである。ここでは，国家の介入は少なく，企業の要請に焦点を当てた職業訓練と，学校教育制度とは直接のつながりを持たない。第2の類型は，フランスやスペインなどにおいて見られ，職業教育・訓練に国家がその計画と規制の両面から介入することを特徴としている。この場合，職業訓練は学校教育制度と密接な関係を持つが，市場との直接の関係は希薄である。第3の類型は主にドイツ，オーストリア，スイスなどに見られ，国家の管理の下での市場指向型の類型である。これらの国々の見習訓練の制度は公立の職業学校の教育制度を土台としている。職業学校は，企業とともに研修生の教育訓練の責任を分担し，密接な関係を相互に維持している［Guillermo］。

ドイツ，オーストリアそしてスイスにおける若年者の比較的低い失業率は，

これらの国々の職業教育・訓練における「デュアルシステム」に負うところが大きいとされている［OECD 1994］。デュアルシステムは，学校における職業に関する理論の学習と事業所における実技の訓練を交互に行う職業教育・訓練の形態であり，これらの国々の若年者の低い失業率との関連から，目下世界的に注目されている。しかしこの交互的な職業教育・訓練システムは，アメリカやイギリス，そしてフランスに顕著に見られるような，単により良く若者を労働市場に統合しようという要請にのみ基づくものではない。

4節　職業教育・訓練におけるデュアルシステムの効率性

　職業教育・訓練におけるデュアルシステムについて語られる場合，ドイツの初期職業訓練に言及することが典型的であるが，このデュアルシステムはスイスにおいても1世紀以上の伝統があり，職業教育政策の立案者に対して有益な経験と教訓を提供してきた［Wettstein］。職業教育・訓練はスイスやドイツでは若者たちの高い評価を受けており，スイスの若者の4分の3，ドイツの若者の3分の2が義務教育のあとに，初期職業教育・訓練に進んでいる［OECD 1998 p.169］。またスイスではそのうちの多くが義務教育修了と同時に職業教育・訓練に参加しており，ドイツでも多くの学生が中等教育において大学入学資格（Abitur）取得後すぐに職業訓練を受けることを希望している。またドイツでは，後期中等教育に在籍中の生徒の20.7%が基礎的な職業教育・訓練に参加している［OECD 1996］。

　このようなドイツとスイスの間の相違の背景には明らかに高等教育への進学率の差異がある。ドイツの進学率は27%であるがスイスのそれは16%にとどまっている［OECD 1998 p.18］。上級の職業資格を持つスイスの若者は原則として大学に進学しない。スイスにおいても，またドイツにおいても，初期の職業教育・訓練を希望する若者は，フルタイムの教育訓練を行う職業学校への入学と，職業学校での訓練と企業での訓練とをあわせて行うデュアルシステムのコースとを，選択することができる。スイスの若者はドイツに比べてデュアルシ

ステムによる職業教育・訓練を選択することが多く［OECD 1998 p.169］，スイスの企業もデュアルシステムの職業訓練に積極的に関与する姿勢を示している。

　スイスもドイツもともに，デュアルシステムが企業や政府そして研修生に多くの利益をもたらしてきた実績にもかかわらず，1980年代半ば以降，この訓練を実施する事業所の減少が続いている。スイス政府も，ドイツ政府と同様にこの事態に直面して，より多くの事業所が若者の訓練に関与するように働きかけを行っている。このため，スイスの企業の訓練に伴う損益を分析し，デュアルシステムによる職業教育・訓練の活性化のための検討も行われている［Siegfried］。

　職業教育・訓練における若者の参加の割合が，その国の職業教育の主流となっているモデルと密接に結びついていることは注目すべきである。すなわちスイスやドイツのようにデュアルシステムが主流となっている国々では，職業教育・訓練に参加する若者の割合が相当に高い。職業教育の「国家主導モデル」を選択しているスペインやフランスがこれに続いている。「市場モデル」をとる日本などでは職業教育への参加が最も少ない。

　スイスでは，15歳または16歳の若者で職業教育・訓練へ進むことを決定した者は，フルタイムの職業学校での教育訓練またはデュアルシステムを選択することができる。デュアルシステムの職業教育・訓練はスイスやドイツでは一般的であり，職業教育を受けている生徒のうちスイスでは87％，ドイツでは68％がこの訓練形態を選択している。これとは対照的にスペインやフランスでは大部分の生徒がフルタイムの職業学校に進学しており，デュアルシステムを選択する者はフランスで20％，スペインで5％にとどまっている。日本ではデュアルシステムが存在しない［OECD 1998 p.169］。

5節　イタリアとブルガリアの職業教育・訓練事情

　イタリアとブルガリアはその経済発展の過程を大きく異にする国であるが，

ともに雇用失業対策には頭を悩ませており，職業訓練に大きな期待を寄せている。

1．イタリアの職業訓練

イタリアでは職業訓練には，それを目的とした有期雇用契約，州の訓練プログラムによる資格の取得，EU の資金供与に基づく業種別訓練の 3 つの形態がある。職業訓練はイタリアでは州の所管とされており，政府はそのコーディネーションをもっぱら行う。この訓練には国の予算と EU の基金が利用できる。EU 資金による訓練では，EU に計画書を提出して基金の支出を受ける。EU からは教材，講師，教室が提供され，企業にはその修了者の50％を採用する義務がある。職業訓練については全国レベルで政府・州・企業・労組の代表が集まり，基本計画を立てることになっている。

州レベルでも訓練推進機関を設け，訓練プログラムを運営している。州の訓練プログラムはローマ地方の場合，既存の数10ヵ所の専門学校を使用して実施されている。しかし現行の州レベルで行われている公的な職業訓練は企業の意向に沿ったものとはなっておらず，労働者の賃金の引き上げのための資格として利用されることが多いという，使用者サイドの批判がある。

イタリアでは学校教育は企業の要請に応えていないのが実情である。学校教育の制度のなかで職業教育も行われているが，それは技術の進歩に追いつけないのが現実である。採用後，企業においてもう一度はじめから教えなければならない状況にある。今後は企業も職業訓練投資を増大する必要がある。大企業ではすでに一定の技術教育・訓練を実施しているが，中小企業では企業内の教育・訓練は困難であるとされている。政府は有期労働契約による若年者の企業内訓練を推進している。この企業内訓練では賃金と社会保障費の一部を政府が肩代わりしている。新技術の訓練を企業内で実施するところも増えつつあり，政府もこれを積極的に支援し，補助金の交付を行っている。

労組は，職業訓練に関してイタリアは好ましくない状況にあると見ている。イタリアの教育は良いほうであるが，職業訓練については個人的な努力が必要

である。また州も相当な予算を職業訓練に投入しているが，新技術に対応した訓練が不十分であり，その適切な運用が行われておらず，コンセプト自体に誤りがあると労組サイドは見ている。組合としてはドイツ型と日本型の中間タイプの職業訓練を構想している。つまり企業内と外との訓練を組み合わせて実施したいとしている。州政府に対しては，その職業訓練のプログラムの見直しを求めている。

2．ブルガリアの職業訓練

　ブルガリアの職業訓練は学校で実施されるものと，成人を対象としたものとの2つがある。後者は在職者と失業者の両方を対象にした訓練が行われている。文部省と労働省がそれぞれを所管するが，両省間で調整が行われる。改革に伴う失業の増加を受けて，再訓練を促進するために政府の基金が投入されている。民営の職業訓練機関も登場し始めている。失業登録を済ませている者は無料で訓練を受けることができるが，経済の停滞のため就職には結びつかず，成果はあまり上がっていない。現在の失業者の大半は未熟練労働者であり，今後は雇用の未充足分野を見極め，それにあった訓練コースを設定することにしている。

　労組サイドではまず政府が雇用政策のプライオリティーを明確にすべきであり，国の投資順位に沿った職業訓練が行われるべきであると考えている。

　雇用者は給与の7％を職業訓練基金に拠出している。現在のプログラムではビジネスにおける必要性が反映しておらず，このファンドの運用にも雇用者の意見が反映されていない。この基金の2分の1は自社内での再訓練に使用し，政府の訓練プログラムの立案にも使用者が参加すべきであるというのが，現地の商工会議所の主張である。

　経済の発展のためには人的資源の最適な利用が肝要である。イタリア，ブルガリアの両国はそれぞれの歴史的な経緯をふまえつつ，独自の社会事情に対応した雇用対策と職業訓練を進めることにより，人的生産力の有効な活用による自国の経済の健全な育成を望んでいる。世界の各国は相互にまた国際機関等を

通じてこの分野の情報・経験・技術の共有を進めることが大切である。

参考文献・資料

CEDEFOP, "The funding of vocational education and training, an international comparison of objectives and impact", Vocational Trainning No. 17, European Journal, (1999) p.38.

Felstead, "Funding Government Training Schemes, Mechanisms and Consequences", British Journal of Education and Work, Vol. 7, No. 3.

Goux, "Train or Play, Dose it Reduce Inequalities to Encourage Firms to Train their Workers?", INSEE La Courna 14.

「世界の労働」48巻1号

Guillermo Labarca, "Education in basic skills and training for productive work", (1996) p.57.

OECD, "The job study－Facts, analysis, strategies", (1994) p.10.

Wettstein et al., "La formation professionnelle en suiss", (1989) pp.18-33.

OECD, "Education at a glance: Indicatrs", (1998) p.169.

OECD, "Education at a glance: Indicatrs", (1996) p.123.

Siegfried Hanhart and Sandra Bossio, "Cost and benefits of dual apprenticeship: Lessons from the Swiss system", International Labour Review, Vol. 137, (1998) No. 4.

「世界の労働」第45巻2号（1995）18頁

第4編

若年非正規雇用と職業指導の法理

はじめに

　ここでは学卒無業者の増加，フリーター等の不安定雇用の増大，若年者失業率の急騰などの若年者労働市場で生起している諸現象を確認するとともに，若年非正規雇用の問題点を整理し，若年非正規雇用の増大の背景にあって，これまでの職業指導が果たしてきた役割を検討する。その制度論及び機能論的な分析をふまえて，職業指導の法的な位置づけを明らかにする。その上で，若年者に対する雇用保障としてのこれからの職業指導を導く法理（法的規範）について考察する。

第 1 章
若年者労働市場の変化

　新規高卒者の労働市場で起こっている変化はかなり大きい。1992年以降，18歳人口は減少期に入ったが，そのなかで高校卒業後の大学等の高等教育への進学率は上昇し，高卒で就職する者の比率は急激に減少した。また，軌を一にして景気の後退・停滞局面が続き，新規学卒者への需要は低調なまま推移し，新規高卒者への求人数は急激に減少してきた。新規高卒労働市場はその規模を急速に縮小しつつある。

1節　若年人口の減少

1．高卒就職の減少と進学率の上昇

　現在，我が国では若年人口が急激に減少し，同時に若年者の高等教育への進学率が上昇している。18歳人口は1992年の205万人から1997年には168万人へと37万人の減少，また大学等の高等教育への現役進学率は1992年卒の47.3％から1997年卒の57.5％へと10ポイントの上昇を見せている。現役合格率もこの間に63％から74％へと11ポイントも高まっている。高校生の進学指向は根強く，さらに拡大している。
　一方，高卒就職者は，1975年前後から毎年，60万人程度が就職する状況が続いてきたが，1990年代に入って急速に減少し，1997年3月卒業者では約35万人にまで減った。比率で見る1975年の44.6％から1990年の35.2％と，15年間で9ポイントの減少であったが，1990年以降の減少は著しく，1997年には23.5％とこの7年間で12ポイントも減少している。1992年をピークに減少に転じた18歳人口にあわせて，ひとり就職者だけが同じ歩調で減少し，高等教育への進学者だけは，総じて大きくは減少していない。今後も引き続き進む若年人口の減少

と，衰えない進学志向のなかで高卒労働市場の規模はますます縮小していくと見られる。

　新規学卒で労働市場に参入する者を学歴別に見ると，高卒者はこれまで長い間，その最大多数を占めてきた。高校への進学率は1965年に70％を超え，その結果1960年代末には高卒者は，新規学卒者の過半数を占めるに至った。その後若干減少しながらも1980年代までは4割以上を占めてきた。しかし1990年代に入るとその減少は著しくなり，1997年卒では30％と，増えてきた大学卒と同じ水準になった。求人サイドから新規学卒労働市場を全体として見ると，そこに占める高卒者の比重は大きく減じ，高卒者はすでに労働力の主たる供給源ではなくなっている［日本研究機構1998　13頁］。

2．市場規模の縮小と地域間移動の変化

　求人数は景気の動向に大きく左右される。1992年までは，求人数の増減と求人倍率は，求職数に大きな変動がないため，ほぼパラレルに増減してきた。ところが1992年以降は，求人数がこれまでにないほど著しい落ち込みを見せているにもかかわらず，求人倍率は安定成長期の水準にとどまっている。これは1992年を境に18歳人口が減り始め求職申し込みが減少しているためである。1997年の求職数は1992年の42％減となっている。求人数と求職数の大幅な減少が同時に起こり，市場の規模が急激に減少していることが，高卒労働市場の大きな変化である。

　就職にあたっての地域間移動を見ると，県外就職率は一貫して低下し地域間移動が減っている。地域移動の変化は，出生数の減少に伴う，長子化のため，求職側が移動を好まなくなったといわれることが多い。しかし，地域を超えた求人そのものが減っているという求人側の採用行動の変化もある。他県の高校に送られる求人数は大きく減っている。この地域間移動の減少は全国的に起こっているが，東北地区で減少幅が大きいなど（1983年から97年までの間で20ポイント減）その程度は，地域により異なっている［日本研究機構1998　22頁］。

2節　求人・求職状況の変化

これまで比較的多く高卒者を採用していた大規模事業所で，製造部門の海外移転，契約社員などを多用する雇用管理，高卒労働力から大卒等への採用対象の変更などにより，高卒採用の縮小・中止を行っている。あわせて地方の高校への求人を削減している。一方，これまで新規高卒の採用が少なかった，あるいは採用できなかった小規模製造業やサービス職での求人が増加している。また，採用にあたって，学校の事前調整ではなく，自社の試験でふるい分ける傾向が強まっている。

求人の内容では，事業所の規模別に見ると，大規模事業所からの求人が減少し，30人未満，100人未満の事業所の比率が増えている。その変化は景気変動に関係なくこの30年間近くにわたり一貫したものである。産業別，職業別の求人の構成を見ると，産業ではサービス業，建設業の増加，金融，保険の減少があり，また職業では技能工の求人が増え，専門技術，事務の求人が減っている。高卒者に対する大企業，ホワイトカラーの求人が一貫して減っているが，全体としての大企業，ホワイトカラーの労働需要はこの間むしろ増加している。その大半は増加し続ける大卒等の高学歴者に向かった。こうした需要面での学歴代替は，長期にわたって徐々に進んできたものである。

都市部の職業高校（専門高校）では著しく求人数が減少した。学校の推薦があっても採用されない事例が増えている。高卒者の採用を取り止めたり，削減したりする背景には，企業側の高卒者に対する評価の低下，契約社員の多用，生産部門の海外移転など経営戦略の変化等がある。一方で，これまで高卒者の採用ができなかった小規模企業で，その採用を始める事業所が増えてきた。また製造工程の請負業者など新しい業態からの求人も見られる［小杉1999］。

規模の縮小と同時に，求人の質も変化している。高卒労働市場は，大規模事業所からの求人の比率が減り，小規模事業所からのそれが増えた。また事務職や技術職の求人比率が減り，技能工やサービス職のそれが増えた。そして地方

での県外からの求人比率が大きく減じた。高校卒業者の就職先も，大規模企業就職者が急速に減っている。特に女子では事務職が減って，サービス職が増えている。

また企業の採用政策にも変化が見られ，大規模事業所では新規学卒採用者の就業形態で見ると「パートタイム」での採用が著しく増えている（労働省「雇用動向調査」）。さらに高校卒業後の進路調査では就職も進学もしない「無業」が増えている。この増加は東京，神奈川などの大都市部で大きい（文部省「学校基本調査」）。非正規就業の機会の多い都市部で高卒時の無業が多いことは，このような企業の採用政策の変化との関連が考えられる。

1990年代の就職者の激減に伴って著しく就職者が減っているのは大規模事業所である。特に女子の1000人以上の規模での減少は著しい。一方，男子の300人未満，女子の100人未満の事業所への就職者数はあまり変化がない。

企業にとっての新規高卒者の位置づけを見ると，常用の一般労働者に占める新規学卒者の比率は，全体としてはほとんど変化がないが，1000人以上の規模の事業所では大きく減少しており，高卒に対応する部分ではその減少幅が特に大きい。これは大企業の採用政策が変化し，新規学卒から中途採用へとウェイトを変えてきていること，なかでも新規高卒者の採用を抑制していることを示している。

これに対して小企業での新規学卒比率は高まっている。小企業では，これまでも新規学卒への需要はあったが，求職側の大企業志向のため低い求人充足率にとどまってきた。それが，大企業の採用政策の変化を受けて，新規学卒を採用できるような状況になったといえる［日本労働研究機構1996］。

3節　無業者・非正規雇用の増加

近年，高校卒業後の高等教育への進学率が上昇する一方で，新規高卒者の労働市場は急速に縮小しつつある。このようななかで，若年者の失業率は他の年齢階層に比べて，高い水準にあり，特に学卒の未就業者が増加している［小杉

1999]。

1．高卒無業者の推移

　失業率を見ても，近年の若者のそれは非常に高い水準になっている。特に19歳未満で高い。失業の理由では，「学校を卒業したため」が多く，学卒未就業者が増加している。

　このような労働市場の変化に対して高卒就職システムはどのような対応が求められているのか。

　若年者の失業率はとくに高い水準になっている。失業の理由を「学校を卒業したため」とする者は，98年3月現在で26万人に及ぶ。進学もせず，予備校にも行かず，就職もしない全国の高卒無業者は7.9％に達しており，東京都内の公立校男子卒業生に限ると，実に21.5％という高い数字を示している［日本労働研究機構2000］。

　学生でもなく，主婦でもなくアルバイトやパートで就労しているか，または就労を希望している15～34歳の者として，その数を151万人と推定している。その増加は近年著しく，1992年から1997年の5年間で1.5倍にもなっている。

　学校卒業後，就職も進学もしない若者の増加も著しく，2000年3月の学卒者では，高校で13万人，短大卒で4万人，大卒で12万人にのぼる。これを1992年と比較すると，それぞれ1.6倍，2.5倍，4.8倍になっている［小杉2001］。

　高卒無業者の推移を見ると，学科別には男子では普通科で多い傾向にあるが，商業科での増加が男女とも大きい。その背景には，普通科の就職斡旋力の弱さや，商業科での近年の職業専門教育に対する評価の低下が考えられる。

　新規高卒就職者の卒業1年目の離職率が近年上昇している。企業規模別には，事業所規模が大きいほど離職率は低いが，小規模事業所での離職率の上昇が著しい。近年の離職率の上昇は，小規模企業への就職者の増加による部分も大きい。

　高校を卒業しても進学も就職もしない「無業者」の割合は近年急激に増加している。第二次のベビーブーマーが高校卒業のピークを迎えた1992年3月の卒

業者に占める無業者の割合は4.7%であった。しかし2000年3月の卒業者では2倍以上の10.0%に達している。さらに東京，神奈川，沖縄の3県では無業者数が就職者数を上回っている。埼玉，千葉，大阪，京都などでも無業者数は就職者数に迫っている。この状況については，都市部の進路多様校，特に普通科の問題として考える見方と，労働市場の問題として考える見方とがある［上西 2001］。

2．非正規雇用の増加

　この10年間で，15～24歳のパート・アルバイトの比率は男女とも10%以上も上昇した（総務省「労働力調査・特別調査」2000年8月）。さらに25～34歳の層でも90年代後半には非正規雇用の増加が見られる。男女ともに，24歳以下の若い層でパート・アルバイト比率が急激に高まり，次第に20歳台後半に及びつつあると見られる。

　24歳以下の若い層においてとくに正規雇用率が下がっている背景には，新規学卒労働市場の顕著な冷え込みがある。新規学卒労働市場には他よりも良好な正規雇用の機会があり，我が国の長期雇用の入口となっていた。しかし1990年代初頭より一貫してこの市場は冷え込んでおり，厳しい採用状況が続いてきた。

　非正規雇用者の学歴は男女とも高卒が多い（総務省・労働力調査特別調査）。特にパート・アルバイトに限定すると過半数を高卒が占める。派遣等の雇用形態は高等教育卒業者に多い。また同年齢の雇用者のなかの比率で見ると，学歴が低いほど非正規雇用の比率は高い。一方，大学卒について見ると，1990年代半ば以降，学校卒業直後の無業率が急上昇し，近年では20%を超えている（文部省・学校基本調査）。ただし大学卒の場合は卒業の時点で非正規雇用や失業状態であっても20歳台後半までには正規雇用される場合が多い。

　地域別に見ると非正規雇用者は全国に均一に存在しているわけではない。雇用者数に対するパート・アルバイトの比率を見ると，沖縄県の29.6から秋田県の4.2まで大きな散らばりがある。パート・アルバイト比率の高い都道府県は

沖縄を除くと，東京，神奈川，埼玉，千葉の首都圏と和歌山，京都，奈良，大阪，兵庫の関西圏に多い。若年非正規雇用者は都市に集中している（就業構造基本調査）。若年非正規雇用者の統計的属性としては，女性に多く，20歳台前半までに多いが次第に20歳台後半の者も増えており，高卒の学歴が過半数を占め，首都圏，関西圏に集中している［上西2001］。

第2章
若年非正規雇用の社会的背景

1節　若年非正規雇用の実態

1．非正規雇用とキャリア形成

　大卒者については，卒業直後に正規雇用されたものは60％であり，無業は9％，非正規雇用は12％となっている。また性別では女性のほうが非正規や無業が多くなっている。卒業直後に無業や非正規になる者の比率は，卒業した学部系統によって異なり，男女とも「芸術」「教育」「人文」系で多く，少ないのは「工学」系，男子の「経済・商学」系となっている。地域の労働市場の影響も大きく，無業と非正規の比率は北海道・東北の大学の出身者で多く，関東地方では低かった。

　卒業4年後の時点では正社員の比率が男性で81％，女性で63％と高くなり，非正規や無業は減っている。卒業時点の無業者，非正規雇用者も男性でその6割以上が，女性も5割以上が正社員となっている。卒業した学部別に見ると非正規，無業の多かった学部では正社員になるまでに時間がかかる者が少なくない。時間がかかる意味は，その専攻が専門の職業とどう接続しているかによって異なる。在学中に習得した知識・技能を職業に生かしていく場合，その専門職についての需給関係の問題や制度的要因から就職までに時間がかかる。

　大卒者で正社員として就職しなかった者でも卒業後4年程度のうちに男性で7割，女性で5割が正社員に移行している。一方で高卒者の場合は，卒業3年程度で3〜4割が正規雇用に移行している。低学歴の者ほど，25歳以上でも非正規就業率や失業率が高く，学歴により正規雇用への移行状況に差が見られる［日本労働研究機構2001］。

2．非正規就業の選択の背景

　非正規就業の選択の背景には，就職の難しさがある。高校生に対する求人は激減している。1992年3月の卒業者に対しては168万人の求人数があったが，2000年3月卒業者では27万人と6分の1にまで減少している（労働省職業安定局2000年）。企業が高校生に対する求人を取り止めた理由としては，経営環境の悪化，そして大卒等への代替，業務の高度化，あるいは業務を非正規社員へ移行したことなどが指摘されている（日経連・東京経営者協会2000年）。このうち大卒等への代替，業務の高度化などの理由は，労働力需要がすでに高卒者以外に振り向けられていることを示しており，こうした理由で減った求人は景気が回復しても増加は難しいとされている。求人の内容の変化も大きく，大規模事業所からの求人が減り，職種では事務や販売の仕事が減っている。また地域を超えた求人も減っている。多くの地域から多人数を採用する大規模事業所の採用が極端に少なくなり，地元企業中心の求人に変化したため地域間格差が大きくなっている［小杉2001］。

3．高卒フリーター増加の要因

　進路選択の遅延をその要因の一つとしてあげることができる。卒業後の進路未決定者の半数は高校3年の春・夏・秋を通じて就職や推薦入試などの進路のための活動をまったく行っていなかった。就職も推薦入試も早期の進路選択を必要とするにもかかわらず，進路の選択が遅れ，何もしないままに進路未決定となる。

　この進路選択の遅延者には，成績が中程度で進学か就職かで迷うタイプの者と，成績が低く推薦も得られないタイプの者がいる。学科ごとに見ると，職業科では，就職を前提とした指導により選択遅延者にも活動を促し，また成績の低い者に対しても就職の手当てがしやすい。一方，普通科では，本人の主体性を重んじるあまり，成績の下位者でなくとも進路未決定者が出る。また出席，授業態度，課外活動など学校生活への積極的な取り組みと進路決定の連結性が生徒の認識の上では弱まっている。学校生活へのコミットメントを促すインセ

ンティブが不明確になりつつある。東京都の進路多様校での調査では，2年生になってから1回も欠席していない生徒は全体の4割，1回も遅刻していない者も4分の1にとどまっている。自宅学習等をほとんどしない生徒が4分の3を超えている。これらの生徒は「まず進級，3年生になれたら卒業」という程度の目標しか持っておらず，進路指導以前の問題状況が存在する。

　高卒無業者の半数程度は就職希望の撤回や就職活動を諦めた者である。その背景には高卒労働市場の悪化がある。高卒労働市場の悪化と高卒労働力の質の低下の悪循環が存在する。魅力的な求人が減少するなかで，生徒は少ないチャンスを求めて努力するよりも，早い段階で就職を諦めてしまう。学校での努力が良い就職へ結びつくことが必ずしも保証されない現状では，学校生活へのコミットメントは低下し，生徒たちはアルバイトでなじんだ非正規労働市場に卒業後参入していく。そして高卒労働力に対する企業の評価は一層厳しくなる［上西2001］。

4．フリーターの家庭経済的背景

　フリーター増加の背景として，フリーターを許容する親の豊かさが指摘されることが多い。一方，教育費の負担が可能であれば一般に進学が容易になっている現状では，このことは必ずしも高卒無業者については妥当しない。相対的に低い階層からのフリーター志願者が出現している。進路希望と成績そして親の学歴・職業に関する分析では，階層的背景にかかわらず成績下位の者にフリーター希望者が多いが，成績中位から上位層ではブルーカラーの層からフリーターの希望者が相対的に多く出ている。さらに大学等への進学希望者が高等教育・ホワイトカラー層で多く，ブルーカラー層で少ない傾向がどの成績層でも見られる。

　フリーター経験者に対するヒアリングでは，フリーターの3分の2は親と同居しており，生活費の心配がないなかでフリーターを続ける若者に「パラサイト」という批判がなされることがある。しかし今日の我が国では，20歳前後の若者の多くは，生活費だけでなく教育費も親に依存して生活を送っている。そ

れらの者と比較して同年代のフリーターを「パラサイト」と呼ぶことの妥当性が問われる。むしろ十分な教育訓練投資を受けないで不安定な労働市場に出ていかざるをえなかった者としてフリーターを把握することのほうが妥当である［上西2001］。

2節　若年非正規雇用の問題点

無業者・非正規就業は労働市場・雇用システムの変化，社会の豊かさ，進学率等の向上を環境要因とし，勤労意識の変化，職業的未成熟等を個人要因とする構造的な問題であり，好不況の波を超えて増加の一途をたどっており，高卒求人の減少，パート，派遣等を含む雇用形態の多様化という雇用環境の変化のなかで今後一層の増加が予想される［日本労働研究機構2000］。

1．低賃金と能力開発の遅滞

急速に増加している若年者の非正規雇用が持つ問題の一つは，現在の我が国の若年者が就いている非正規雇用が低賃金の低技能労働に集中していることにある。若年の非正規雇用者の経験職種は，コンビニやスーパーの販売，ファーストフードやファミリーレストランの接客等の特定の仕事に集中している。また年齢層別の雇用形態による年間所得の違いでは，正規雇用者に対して非正規雇用者では低所得者が多く，また年齢層が高くなっても所得の上昇があまり見られない。これに対して，正規雇用の場合には年齢階層ごとに所得の上昇が見られ，より高い職業能力の発揮が求められる仕事に就いている。

非正規雇用に長くとどまれば，若年期の重要な課題である職業能力の発達が遅滞する可能性が高くなる。また非正規雇用で経験できる職種が現実に限られていることから，能力や個性を発揮できる適職が発見できないという問題もある。実際にアルバイトで多様な職種を経験することは難しい。現状では若年期の非正規雇用は一定範囲の仕事に集中しており，雇用を通じての職業能力開発機会やキャリア探索の機会とならない可能性が大きい。我が国では，これまで

新規学卒就職が当然とされ，若年者が非正規雇用を経験しながらキャリアを形成していく経路があまり存在しなかった。今や新規学卒就職をしなかった者，すなわち中退や無業のまま卒業する者が3割を超えるまでになった。学校から職業への移行を新規学卒就職以外の形で行う経路が求められている［小杉2001］。

2．若年非正規就労の社会的機能

　無業者・非正規就労の形態にはいくつも側面がある。一部の専門自営業を希望する者にとっては「徒弟」に代わるキャリアルートであり，進路未決定者や「やりたいこと」の探索者にとってはモラトリアム期間における待合室であり，進学・就職等に失敗した者にとってはとりあえずの待避所休憩所である。そしてソーシャルスキルに欠ける高卒者にはそれを身につける学校，さらに未熟練低賃金労働力を求める大都市圏を中心とするサービス，販売業界にとっての人材供給の水源地となっている。すなわち，無業者・非正規就業群は，労働市場において一定の「緩衝・供給機能」を果たすなど社会経済上，確立した要素となりつつあり，今後は「一つの働き方」として位置づけ労働・社会保険や労働法上の保護・規制等を行うことも必要になる。

3．フリーターからの離脱可能性

　日本労働研究機構が2000年に行ったフリーターに関する調査では，高卒者に限らず全体的な知見として，フリーターはやりたいことへの「こだわり」が強く，多くの者が何らかの将来展望を持っているが，その実現可能性については曖昧な場合が多いこと，フリーターの就く職種は限られており，ソーシャルスキルの形成以外の職業能力の形成に結びついている場合が少ないこと，20歳台後半になるとフリーターとしての生活に限界を感じ始める者も多いが正規就業への道も閉ざされがちであることなどが指摘されている。

　フリーターの多くは将来，定職に就くことを希望しており，また将来の生活にも不安を感じている。フリーターの就業職種は限定されており，その就業経

験は基本的なソーシャルスキルの形成以外の職業能力の形成には結びつかない。学校との関係を離れ，職場の先輩という具体的な手本もなく，キャリア形成の方向性を定めるには孤立しがちな立場であり，長期にフリーターを続けることはリスクが高い。フリーターは学卒無業者だけでなく，受験に失敗して浪人の余裕がなくフリーターになった者，高校，大学等の中途退学者，さらには正規就業経験者からもフリーターになっている。能力開発，情報提供も含めた正規雇用への移行の支援が求められる［上西2001］。

　無業者・非正規就業者はその職業的成熟度，参入理由等で異なる類型からなり，その特性に即した対応が必要となる。正規雇用を希求し所要の求人を必要とする者から，能力開発面での支援，非正規就業の具体的な得失の指導，「夢」の具体的・現実的アドバイス，卒業後の進路決定支援まで多様な対応が必要であり，一律の集団指導的対応では効果が期待できない。

　無業者・非正規就業の問題は，個人の職業発達の不全をその主要な側面とする問題であることから，個々人の事情を考慮しつつその職業発達の段階と，節目節目に応じた助言，援助等を提供することが求められる。

　学校段階において早期から適切な職業指導を展開し，生徒の職業発達を促進し，初等教育の段階から進路決定の能力の育成を図るとともに，総合的基礎的職業能力として基礎学力やソーシャルスキル等を含む職業レディネスを身につけさせるための施策を講じることが求められている。

3節　在学中のアルバイト就労

　若者が高校在学中に経験するアルバイトは，彼らの進路選択や職業観の形成に多大な影響を及ぼしていることも明らかである。

1．アルバイトの実態

　男子と女子では従事するアルバイト職種は大きく異なり，男子の場合は，「洗い場・皿洗い」が最大で，「商品の仕分け」「調理・コック」と続く。他方

女子ではトップが「ウェートレス」，次いで「スーパーのレジ係」「コンビニ店員」の順となっており，上位3職種はまったく異なっている。

　進路多様校の生徒の週当たりの平均アルバイト日数は3.9日，平均アルバイト時間は17.5時間に達している。したがって1日当たりの平均的モデルのアルバイト時間は4.5時間となる。彼らの生活に占めるアルバイト時間の大きさと影響力は注目すべきである。

　首都圏のアルバイト高校生は，時給を仮に800円とした場合，週当たり1万4000円ほど，月収にして5〜6万円を得ていることになる。サービス経済化した我が国において，アルバイト高校生は労働力としてのみならず，消費者としての影響力も無視しては済まされないほどの巨大なものとなっている。

　またアルバイト経験者の8割近くがアルバイトを通じて仕事の現場の雰囲気を知ることができたとしている。アルバイトは仕事の現場の雰囲気を知る貴重な手段となっている。そして3分の2が社会人として必要な礼儀などの一般常識もアルバイトを通じて取得している。こうした傾向は男子よりも女子で，工業科よりも普通科，商業科で顕著である。

　アルバイトで卒業後の仕事につながる専門的な知識や技能が得られたとする者は15％にとどまる。多くの生徒はアルバイトが専門的知識や技能の習得に結びついていないと見ている。高校生のアルバイト職種は単純な労務作業や販売，サービスの仕事に限定されることからすれば当然ともいえる。また，アルバイトの最中に危険を感じたとする者が2割程度あり，とくに男子で多い。十分な安全対策が必要である［日本労働研究機構2000　180頁］。

2．アルバイト就労の問題点

　首都圏の進路多様校の生徒にとってアルバイトはすでに彼らの日々の生活の一部に組み込まれていることは明らかである。それはまた，高校生の生活のなかでアルバイトがすでに確固とした領域を占めていることを意味する。にもかかわらず高校生のアルバイトは彼らに社会性を習得させ，職業教育・訓練を受けさせる重要な機会として公式に認知されてはいない。

生徒のアルバイト行動に多くの問題を感じている高校は少なからずある。しかし高校は，生徒のアルバイト行動を直接の関与を要する教育・訓練の問題とはみなすことを避け，実態として黙認するにとどめてきた。同様のことは高校生を抱える家庭についてもいえる。親は子どものアルバイトをもっぱら黙認しているにすぎない。さらには都市部の多くのサービス事業がこうした豊富な高校生アルバイト労働力の存在を前提にして営まれていることも確かである。そうでなければ平日に高校生がかくも多数雇われるはずがない。都市部において顕著な高校生アルバイトは，サービス経済化の急速な進展のなかで経済効率を何よりも優先する，我が国の社会全体の「黙認」の上に成り立っている［日本労働研究機構2000　190頁］。

3．アルバイトに対する規整の必要性

　近代社会にあっては，「雇用」の成立は優れて公的な社会関係の成立を意味する。アルバイトは，それが短期的・臨時的なものであっても，「雇用」であることに変わりはない。若者を雇う事業主は，彼らが生徒・学生という本務のかたわらのアルバイトであるからこそ，正社員雇用と同等に，もしくはそれ以上に，職業教育・訓練に配慮する社会的責任が生じている。

　我が国における高校生アルバイトは，そのすべてが黙認で支えられ，若者を教育・訓練する機会としてそれを正面から取り上げるところがどこにも用意されていない。少なくとも首都圏の高校生のアルバイトは，無視あるいは黙認しているのでは済まされない段階に来ている。このようなアルバイトの立法等による規整が求められる。

第3章
若年非正規雇用と職業指導

1節　高卒無業者と就職システム

1．新規高卒労働市場の変容と無業者の増加

　新規高卒者の労働市場の変化は明らかである。1992年以降，18歳人口は減少を始める。高校卒業後の高等教育への進学率が上昇する一方で，就職者の比率は急激に減少した。この時期，景気の後退・停滞が続き，新規学卒労働力への需要は大きく減退した。新規高卒者に対する求人数は1992年の167万人から，1998年には51万人に急減している。新規高卒労働市場はその規模を急速に縮小した［小杉1999］。

　我が国の高校生の進路については，1990年代に入ってから，いくつかの大きな変化が認められる。その一つは大学・短大への進学率の上昇である。大学・短大への進学率は1970年代半ばまで急激に増加したのち，1980年代後半にかけて30％台後半で安定的に推移してきた。しかし1990年を境にして再び上昇を開始して，1999年には44.1％に達した。

　それと連動した第二の変化は就職率の低下である。2000年3月の卒業者の就職率は18.6％へと急激に低下している。高卒者に対する求人倍率も顕著に低下，2000年3月末には1.3倍となった。それに伴い2000年3月末の就職内定率は92.1％にまで低下している。新規高卒労働市場においては，供給が量的に縮小しているのと同時に労働需要の明確な後退が見られる。

　もう一つの変化は高卒無業者の増加である。この無業者の比率は1992年の4.7％であったものが，その後増加し，2000年には10％に達している。無業者の比率には地域差が大きく，東京，神奈川などの首都圏では，13％前後を占め

るに至っている。高卒者のなかでも，確固とした進学先・就職先を持たず，多くはフリーターと呼ばれるような非正規の職に就く者が近年大きく増加し，社会的関心を集めている。無業者の多くは，失業者ではなく，進路を未定のまま高校を卒業してしまう若者たちである。

　このような変化のうち労働政策の面から緊急の課題として注目されるのは高卒者の正規就業の困難化と非正規就業の増加である。これらは構造的な問題であり，より広い社会的文脈のなかに位置づけて把握する必要がある。重要なのは，高校生の進路選択に関わる状況が著しく変貌しており，今までの慣行や理解がもはや通用しない側面があらわれてきているということである。こうした変化のなかで，進学という進路を選択できる層にとっては高校卒業時点では問題は顕在化しないが，それ以外の高卒者の直面する状況は，かつてと比べ格段に不透明さや不安定さを増している。

　進路多様校において，生徒の進路のなかでフリーターの占める比重は，1割程度である。そして，普通科，商業科，工業科の順で多い。男子よりも女子のほうが多く，偏差値や成績順位の低い者において多い。また4人に1人がフリーターになることを考えている。就職の内定先や進学先が決まっていない者は，高校3年の秋から冬の時季にフリーターを考え始めている。

　フリーターになる理由として，男子では，やりたいことがある，適職の不明確さ，成績面の不安などの自分自身に起因する理由を挙げることが多く，女子では，労働市場の要因や家庭面・経済面での進学困難など自分の外部にある障害を理由として挙げることが多い。フリーターを選ぶ場合の家族の態度は容認的である。男子では家族からの反対圧力が強い。フリーターを続ける期間は，「数ヵ月だけ」が2割，「20歳頃まで」が3割と，約半数は早期に切り上げることを予定している。一方で「いつまで続けるかわからない」とする者も3割存在する［日本労働研究機構2000］。

2．高卒就職システムと就職先決定プロセス

　高卒労働市場は大卒と比べるとその枠づけの強さが特徴となっている。求

人・求職者の自由な採用・応募活動を通じて労働力の需給調整が行われる大卒労働市場に対して，高卒の場合には，企業の求人活動，生徒の求職活動，採用開始日に関する取り決めなど就職をめぐる自由な活動を規制する仕組みが制度として確立している。生徒，高校，企業の三者はこの制度的枠組みの下で，それぞれの立場から，採用（求職）活動を行っている［日本労働研究機構1998］。

かつて日本の高校生は進学にせよ就職にせよ，学校間格差における在学校の位置づけや高校の行う指導・斡旋により特定の進路へと水路づけられていたが，そのような誘導メカニズムは近年弱まりつつある。従来，高卒を継続的に採用してきた企業が高卒労働市場から撤退し始めたことにより，新規高卒就職をスムーズにする上で大きな機能を果たしてきた実績関係が衰退し，それを基盤とする指導や斡旋が成り立ちにくくなっている。現実には，家庭の経済状況や社会階層などが進路を規定する度合いが高まっている。高卒の時点で首尾よく就職できたとしても，それが不本意なものであると，容易に離職に結びつくことになる。離転職や非正規就業などの不安定なプロセスを含む初期キャリアは，時に本人の職業への満足度を高めることもあるが，長期にわたってそうした模索期から脱出できない場合には職業キャリアや職業能力の形成に大きなリスクをはらむことになる［日本労働研究機構2000］。

① 学科・職業対応の希薄化

中学からの進学者には普通科志向が強く，普通科の定員増や増設の措置がとられてきた。15歳人口の増加が続いていた間，普通科入学者だけが増えた。普通科の生徒増と，就職率の変化から普通科の就職者数は複雑な変化を示している。1992年以降，どの学科も就職者数を減らしているが，なかでも普通科の減少が著しい。それでも就職者のうちの4割は普通科出身者である。

普通科のカリキュラムは進学を念頭に設計されたものである。一方，専門学科では学科と就職職種が整合的に対応することが，学科の設置目的の実現でもある。それは社会全体にとっても職業能力開発の効率の良い接続である。

学科ごとの就職職種の変化を見た場合，工業科では大半が技能工に就く傾向が長く続いている。一方，商業科と普通科では変化がある。商業科では，事

務・販売に就く者が以前は非常に多かったが，最近では大きく減り，技能やサービス仕事に就く者が増えている。普通科では，技能工が多く，次いで事務や販売にも就いていたが，近年では事務や販売が減り，技能とサービスが増加している。商業の場合，簿記等を生かした経理事務等の職業は整合的な関係であるが，技能工などでは専門教育との関連はあまりなく，専攻学科との対応関係は薄くなっている。これに対して普通科では，そもそも職業との関係は薄い。むしろ職業的教育を受けていない無技能労働力として，あるいは職業的可塑性のある労働力として採用されてきた。商業科の卒業生の就職職種はこの普通科とほとんど同じ構成になってきている。

女子の場合，商業科では事務職が7～8割を占めていたが，1992年以降は大きく減少しサービス職や技能工が増えている。普通科では，事務職が6割で販売や技能工にも就いていた。それがやはり事務が減少し，サービスや技能工が増えてきた。このような変化の結果，学科間の就職職種の差異は小さくなり，専門学科と職種との関係は捉えにくくなっている［日本労働研究機構1998］。

② トラッキングの弛緩

進路の分化を規定する要因としては，学校格差に応じた形で，生徒の進路志望や実際の進路が規定される。これを学校差によるトラッキングという。また同一校のなかでも生徒の学業成績によって進路の選択肢は制約される。制約の度合いは個々の高校の指導体制により異なる。学校格差は生徒の出身階層と対応している。学校格差によるトラッキングが近年弛緩しているという指摘がある。大学進学という選抜の程度の高いレベルでは，学校の成績や影響力はむしろ強まっているが，短大，各種学校等と就職を分ける要因では学校ランクの重要性は低下している。専門高校では就職という特定の進路への収斂が弱まり，進路が多様化している。どの学校ランクにおいても，生徒の学習時間が大幅に低下するなど，学業や学校生活に対する生徒のコミットメントが希薄化している。また生徒に対する教員の見方はより「許容的」になり，教員は校則や部活動の指導から撤退する傾向を強めている。大学進学志望や勉強時間，勉強に対する生徒の心構え等に関して，社会階層の影響力が顕在化している［日本労働

研究機構2000]。

3．一人一社制と指定校制

　企業と高校の間には，「一人一社の原則」が貫徹している。すなわち高校の職業紹介は，就職希望の生徒一人に対して一時点で一社だけしか応募を認めていない。公務員試験と民間企業の採用試験の併願も認めていないのが普通である。したがって，9月中旬からの採用試験に不合格になった場合にはじめて，生徒は次の企業に応募することができる。この一人一社制は，未熟な生徒が職業選択時に直面する困難な問題に対して，あらかじめその発生を防ぐことを本来の目的としているが，採用及び就職活動に強い枠づけを与えてきた。

　企業と高校の関係を律しているもう一つの慣行は，「指定校制」である。企業は特定の高校にのみ求人票を送り，その学校の生徒だけに応募する機会を与えている。この慣行は本来の採用選考に対する予備的な選考機能を果たしている。企業にとっては採用にかかるコストを低減できるという経済的メリットの他に応募者の質を確保できる点が，また学校にとっては生徒のその企業への採用の可能性を高めるという職業紹介の上でのメリットがある［日本労働研究機構1998］。

4．暗黙の教育的配慮とシステムの調整

　さらに高校の就職斡旋では，就職希望者全員が卒業時点までに内定を得ることが暗黙の教育的配慮として就職指導全般を支えていた。

　高校の就職指導にとって，一人一社制の指定校制度が持つ意味は大きい。就職を希望する生徒全員に求人を斡旋し，採用内定を得させることを前提とした高校職業紹介においてはこの枠組みのなかでの指導が中心となる。高校では第3学年において求人票の開示以前に，進路調査など様々な機会を通じて生徒の就職への動機づけを図っていく。その上で生徒の希望をさらに絞り込むような指導が行われる。生徒の希望の確認と，教員の助言によりある程度，道筋がついていることが次のステップへの移行を容易にする。生徒の希望は求人票の開

示から夏休み前までの短時日のうちに調整され，校内選考により最終的に応募の是非が決められる。

応募企業の決定にあたっては，本人の希望や適性はもちろんのこと，学業成績やその企業との過去の実績などが重要な判断基準となる。企業の採用選考で不合格とならないような生徒を応募させること，優良求人にはそれに見合う生徒を送りだすこと，などの配慮が行われる。

近年，就職希望の生徒の質的・量的変化を底流として，高卒労働市場の需給状況の変化を受けてこのシステムの調整が行われている。企業によっては，能力主義的な採用方針を一層強めたり，他方では高卒採用のあり方を見直して大卒等の学歴者に代替するような動きも見られる。このような企業の動きに対応して，そのニーズにあった生徒の斡旋に努め指導を強化する高校もあるが，一方で指導という形での介入を控えたりする学校も出てきている。

高校時代の職業意識の形成や就職過程，進路指導等がキャリアに及ぼす影響に関する研究［日本労働研究機構1996］では，高卒者のキャリア・パターンについて，新卒一括採用を通過し，大企業に定着するという典型的な日本的雇用慣行が適用される層は実は少数にすぎないことが指摘されている。特に普通科男子では無業者，進学後の中退・浪人からの進路変更による中途就業者は3割にのぼっている。高校在学中の就職指導が卒業後のキャリアに及ぼす影響として，進路選択に積極的だった生徒はその満足度も高い［日本労働研究機構2000b］。

2節　進路意識と実績関係の変容

1．進路意識の変化

高校3年の4月以降に本格化する就職活動のなかで，近年，2つの点において生徒の特徴的な行動が見られる。1つは意思決定の遅延である。就職を希望しながら，就職活動に意欲を感じない生徒，自分が何をしたいのか，希望や目標が定められない生徒は学校の様々な就職指導を受け入れることができず，そ

の結果，意思決定が遅れてしまう。意思決定の遅れは，就職のスケジュールのなかでの就職のチャンスを逃してしまい，就職未決定のまま卒業してしまうことになる。特に都市部の普通科の進路多様校でこの傾向が多く見られる。2つ目は，生徒が学校の教育内容とは異なる分野の仕事を選択する傾向である。特に職業科では専門と異なる業種の分野については教師が情報を必ずしも十分に把握しておらず，蓄積してきた進路指導の経験を活用することができず，生徒にとっては学校から十分な指導を受けられないという問題が生じている。

　高卒就職システムの堅固な枠組みのなかで，指導を受け入れない生徒の顕在化，生徒自身の希望の未収斂などの問題は，最終学年において急に顕在化してくるわけではない。この問題はそれ以前の進路指導全体の問題でもある。高校就職システムのゆらぎは生徒の進路指導の全体を問う問題でもある［西澤1999］。

　高卒就職プロセスの日本的特徴に関しては，高校には職業斡旋の機能が法的に認められており，在学中に内定を得て，卒業後すぐに正社員として就職する生徒が多数を占めてきた。高校の職業紹介では「一人一社主義」がとられており，生徒の推薦にあたって校内での事前選抜が行われる。求人先の企業と高校の間には「実績関係」が存在し，相互の信頼の下で確度の高い採用が行われている。しかし，こうした高卒就職の日本的特徴の変化に関する指摘［刈谷1993］もある。バブル経済の下での高卒求人増により実績関係にある企業との継続的な関係の維持が困難になる場合が生じるとともに，売り手市場であることが生徒の勉学意欲を損なう結果になっていることを指摘している。そして今度は，バブル崩壊後の不況下にあって企業が新規高卒の採用を縮小したことにより，高校と企業との継続的な関係が成立しにくくなっており，事前の校内選抜やそれに沿った生徒の指導も困難になってきている。

　高卒就職者の初期キャリアに関して10年間にわたる追跡調査［日本労働研究機構1996］からは，新規高卒として最初に就職した正規の職を継続している者は，全体の4割を占めるにすぎず，しかも，仕事の面白さや，労働条件，職場への満足度などに関して必ずしも良好な回答を示していないことが指摘されて

いる。

　高校卒業後に進学も就職もしない「進路未決定者」の析出メカニズムに関する調査では，近年の高卒無業者の増大は労働市場の変化や進学機会の制約からだけでは十分に説明できない。進路多様校の生徒のなかには進路選択が遅延している場合が多い。普通科では生徒の希望が尊重され，「枠づけ」が弱いため進路選択の遅延が最終的に進路未決定に結びつきやすい。生徒自身の認識においては生活態度，出席，部活などを含めた広義の「成績」と進学・就職の有利・不利の連結性が希薄である。このような「連結性」を基盤とする学校の指導に乗らない生徒が増加している。

　これらによれば，高校が従来持っていた進路の水路づけとしてのトラッキング機能や，学校生活と将来の進路との「連結性」が弱まりつつあることを示しており，それは生徒たちにとっては学校生活へのコミットメントを促すインセンティブが不明確になり，意欲の低下を招く危険があると見ることができる〔日本労働研究機構2000〕。

　従来の新規高卒就職プロセスは，生徒の学業成績や生活態度に対する日常的なコントロールの基盤として，機能してきたとされる。しかし，今日，これが機能しない方向に作用する要素がある。それは生徒の意識のなかに見いだされる。生徒の意識においては指導や選抜といったコントロールを忌避する傾向が見られる。学力試験のない企業を受験しようとしたり，高校の指導を拒否したりする生徒たちは，良い企業へ就職するために成績や生活態度を良くしようとしたりはしない。このような生徒は未就職のまま卒業してしまう。首都圏ではこの未就職者が顕著に増加している。

　一部の生徒が未就職のまま卒業していく背景には，指導や選抜というコントロールを拒否するという意識の面の問題だけではなく，企業の選抜が厳しくなったため成績や生活態度の思わしくない生徒は正規雇用の職に就くことが難しくなったこと，非正規就労の職が首都圏には潤沢にあり，それなりに生活していける等の事情がある。そして就職が困難な生徒のなかには，専門学校や入学試験の厳しくない大学等への進学に転換する者も見られる。また一般の就職者

のなかにも意識の変化が見られる。生徒の職業希望が多様化したことで，より良い企業に就職することを目標として生徒を誘導することが困難になっている。生徒のなかでは「よい成績や真面目な生活態度」が「よい就職先」につながるという因果関係が機能する範囲は確実に狭まっている［日本労働研究機構1998］。

2．実績関係の変容

　日本の高卒就職のシステムは効率的であると従来からいわれてきた。欧米では学校卒業後，定職に就くまで，転職を繰り返す者が多いのに対し，我が国の高卒就職者の大半は，卒業と同時に安定した正規雇用の職を得ることができた。このような状況を可能にしたのは高校の就職指導であった。日本の高校は，生徒に対する就職指導，就職斡旋が法的に認められており，求人企業と求職生徒の間を媒介して両者を結合する役割を担っている。そして高校が行う就職斡旋の確度を高め，それを円滑にする実質的な基盤として注目されてきたのが個々の高校と企業との間の継続的な就職・採用関係，すなわち「実績関係」であった。しかし高卒就職の特徴に関する従来の理解に対しては，近年いくつかの点で修正が必要になっている。高卒労働市場の安定性やスムーズさの基盤といわれていた「実績関係」はそれほどには広範な存在ではなく，しかも近年ますます希薄になりつつある［沖津1999］。

　日本の新規高卒労働市場の特徴として，就職先の決定にあたって学校が関与する度合いが高いことがあげられる。生徒と企業の間に高校という組織（就職指導部）が介在し，一方で生徒に情報の提供や指導を行うとともに，他方では求人企業との間で情報交換等を行い，最終的に両者を結びつける働きをしている。なかでも重視されてきたのは「実績関係」である。実績関係とは，継続的な関係のなかで，信頼を基礎に確実性の高い情報の交換によって就職・採用・職業紹介の安定化を図るネットワークであり，一方の行動を他方が制御する規範を伴った関係であるとされる［刈谷1993］。すなわち互いに長期的・継続的な関係にある高校と企業との間で，高校は企業の要求を満たす生徒を送りだ

し，企業も安定的な採用を行うという形で信頼関係が形成されている。このような関係が，高卒就職の円滑な推進の基盤となっていた。

　この「実績関係」を基盤とする高卒就職は，3つの重要な付帯条件を伴っていた。その第1は，生徒の応募する企業を一企業に絞り，そこで不採用になった者に対してだけ次の企業に応募させるという「一人一社主義」の原則である。この原則の下で，採用・就職の確度が高められるとともに，生徒の応募企業決定の際に校内選抜が必然化する。第2は，高校の内部選抜を経て企業に応募してくる生徒を，企業側は高い確率で受け入れるということである。高校と実績関係にある企業は，その期待するレベル・タイプの生徒が高校内ですでに選抜されていることの信頼の結果として，応募者を原則として採用することになる。第3は，この校内選抜と関連して，生徒の学校生活全般に及ぶ事柄である。学業成績や出席日数が校内選抜の際の指標とされていることを生徒は周知しており，就職を目指す生徒は成績や生活態度の向上を動機づけられる。高卒就職プロセスは生徒に対する日常的なコントロールの基盤ともなっている。

　高校と企業の長期継続的な採用・就職関係である「実績関係」とそれに付帯する(1) 成績という客観的指標に基づく校内選抜，(2) 校内選抜結果に対する企業の需要，(3) 成績や生活態度に対する日常的なコントロールという3つの事象が日本の高卒市場に対する一般的な理解であった。しかし，今日，このような実績関係は，多くの面で変容を余儀なくされている。それは高卒就職全体のなかにおける実績関係の占める比重の変化であったり，あるいは我が国の産業構造や経済状況の変化に伴う実績関係の質的，内容的な変化であったりする。また，それらの変化は，地域や高校の学科の違いによって，そのあらわれ方が異なっている［日本労働研究機構1998］。

3．実績企業の量的比重の低下

　高校の就職指導担当者に対して1982年に行われた調査では，実績関係のある企業の高卒就職に占める量的比重は大変に高かった。ところが1996年3月の卒業者を対象とした同様の調査では，「実績企業」への就職者の比率は半数にも

遠く及ばない。また，高卒就職における「実績関係」や指導の熱心さは職業高校のほうが高く，とくに女子を中心とする商業科のほうが継続性を重視しているが，普通高校ではこの傾向は低位にとどまる。多くの就職者を送りだしている高校ほど，就職・採用関係における継続性が高い水準で維持されている。バブル経済の崩壊後もしばらくは，高卒労働力に対する需要の落ち込みにもかかわらず，これまでの継続性を維持しようとする作用が高校と企業の間に残っていたが，1990年代半ばからは厳しい経済状況の前にこの関係も機能しなくなっている。商業高校においても近年，継続性は低下の傾向にある。

高校の推薦を得て応募してくる生徒を企業はなるべく落とさないようにしているという指摘について，校内選抜の結果に満足を表明している企業もあるが，一方で推薦のあった生徒を採用しなければならない不満を持っている企業もある。そのなかで近年は，高校の推薦のある生徒でも，企業が独自の基準を設けて採用選抜を実施して，基準に満たない場合，不合格とする例も決して珍しくなくなった。そのような厳しい選抜をする企業は増加している。企業が独自に選抜を実施する理由は，期待する水準の厳しさだけではなく，そもそも校内選抜の基準とは異なるものを企業が求めているという側面もある。高校は企業が求める人材を送りだし，企業もそれに応えて応募生徒をほぼ必ず受け入れるというような緊密な相互関係は，今日では，高卒就職のなかのごく一部にのみ成立する事柄になっている。高校と企業との関係は従来の理解よりもかなりドライでクールなものとなっている［日本労働研究機構1998］。

3節　職業指導と行政の役割

1．若年離職者の増加と職業指導

新規学卒就職したものの，その後3年以内に離職する若者の割合は，中卒で7割，高卒で5割，大卒で3割にのぼるといわれている。正社員になりながらも定着する若者と離職する若者を分ける要因について，学校を卒業する直前の労働市場の動向がある。すなわち，学校を卒業する直前の労働市場の動向は，

正社員となってからの定着傾向を左右する。新規学卒の労働市場が冷え込み，正規採用が困難になるとともに，自己の能力や適性に合致した就職先に遭遇する確率が低下し，いわば不本意就職をすることになるが，これが結果として離職や転職を発生させることになっている。

新規学卒労働市場の需給環境が悪化した状況の下では，学校での適切な職業指導がない限り正規雇用に結びつかない傾向が強まっている。適職を発見することが困難で，十分な情報提供がなされていない場合には，学校の職業指導に対する期待は高まる。自分の意思で就職先を決定した場合に比べて，学校の職業指導と各方面からの推薦によって就職先を決めたときのほうが，就業継続期間は長くなっている［黒沢他2001］。

2．職業指導と行政の役割

高校は，職業安定法によって無料の職業紹介を行うことができる。しかし職業紹介の事業に関わるすべての事項を職業安定所に代わって行えるわけではない。求人申し込みの受理から求職者の紹介に至る職業紹介事業のうち，高校ができることは，生徒に企業を紹介すること，職業指導を行うこと，就職後の指導を行うことの3点に限られている。求人申し込みの受理は職安の専権事項となっている。このため企業は，職安に受理された，労働条件等について適正な記載がなされているかどうかの点検が済んでいる求人票がない限り，高校に求人を申し込むことはできない。

また企業は職業安定所に対して応募者選考結果を報告する義務がある。職安が求人を受理して，実際の生徒の紹介は高校が代替している。システムの特性上，選考結果を職安が把握することはシステムの維持管理に伴う要になっている。職安はこのシステムの入口と出口の両方で規制の網をかけている。

職業安定所は就職日程を定め，高校と企業の活動を一定期間に集中させる。この日程は，企業からの求人票の受理が6月下旬，その返戻が7月上旬，学校からの生徒の推薦が9月上旬，そして企業の採用選考が9月中旬以降となることが多い。この日程に沿って，企業は求人票を作成し，職安の受理印を得て，

その写しを高校に送付する。一方，高校では具体的な企業の求人申し込みを受けてから，短期間のうちに生徒が応募する企業を決定し，その企業に推薦しなければならない［日本労働研究機構1998］。

3．高卒労働市場と求人情報

　高卒就職システムにおいて，職業安定所は，企業から出された求人票の内容を確認して，求人情報の流れを一定の方向に導く。情報量の平均化を図ったり，量自体の偏向を是正する政策をとっている。また10月以降の就職先未決定者に対する職業紹介もその役割である。一般求人を行っている企業に対して高卒求人への振り替えを依頼したり，来所した未決定者に対して職業指導や職業紹介を補完的に実施する。

　求人情報は，最初に必ず職安を経由する。高校の職業紹介の流れはここから始まる。これに対して行政は，この流れのなかに政策意思をビルトインする。求人情報の取り扱いの観点から行政の高卒労働市場に対する関与は大きく3つのタイプに分けることができる。

　　①　情報共有型

　企業の採用活動における戦略的な情報操作や予備的な選考行動に対して，求人情報をすべての学校で共有することによって，企業と生徒の間の情報ギャップを回避し，生徒に対する情報の平等性を確保することを目的としている。その特徴は，求人情報の積極的公開に基づく応募機会の平等性である。その典型例は，新潟県に見ることができる。新潟県では，職安が高卒就職の中心的役割を負っている。高校と企業の直接的接触は極めて限定されており，両者は職安を通じて，具体的な求人求職情報に接することになる。この最大のポイントは，指定校という考え方を極力排除し，求人情報をすべての高校が共有できるだけでなく，企業への応募書類も職安を経由することにある。これによって職安は企業ごとの応募状況を把握することができる。

　　②　情報規制型

　企業の採用活動に対する行政の関与を最小限にとどめ，企業と学校の緊密な

関係を是認するタイプである。行政はシステムの維持者としての役割を負い，直接企業と学校の関係に関与することはない。就職は，企業と学校との間の直接的な取引関係として処理される。このシステムの根底には企業と学校の間の信頼関係がある。企業は個々の学校に対して一定の認識を持ち，生徒の質に対する信頼を確保することができる。一方，学校は生徒の安定的な就職先を確保できる。この典型を愛知県に見ることができる。同県では，指定校推薦を全県で採用している。企業の求人情報は，その求人数の3倍程度の学校（指定校）にのみ伝達される。指定校以外の高校には求人情報が公開されず，その情報に接する機会がないことになる。職安は，求人受理の場面にだけ関与し，企業と学校との関係のなかで就職が決まっていく。

③　情報折衷型

　指定校制度を維持しながら，管内（地域）の高校間の情報量の均等化を進める点に特徴がある。求人情報の公開による就職機会の平等性確保という観点と，企業の高校指定を是認することによる求人求職のマッチングの効率性の確保という観点の両面を折衷したものである。このタイプには求人情報の規制と流通を同時に成立させるものと，求人情報の流通に力点を置くものの2つがある。求人情報の規制と流通を平行させるものの場合は，職安が求人票を送付する高校の数を指導する一方で，求人リストを作成し求人票をすべて公開している。指定校の数は企業の求人の実態に応じて対応がなされるが，一般には1人の求人に対し3〜5校程度が目安となる。

　高卒就職システムのなかで，求人情報の窓口の役割を負っている職安は，必ずしも同一の機能と責任を果たしているわけではない。求人情報をめぐる職安の対応の相違は地域の職業安定行政の政策と結びついている。類型ごとに見ると，情報平等型の新潟，秋田，規制型の愛知，折衷型の東京，埼玉，長野となる。

　これらの類型の特性は，それぞれの労働市場の需給関係に関係している。需要超過地域では労働力の配分にあたって，求人・求職のマッチングの効率の観点から情報量の調節が必要である。このため，指定校制度の仕組みを活用した

措置が有効となる。反対に供給地域の職安では，機会均等の観点から求人情報と求職者の接点を最大にするための政策がとられ指定校制の回避につながった。

このような労働市場の状況をベースにして成立したと思われる3つの類型は，その後の，労働需給の緩急，地元就職の促進など諸条件の変化にもかかわらず，高卒就職の構成要素が従来のまま維持されているため，基本的な面での変化は生じていない［日本労働研究機構1998］。

第4章
職業指導の法理

1節　職業指導の法的規制の沿革

1．新規学卒市場の制度化

　少なくとも，1950年以前の日本は，第一次産業を中心とした社会であり，自営の家業や農業に従事する人が多数派を占め，小商いを営む人や職人もかなりの数に上っていた。彼ら，また彼らの子供の多くは，いずれ雇用機会を見つけるとしても，学校教育を終えたあともしばらくは家のなかにとどまっているのが普通であった。戦前は年少者の就職口は零細な商店の丁稚小僧や女中が中心であり，彼らはしばしば解雇され，転職と失業を繰り返していた。日本における新規学卒市場の制度化は，このような現状に対する行政の挑戦であった。

　年少者が小学校を卒業して直ちに就職活動を行うことは，本来決して望ましい事態ではない。尋常小学校を出た者は中等教育の学校へと進ませ，高等小学校を出た者もなるべく補習学校や職業学校へと通わせることが本筋であると考えられていた。家計が進学を許さない場合は，いわば次善の策として，公的機関が教育的観点から職業指導を行って「永続的職業」に導く必要があるとされた。少年職業紹介はこのような文脈において意味を持っていた。年少者が学校を出たあとの「すきま」をできるだけ排除することがその中心的な問題意識であった。年少者がこのような間隙に「ふきだまり」，失業と転職を繰り返していることが「少年不良化」の温床となっており，「思想の悪化」をもたらし，国体を危うくする一因になりかねないと考えられていた。

　こうした危険な空白を生ぜしめない方法の，一つが年少者を学校に囲い込むことであり，もう一つは職業に定着させることであった。すなわち日本の職業

紹介は，単なる労働市場政策ではなく，青少年問題・都市問題に対する対策としての性格を濃厚に持っていた［菅山1998］。

2．1925年通牒による少年職業紹介

内務省社会局と文部省普通学務局が連名で1925年に，地方長官及び中央職業紹介事務局長にあてて，少年職業紹介の事業の実施を求める通牒を出している。この事業では，尋常ないし高等小学校の新規卒業者への就職斡旋を中心とするもので，学校と職業紹介所が協力して，科学的な観点に立って児童の「適職」を判定し，それをもとに卒業後の就職の面倒を見るものである。おおまかにいえば適職の判定までは学校が中心となり，その後の具体的な求人とのマッチングはおもに職業紹介所が担当する。この通牒が内務省と文部省の連名で出されたのは，そのためである。

少年職業紹介では「永続的職業」への誘導を目標としており，就職後の指導にとくに重点が置かれ，転職を未然に防ぐことに大きな関心が寄せられた。学校の教師や職業紹介所の職員が，こまめに職場を訪問して少年の状況をよく把握し，不満があれば耳を傾けて，できるだけ辛抱するように諭すことがアフターケアとして行われた。

3．1938年の改正職業紹介法

1938年1月に公布された改正職業紹介法は，職業紹介所の国営化を定め，戦時における生産力の拡充のための，労働力の全国的な動員と再配置を目指したものであった。同法は少年職業紹介事業の大きな転回点となった。同年10月の厚生省，文部省の連名で出された訓令［厚生省職業部1938］は，新規小学校卒業者の就職を，職業指導の一層の強化，徹底により「国家の要請に適合」するように指示したものであった。少年職業紹介の目的は，個性の科学的判定により適職を斡旋することから，「国家」の要望に適合する職業に学卒労働力を配分することへと，大きく転換した。

この訓令に付帯して出された通牒では，国家が新規小学校卒業者のジョブマ

ッチングを計画的に行うための具体的な手続き，方法を提示していた。それによれば，小学校は卒業後就職を希望する者の状況を調査し，職業紹介所を経由して所轄の県庁に報告することになっていた。他方，求人動向については職業紹介所が調査を行い所轄県庁に報告する，これら求職・求人の情報については厚生省に集約され，整理がなされたのち県庁にフィードバックされる。これによって求人と求職をバランスさせることを促す。すなわち厚生省は，新規の求職・求人の見込み数の調査を実施し，これをもとに地域を越えた全国的な学卒労働力の適正配置を計画的に進めようとした。それは戦後，労働省が新規中卒の労働力の需給調整を行う際にも，活用された手法である。

4．1947年職業安定法の制定

すでに述べたように，1947年に制定された職業安定法は，その2条で「何人も公共の福祉に反しない限り，職業を自由に選択することができる」と宣言し，また8条では，政府が「無料で公共に奉仕する公共職業安定所を設置する」ことを定めていた。衆議院労働委員会での提案趣旨説明によれば，この法律の基本精神は，個人の基本的人権を尊重し，労働者の保護を図ることにより，労働の民主化を促進することにある。政府以外の者の行う職業紹介についてはこれを許可制とし，とくに「他人の労働の上に存在する」労働者供給事業を禁止した。個人の自由な活動と，労働者保護のバランスの上に立って，弊害のない限り労働者の紹介事業・募集活動を認めるが，弊害のあるものについては厳罰でのぞむという姿勢を打ち出している。職業選択の自由と行政のサービス，そして個人の活動の自由と労働者の保護，という職業安定法の骨格となっている一連の理念は，労務の動員配置を目的として労働市場の徹底した統制を行った戦時職業行政に対する訣別を意味している。

しかし，この職業安定法にはこれとは原理を異にするもう一つの理念も含まれている。同法1条では，職業安定所の行う職業斡旋は「工業その他の産業に必要な労働力を充足し，以て職業の安定を図るとともに，経済の興隆に寄与することを目的とする」とし，また4条は，政府の行う事業として，「国民の労

働力の需要供給の適正な調整を図ること，及び国民の労働力を最も有効に発揮させるために必要な計画を樹立すること」をあげている。これを根拠として，公共職業安定所は労働大臣の直属機関となり，全国一貫した職業安定行政が行われた。

職業安定法19条は労働者保護の観点から，職業安定所の行う紹介はできるだけ求職者の通勤圏内に限るよう努力するという，通勤圏内紹介の原則が定められている。しかし労働省は1948年に広域職業紹介のための新たな手続きを定めている。繊維，石炭，鉄鋼などの重要産業の労働者，さらに新規学卒者など「質的または量的にみて重要な求人については労働力の需給調整上必要のある場合は」，所轄の都道府県は適当と認める他の都道府県に自由に求人連絡ができるようになっていた。この連絡のための特別の措置として，関係者が一堂に会する会議も開かれる。新制中学校の新卒者の職業紹介は，このような会議での求人・求職情報の連絡交換を通じて実施された。労働省は全国レベルでも求人・求職の情報を把握し，全国会議を開催し調整を行った。このような労働力の需給調整の仕組みは，1938年の通牒がつくりあげたシステムを継承し発展させたものであった。

5．1949年改正職安法

1947年制定の職業安定法は，政府が行う以外の職業紹介事業は，すべて労働大臣の許可を得なければならないと定めていた。しかしこの規定は，戦前から企業との実績関係にもとづいて卒業生の就職の斡旋を行ってきた中等以上の学校にとって，きわめて不都合なものであった。戦前の5年制の旧制中学は，高等教育機関との接続関係が強く，その卒業生の社会的性格にも共通する側面が見られた。当時，大企業や官庁には職員と職工（工員）の厳格な身分制度が存在したが，5年制の旧制中学以上の学歴を持つ者は一般に「知識階級」とみなされ，彼らが就職すれば「職員」の地位を占めることを期待することができた。

戦間期の大企業（日立製作所）の例を見ると，職員層＝「社員」はさらに職

員と雇員とに分けられ，また社員見習いとしての「見習生」がおかれていた。こうした社員への入職資格として決定的であったのが学歴であり，通常の場合，大学または高等専門学校卒が職員に，実業学校（甲種）卒が見習生または雇員にされた。毎年の新規採用者の大半は，新規学卒の定期採用者によって占められており，企業はとくに出身学校の学校長やゼミの教授の推薦を受けた者を対象に採用試験を実施して選抜を行っていた。

1935年の中央職業紹介事務局の調査では，実業学校の新卒者の約半数が就職しており，そのうちの9割までが学校紹介を利用していた。具体的には企業が学校に直接求人を出し，それにもとづいて学校が適当な生徒を選んで推薦するという慣行が定着していた［菅山1998 12頁］。

すでに述べたように，1949年には職業安定法の改正が行われ，同法33条の2に，「学校が労働大臣に届け出て無料の職業紹介を行うことができる」とする規定が追加された。さらに職業指導について定めた25条には，新たに2及び3が追加された。同条の2では「職安が学校と協力して職業指導を実施し就職の斡旋を行う」ことが，また同条の3では「職安が必要と認めた場合は就職の斡旋業務の一部を学校に分担させることができる」ことが規定された。

すなわち学校は(1)職業安定法33条の2規程に基づいて自ら就職の斡旋を行うか，(2)同法25条の2によってこれを職安の手に委ねるか，(3)同法25条の3により職安の就職斡旋の業務を一部負担するか，いずれかの立場を選ぶことができるようになった。

当時，GHQの基本的な考え方は，職業紹介を国が独占することにあったが，東大事務局からの強いクレームもあり，労働省当局も大学や高校が過去に卒業生の斡旋を行ってきた経緯をふまえ，またこの関係の求人が職安に来ないという実情もふまえ，GHQに働きかけたことによって，1949年の職安法改正が実現した。

6．行政的規制の展開

1950〜60年代の日本経済は，激しい産業構造の変動と雇用者の増加，労働力

の地域間移動を経験した。こうした戦後日本社会の構造変動の背後には，農村から都市へと向かう若年労働力の巨大な流れがあった。この時期に学校を卒業して直ちに就職していった若年者の果たした役割が注目された。安価で適応力の高い若年労働力が製造業を中心に労働市場に大量に供給されたことが，日本の高度経済成長を支えた重要な条件でもあった。政府も，このような新規学卒者の供給が労働市場に占める重要な意義について，重大な関心を払ってきた。戦後，労働民主化政策の下で再出発した職業安定行政は，新規学卒者の職業紹介を最重点課題の一つに掲げ，この事業の発展に多くの努力を注いだ。職安行政における広域紹介システムは新規学卒労働力の激しい地域間移動を媒介し，その全国的な需給関係をコントロールする役割を担った。戦後の職安行政は，新規学卒者とくに中卒者の職業紹介に関して，一般の紹介では見られない求人連絡の特別の措置が実施された。その中心となったのが関係者が一堂に会する「全国需給調整会議」である。この会議をはじめとする戦後の職安行政における広域紹介の枠組みは，実は戦時計画経済の下での労務動員の遺産の継承の上に立つものであった。職安行政による新規中卒者紹介は戦後短期間のうちに大きな成果を上げ，その後も1960年代後半に至るまで一貫して拡大した［菅山他2000］。

　新規中卒者の職業紹介は，戦後の職業安定行政が最重点課題の一つに掲げた重要政策であった。農林水産業以外の部門に就職した新規中卒者数は，1950年の28万人から1956年の59万人へと激増した後，横ばいとなり1960年代半ばまで高水準を保っていた。その就職先は製造業に集中し，1960年代には非農就職全体の7割に達した。この間，高校進学が急上昇したのに伴い，新規高卒就業者数の伸びも著しかったが，製造業については，1960年代前半には中卒の供給数は，高卒の倍を数えていた。新規中卒者の県外就職率は全国平均で1953年には18％であったが，1960年代前半には35〜40％へと大きく上昇した。高度経済成長を下支えした基幹中卒労働力の大半は，職安による職業紹介によってまかなわれていたことは重要である。

　すでに述べたように，新規中卒の求人倍率は，1952年に1倍を超えたもの

の，1950年代には概ね1.2倍前後の値にとどまり，低水準で推移した。しかし1960年には1.9～2倍にはねあがり，急角度で上昇し1964年には3倍を突破した。労働市場が急激に逼迫するなかで，農村から都市へ向かう中卒労働力の巨大な流れを，職安がつかまえることができたのは，自由な求人活動に対する徹底した規制が行われたためである。1960年代に入ると行政による「求人指導」はにわかに活発化し，新規中卒者に関しては委託募集はもちろん，通勤圏外からの直接募集，新聞広告等による文書募集も禁止された。さらに縁故の範囲も厳格に定められたため従業員の子弟を雇い入れる場合でも他の募集と同様の規制を受けることになった。大口の求人は職安を通すほかにほとんど手がなくなった。

中卒の求人申し込みにあたっては，求人側は求人票とともに「従業員採用計画書」を提出することが求められた。職安は求人票に記載された労働条件を確認するとともに，計画書の記載事項を参考にして求人数に水増しがないか等をチェックし，必要があれば指導を行い，求人内容の適正化を図ることになっていた。これは一定のスケジュールにもとづいて全国的な需給調整の実施を視野に入れたものであった。行政は定着状況が良く，教育訓練指導等が適切に実施されている事業所に優先的に紹介する措置をとった。採用計画書には過去の学卒者の定着状況の記入欄が設けられていた。定着率は客観的な数字として把握できるだけに，しばしば新規学卒者の職場としてふさわしいか否かを判定する目安として用いられた［菅山1998］。

2節　職業指導の枠組み

1．職業指導の根拠

我が国の職業安定法の下では，学校は公共職業安定所と協力して，就職希望者に対して無料の職業紹介業務を行うことが認められている。高校における就職斡旋の法的枠組みは，職業安定法25条の3と同法33条の2にその根拠がある。法25条の3には，職業安定所と学校の協力について，職業安定所長が学校

の長に職業安定所の業務の一部を分担させることができる旨の規定がおかれている。高校では，(1)求職申し込みの受理，(2)求職者に求人者を紹介すること，(3)職業指導を行うこと，(4)就職後の指導を行うこと，などの業務を行う。これは職業安定法17条の2第2項により，職安で受理した求人のうち，学校で取り扱うのが適当と認められるものは学校に連絡するという規定に基づいた措置である。

また同法33条の2では，学校の行う無料職業紹介事業が規定されている。その1項では，該当する高校は，その生徒に対して無料の職業紹介事業を行うことが認められている。高校での職業紹介の運営にあたって，職業安定法25条の3と，同法33条の2のいずれの規定が適用されるかについては，通常，行政と職安との間で確認のための作業が行われることになっている。東京都の場合，毎年定期的に実施される新規高卒者就職対策会議のその年の第1回目の会合において根拠法規の確認が行われる。

2．職業選択の自由と職業指導

求職者の自由な職業選択に対する規制は，対象が在学中の生徒であるため，職安と学校との連携にもとづく「職業指導」という形で行われたところに特徴がある。職安は「憲法22条に定められた国民の職業選択の自由権は，職業選択の放任を意味するのではなく，それは，必要ある者に対しての特殊の奉仕によって完全に得られるのである。」(業務内容の手引き1948年版)として，新規中卒者は「心身未熟な者が多」く，知識や経験を持たないため「職業選択に対する判断力が乏しい」が，その就職は「職業人としての出発」となることから，「将来の発展計画が十分に考慮された選択でなければならない」としている。その間隙を埋めるものが，職安の行う「特殊援助」であり，学校と協力して行う「職業指導」なのである。

この時期の「職業指導」は，観察や各種の心理検査によって生徒の適職を決定するまでの「前期」と，具体的な求人の提示に始まり就職が決まって赴任するまでの「後期」及び，就職後の「補導」(指導)に分けられていた。職業指

導の前期においては生徒や父兄に理解を持つ学校が中心となる。職安はその最終段階に学校を巡回して,「職業相談」を実施し,求職を受理する。この職業相談はあらかじめ学校側が適職選択のために必要なデータを詳細に記入した「職業相談票」をもとに行われる。担当係員は相談の後に,適切と考えられる「職業」や「就職地」を（1〜3まで順序をつけて）相談票の該当欄に記入する（業務内容の手引き1960年版）。「後期」の職業指導は,職安による学校への求人の提示によって始まる。その後,職安は適当な時期に再び学校を巡回して,具体的な求人をもとに担任や父兄をまじえて相談を行い,紹介する事業所を最終的に決定する。

　このような新規中卒者の紹介にあたっては,職安は一般の紹介の場合とは違い,「求人に最も適する求職者を選抜して必要数だけ紹介」することを原則としていた。不用意に不合格者を出すことは教育上問題があり,また需給調整の観点からも支障が大きい。このような求職者の選抜ないし調整のための有力な方法が,学校別に異なる求人の提示であった。さらに就職のチャンスを平等にするために,同時に複数の企業への紹介は行わないこととし,紹介にあたっては本人から採用試験に合格した場合,必ず入社する旨を記した「受書」をとって,相手先の企業に提出していた。すなわち職安による中卒者の紹介は,今日の高卒の学校を経由した紹介に見られるような「一人一社」の原則があり,自由な求職活動の制限を伴っていた［菅山1998］。

3．定着対策と健全育成

　職業指導は就職後の「補導」によって完結する。すでに述べたようにこのアフターケアは職安がその管内に就職した就職者に対して責任を持って実施することが建前となっており,職場訪問を行い,「激励」と「適応を阻害する問題の解決に関する助言・指導」を行うことによって職場定着率の向上を目指していた（1959年版労働行政要覧）。「定着は善,離職は悪」という考え方や「石の上にも三年」という職業哲学が当時は一般に浸透していた。1966年11月の行政管理庁の年少労働者に関する監察結果は,青少年の頻繁な離職・転職が非行を

生む温床となっていると指摘し，文部・労働両省に対して職業指導の改善・強化を求めている。

中卒者の定着対策は1967年には職安行政の重点課題の一つとされ，1968年にはさらに定着指導が強化された。青少年の健全育成を目的として中卒就職者全員に「働く青少年手帳」が配付された。定着指導の一層の強化は，職場への定着を進めることで青少年の不良化を防止しようとする考え方が，職安行政自身の基本的なスタンスとなっていたことを示すものである。職安行政が定着一本槍の方針を転換して，転職を適職探索のプロセスの一環とみなす考え方もあることを認めたのは，中卒就職者数がほとんど取るに足りない数になった1973年のことである。

職業選択のオーソドックスな理論によれば，青年期は探索の段階にあたり，転職は適職発見のプロセスの重要な一環をなすとされている。1967年1月の神奈川県における流入青少年に関する東大教育学部の調査では，「流入青少年の転職は，けっして病的なものではなく，むしろ転職による現実と期待値の再編成を経ることによって生活の安定化の道が開かれる」ことを明らかにしている。なお同調査は就職の経路と転職率の関係を明らかにしており，学校・職安の紹介による者が8.2％と際立って低いのに対して，知人・家族の紹介では39.5％，新聞広告による場合では56.6％に上っていた［菅山1998　10頁］。

4．高校における職業指導

大学はすべて職業安定法33条の2によることとなったが，高校については解釈の幅があった。戦前の中等教育の性格はきわめて多様であり，卒業生の進路も就職，自営，いずれが主かはそれぞれの学校で異なり，実績企業の数にも大きな差があった。したがって法33条の2によって自力で卒業生の斡旋を行うか，あるいは法25条の3ないし2によって職業安定機関のなかで処理してもらうかは，実績企業の多寡や学校の方針によって決定されることとなった。ただし25条の2によるものは新制高校ではごく少数にとどまったが，新制中学のほとんどはこの25条の2によっていた。

このような経緯からも，伝統のある工業科，商業科の職業高校の多くは法33条の2による学校として，戦前からの慣行を踏襲して実績企業を中心に自らの手で職業斡旋を行う道を選んだ。このような学校の行う職業紹介には職業安定行政が介入する余地はほとんどなかった。ここで職安に報告されたのは，求人・求職・就職の総数だけであり，職業紹介の具体的な状況を当局は把握していなかった。法25条の3による高校もその活動の実態は職安法に規定された「業務の一部分担」とは程遠い状態になっており，実質的には33条の2によるものと同様であった。

　1960年代後半に入ると，中卒から高卒への学歴代替が急速に進行した。1964年から1968年にかけて，新規中卒の非農就職数が64万人から36万人へと大きく落ち込んだのに対して，新規高卒は54万人から90万人へと急増し，1968年には製造業だけでも中卒の22万人に対して高卒34万人とその数は大きく逆転した。新規学卒者の求人倍率は1960年代半ばには弱含みで推移していたが，1966年を底として再び急上昇を見せ，ピークの1970年には高卒男子で実に9.8倍を記録した。

　1970年になると，労働省は文部省及び関係業界の協力を得て，早期選考の防止と労働条件の点検のために，新規高卒者の求人はすべて職安での選考期日及び求人内容の適正であることについて確認を受けさせることとした。この方式では，求人は職安の確認印を受ければあとは企業が指定した学校に流され，学校での取り扱いに全面的に委ねられたため，職安が関与する余地はほとんどなかった。このようにして企業との直接の結びつきをもとに学校が卒業生の就職の斡旋を行う「職業指導の枠組み」が確立した［菅山1998］。

3節　職業選択の日本的特殊性

　若年者の大半が学校卒業と同時に正規雇用されてきたのは，我が国に特徴的な雇用慣行によるものである。国際的には若年期に有期のパートタイムで雇用されるのが一般的な傾向である。新規学卒で就職し企業内で長期にわたるキャ

リアを展開するという，これまでの我が国の雇用慣行の下でのキャリアモデルとは対極にある。国際的に見れば若年期のパートタイム就労は一般的であるが，我が国の歴史的，社会的な文脈からは新しいといえる。しかし，欧米諸国におけるパートタイム就労の法的位置づけやキャリア形成上の意味は我が国の場合とは異なっており，実際の仕事の内容やそこで身につけることのできる職業能力も大きく違っている［小杉2001］。

1．新卒定期採用システム

　学校を卒業したばかりの新卒者を４月１日付で一斉に採用する慣行は，国際的に見れば特殊な事例に属する。今日の日本では当り前のことと考えられている，このような方式が広く労働力のリクルートに使われるようになったのは，それほど古いことではない。少なくとも1950年以前の我が国では，学校の卒業と雇用関係に入るタイミングは未だ同期化されていなかった。学校と協力・連携した職業安定所による新規学卒者紹介事業の大規模な展開は，こうした状況を大きく変えていく原動力になった。在学中の生徒を対象として就職斡旋をするこの試みは，学校から職業への途切れることのない移動をつくりだし，新卒定期採用の慣行の定着を促した。戦後日本社会の構造変化の円滑な進行は新規学卒労働力の流れをコントロールした職安行政に負うところが大きかった。しかしある時点を境として職安の活動は衰え，むしろ学校が就職斡旋の主役として登場してくる。こうして今日，見られるような制度が我が国の社会に定着する。それは中卒者に代わって高卒者が労働力の基幹となる1960年代後半以降のことである。中卒者から高卒者への学歴代替は，企業と学校との直接的な結びつきを制度的な基盤とする，今日の新卒定期採用システムの形成にとって画期的な意義を持っていた［菅山他2000］。

　アメリカにおける青少年の職業紹介は特殊援助を必要とする範疇に入っている。それは新規学卒者の就職斡旋を意味するものではなく，すでに学校との縁が切れてしまっている者を対象としている。彼らは職業に関する知識は限られ，経験も浅い。雇用者は，法律による就労年齢の制限や，就学の便宜をはか

る必要があることから，彼らの雇い入れに消極的である。青少年に対して特別な援助が必要なのはこのためである。このような状況の下では，彼らには袋小路的な職業しか与えられていないのが実態である。したがって職業紹介においては，より良い就職口があれば，積極的に転職を支援すべきことになる。一つの職にしがみつく者は盲目的であるとされる。職安のアフターケアも，その目的は，必要ならば転職をすすめ，あるいは職業訓練を受けるよう助言することにあるとされる［Shelby］。

2．長期的雇用関係

高い学歴を持たないアメリカの若年者は，学校を離れて数年間は転職と失業を繰り返し，パートタイムやキャリアにつながらない「行き詰まりの職業」を転々として過ごす。それは，そうした気儘な生き方が若者の性向にあっているからでもあるが，むしろ，より重要な要因は，安定した雇用を提供する用意のある企業が，規律の面で問題のある若者を雇うことを嫌がることだとされている。より労働条件の良い，昇進の見込めるパーマネントな仕事について，腰を落ち着け始めるのはようやく20代半ばを過ぎてからなのである［Robert］。

日本の雇用関係は長期的であるといわれるが，欧米にも長期勤続層がかなりの厚さを持って存在する。男性の場合，職業選択の時期をいったん過ぎれば，その半分は生涯の仕事に就く。雇用関係が固定的な傾向を持つのは，30歳を過ぎた中年男性に関する限り，アメリカ社会でも妥当する事実である［小池1991］。

3．解雇権濫用法理と先任権

また雇用保障の観点からも欧米社会は長期勤続雇用を守る優れた仕組みを持っている。日本では解雇権濫用法理などにより解雇規制が厳格であるが，ひとたび解雇が行われると，その損失は長期勤続の高齢者に集中する。これに対してアメリカでは，解雇規制そのものはゆるいが，解雇の順位については明確なルールが確立している。解雇は原則として職場ないし部門ごとの勤続年数の逆

順で行われる。損失は職場にいて日の浅い労働者にしわよせされ，若年者の失業問題を構造化する一因になっているが，その反面，長く勤めた者の雇用の安定度は高い。

　長期雇用がこのように普遍的性格を持つのは，現代の産業社会では，基幹的な労働者の熟練が，OJTによって時間の経過とともに連続的に高まり，キャリアを形成することから，企業間の移動は技能の習得コストを高めるため，労働者は企業内にとどまってキャリアを展開することになり，企業にとっても訓練コストを節約するために長期の雇用関係を維持することになる［小池1997］。

4．離職率と転職行動

　日本の終身雇用を実証する指標の一つとして離職率の日米間の大きな差異があげられる。アメリカの離職率が41％であったのに対して日本では16％にすぎず，両者の間には質的といってよいほどの隔たりがある［小野］。

　この差異は，若年時における転職行動の違いにある。アメリカでは25歳以下の離職率は95％に上るのに対して，日本では19歳以下で26％，20～29歳で27％にとどまっている。この日米の若年労働市場の構造が大きく異なるのは，学校から職業への移行の日本的メカニズムに負うところが大きい。日本の高校卒業者は，「学校に委ねられた職業選抜」のメカニズムの下で学校から職業にスムーズに移行し，初職への高い定着傾向を示す。学校経由の就職が，それ自体で大企業への就職のチャンスや，初職への勤続年数を高める効果を持つ。企業と学校の直接の結びつきを中核とする制度が，若者に良好な就職の機会を用意し，その定着率を高める上で重要な役割を果たした。日本の雇用関係の特徴的な側面は，新規学卒市場の「制度」と深く関わっていることが明らかである［刈谷1991］。

4節　新たな職業指導法理の形成のために

1．非正規就労の脆弱性

　花形職業としてのカメラマンやタレントなどの芸術家，あるいはシェフ，料理人，カリスマ美容師などに多くの若者があこがれる。しかし，それを達成する若者は本当に少数である。これらの職業を目指してフリーターとなって修業を積んでいても，結局はそれを夢見るだけで終わってしまうことになる。戦前の徒弟小僧制度のなかで，職人，親方のところに小僧で入って，そこで一人前になるための修業をしていくというシステムがあった。このシステムの下では能力に見合ったチャンスが与えられていた。しかし，これが戦後，崩壊していった。

　フリーターに見切りを付ける場合，結婚あるいは出産が一つの契機になる。それによってある種の責任を感じるようになる。そろそろ定職に就かなければと思うようになる。しかし，その場合にフリーターというライフスタイルをとっていた人たちがスムーズにシフトできるかどうかは難しい。このような人々に配分される職業というのは非常に不安定な立場の雇用しかないと思われる。若者が結婚をして身を固め，定職に就いていけば家族を基礎にした生活が可能である。個人主義の原則が貫かれると，家族を構成することについての心理的な抵抗が強まる。家族という基盤を持たない根無し草としての個々人は，社会を支える人間集団を構成することができない。

　フリーターがある程度の年齢に達して身を固めようとして定職に就こうとした場合，その職業が生活を維持し，子どもを育て，老後をカバーできる程度の収入をもたらすものであれば，それは一つのシステムとして完結する可能性はある。しかし，種々の事情から生活費がかさんでくると，生活水準を低下させなければならないとか，公的扶助に頼らざるをえないという問題が生じる。終身雇用制度のなかで親が実現してきた生活のレベルを維持することは困難になってきている［日本労働研究機構2000b］。

2．新たな貧困層

　戦前から日雇い労働者というのは，日雇いで入ると生涯日雇いとなる。そこから抜けきれない。フリーターというのはこの日雇い労働のタイプではないかと考えられる。フリーターでも生活が成り立てば，それも一つの生き方であるが，そのライフスタイルに不満が生じた場合，若年期にフリーターとして過ごした者が，その後，企業組織の中に入って管理的な労働ができるかというと，それは恐らく無理である。

　戦前から戦後の日雇い労働者は，結婚もできず一生日雇いで過ごすことが多い。健康を害すれば，たちまち生活保護状態にまで転落してしまう。フリーターがそのような経過をたどることが最も懸念される。若年非正規雇用者がこのまま30, 40歳台になると，新たな貧困層として社会の底辺を構成することになる。日本経済を支えるべき人材がいなくなってしまう。高卒就職に対してはマイノリティーとしての認識が必要になってくる。制度的にも一定の保護が必要になる。

3．職業指導の視点

　新規学卒者は，新規の産業分野に，将来性のある職業に，適切に誘導することが，労働市場政策の最良の道である。既存の就業者を転職で流動化させようとする方策は愚の骨頂である。この意味で，労働市場政策における新規学卒市場の形成は，非常に重要な意味を持ってきた。中高年流動化，教育バウチャー等の政策は愚策である。40歳を過ぎての再訓練は不可能である。

　ベバリッジによれば，完全雇用政策の体系のなかでは，新規学卒者の職業紹介が重要である。読み・書き・計算・躾けが義務教育の中心的な内容となる。社会に新たに出てくる若者が袋小路的な職業に入らないように誘導すべきである。そのために公的な職業紹介が介入する必要がある。日本では高校の求人は職安が受理して学校がセレクトする体制をとっている。しかしそのセレクトは学力を基準にしており職業適性などをあまり考えないところに大きな問題があった［日本労働研究機構2000b］。

むすび

　長期的雇用関係は，今日では先進工業国に共通する普遍的性格を持っている。日本の雇用関係が独特なのは，これが単に長期的・固定的傾向を帯びているからではなく，とくに適職探索の時期にあたる青年期の離職・転職の水準が国際的に見て際立って低いからである。このことは，日本の新規学卒者の就職が「制度」の介在の下で行われていることと深く関わっている。職安が学校と協力して行う「職業指導」は，「心身ともに未熟」な中卒の就職を「職業人としての出発」にふさわしいものとするべく「援助」することを目的としていた。そのため本人の個性の科学的な判定や，労働市場の状況にもとづく「適職」の決定，学校別に異なる求人の提示，「一人一社」の原則による求職者の選抜が実施され，さらに就職後は「定着指導」が行われた。

　今日，労働市場の流動化を促進すべきとする風潮が見られるが，青年期を過ぎた人々の雇用を流動化することは経済的合理性から見ても，また個人の職業キャリアの発展から見ても，必ずしも望ましいことではない。近年の若年労働市場の明らかな趨勢の一つは非正規従業員の増加であり，その波は今や新規学卒者の就職にまで及びつつある。専門学校，短大，大学への進学者数が増大するなかで，高卒就職率も急速に低下した。こうした現状は，学校での職業指導をふまえた職業移行メカニズムが，新たな構造変化の局面に入ったことを示唆している。職業指導においても，自由な職業選択と適職探索の機会の拡大に対する要請は高まっている。新たな職業指導の法理の探求とシステムの構築が求められている。

参考文献・資料

日本労働研究機構「高卒者の初期キャリア形成と高校教育」調査報告89号（1996）
小杉礼子「新規高卒労働市場の変化と職業への移行の支援」JILリサーチ36号（1999）

小杉礼子「増加する若年非正規雇用者の実態とその問題点」日本労働研究雑誌490号（2001）
上西充子「フリーターをめぐる3つの論点」日本労働研究雑誌490号（2001）76頁
日本労働研究機構「進路決定をめぐる高校生の意識と行動」調査報告138号（2000）
日本労働研究機構「新規高卒労働市場の変化と職業への移行の支援」調査報告114号（1998）
日本労働研究機構「若者の就業行動の変化を考える」資料シリーズ102号（2000b）
西澤弘「高校就職システムのゆらぎ」JILリサーチ36号（1999）14頁
沖津由紀「高校－企業間関係の実態と変化」JILリサーチ36号（1999）18頁
刈谷剛彦「高卒労働市場の日本的特質」日本労働研究雑誌405号（1993）
黒澤・玄田「学校から職場へ－「七・五・三」転職の背景」日本労働研究雑誌490号（2001）4頁
厚生省職業部「小学校卒業者の職業指導並びに職業紹介に就いて」職業時報1－2号（1938）
工藤誠爾『職業安定法解説』（1948）
Shelby M. Harrison, "Public Employment Offices, Russel Foundation", (1924).
Robert E. Hall, "The Importance of Lifetime Jobs in the U. S. Economy", The American Economic Review, Vol. 72-4, (1982).
小池和夫『仕事の経済学』（1991）
小池和夫『日本企業の人材形成』（1997）158頁
小野旭『日本の労働市場』（1981）206頁
刈谷剛彦『学校・職業・選抜の社会学』（1991）
菅山真次「〔就社〕社会の成立」日本労働研究雑誌457号（1998）
菅山・刈谷・石田『学校・職案と労働市場』東京大学出版会（2000）
日本労働研究機構「大都市の若者の就業行動と意識」調査研究報告書No.146（2001）

ま と め

　新規高卒労働市場への参入経路は1990年代を通じて急激に多様化し，高校の職業紹介によらないフリーター型への移行が次第に大きなシェアを占めるようになっている。高校の職業進路指導部門に長年にわたって蓄積されてきた職業への移行支援のノウハウが役に立たない場面が多くなってきている。定型化されたマニュアルに依拠して進められてきた今までの高校職業紹介システムは，その完成度の高さゆえに柔軟性に乏しく，機能不全に陥らざるをえない状況に置かれている。毎年10万人前後も生まれている高校中退者をも含め，学校職業紹介システムのシェアの低下の意味は重大である。学校が行う進路指導や職業紹介の守備範囲から外れてしまった若者のために，専門的かつ組織的に進路選択を支援し援助する体制が，これまでほとんど整備されてこなかった。学校から職業への移行支援システムの再構築にあたっては，学校を離れた後の若者の進路選択を視野に含んだ，また学校と実社会との垣根を低くして相互の出入りを容易にした，柔軟で広範な支援システムが期待されている［日本労働研究機構2001　145頁］。

1　フリーターと社会的不平等

　少子化の進展に伴う18歳人口の減少により，高校から上級学校への進学は，威信の高い少数の4年制大学を別とすれば，学業成績が決定的な重要性を持つものではなくなっている。そこでは，むしろ上級学校への進学に耐えるだけの経済力があるか否かが，進学か否かを決める重要なポイントになっている。威信の高い4年制大学へ進学できるのは，教育費の支弁が可能でかつ学力の高い高校生であり，また就職の狭き門を通り抜けることができる高校生は，まじめ

である（欠席や遅刻が少なく学業にも熱心に取り組んで相対的に成績が良い）が経済的要因等により進学を希望しない生徒たちである。威信の高い4年制大学に進学できず，かつ就職も困難であった生徒たちの中で，教育費の負担が可能であった層は，成績の如何や高校生活に対するまじめな取り組みの有無にかかわらず，どこかに進学することはできる。残りの教育費の負担が不可能な層にとっては，「進路未定」「無業者」という進路しか残されていない。フリーターの問題は，労働政策の問題にとどまらず，社会階層の問題としても検討を求められている。

　無業者を相対的に多く出している都立高校3年生を対象とした，進路予定（1〜2月時点）と社会階層の関係に関する調査（お茶の水女子大2001年）によると，父親の職業が専門技術職・管理職の層ではフリーターや無業が少ないこと，一方で，父親の職業が工員・販売員等の層ではフリーター・無業が多いこと，また父親の学歴が相対的に低い層でフリーター・無業が多いことなど，社会階層とフリーター・無業の出現率の間に明瞭な関係が見られる。大卒労働市場に比べて高卒労働市場においては正規労働市場への参入がより困難となっているが，その困難は相対的に低い社会的背景を持った若者たちにより強く作用しており，彼らを非典型労働市場（パート・アルバイト，派遣）や無業者へと導いている［日本労働研究機構2001　147頁］。

2　フリーターの急増と社会保障・財政

　定職を持たないフリーターの急増など，若者の不安定な就労実態が深刻になっている。こうした状況は，失業率を押し上げるだけでなく，将来の社会保障や国の財政の行方にも影響が出る可能性がある。若者が不安定な就労を続けることは，「職業能力を蓄積できない」「将来設計ができない」など，本人自身が問題を抱えることになるだけでなく，国の制度にも様々な影響を与える可能性がある。

　フリーターのような納税負担の少ない低所得者の増加は，税収の減少につな

がり，また，被用者を対象とする厚生年金は，その支え手が減るため保険料の引き上げも必要になる。国民年金も保険料を払わない人がさらに増加する懸念がある。税収の少ない自治体では行政サービスが低下することになりかねない。また正社員との間では税負担の公平性も問題となる。さらに，こうした若年層が十分な蓄えもなく老後を迎えると，生活保護の受給者が増えるなど，正社員を前提としてつくられている社会保障制度の設計に狂いが生じることになる［大津］。

3　各国の若年者に対する職業教育・訓練

①　イギリス

イギリスの失業率は2001年第2四半期において3.2％にとどまっている。1997年当時の7.2％からは4ポイントも低下しており，失業者は60万人の減少，一方で125万人の就業者の増加となっている。国民から評価されているブレア政権の労働政策は，「セーフティネットより雇用促進」という政策理念がある。このことは，政権成立の翌日に省庁設置法のないイギリスらしく，教育雇用省を解体し社会保障省と合併して，雇用年金省とすることを宣言した省庁再編にもあらわれている。ブレア政権の「福祉より就労，労働が報われる社会へ」というスローガンは，公共職業安定所を活用し各種の助成金や能力開発を通じて，半年以上失業している若年者を福祉依存から脱却させようとする支援プログラムである「ニューディール」の中に具体化されている［藤井］。

②　アメリカ

アメリカでは，学校から職業への移行にあたって，決まった道筋というものが存在しなかった。高校を修了しない者が相当数，存在しており，若年失業率は非常に高く，また高卒者の収入とより教育水準の高い者との所得の格差が拡がっている。さらに国際競争の激化や，技術革新の進展により，不熟練労働に対する需要は減少している。その一方で，学校から職業への効果的な移行を支援する包括的なシステムが欠けていた。不利な立場にある若年者に対する職業

教育・訓練のプログラムは，今まで連邦政府の資金により行われてきたが，それらは統一を欠いた運営がなされてきた。若年者が職業への移行の道筋を自覚することの必要性と，学校教育のなかに「職場のなかにおける学習」を取り入れることによって移行の道筋を明確にすることが期待されている。

③ ドイツ

ドイツでは，学校教育制度のなかに職業教育・訓練が組み込まれており，職業教育と普通教育が一つの総合的なシステムとして統一化されている。一方で，学校教育のそれぞれの段階には，多様な選択肢，進路選択の可能性が用意されている。職業教育のコースを選択した者も，一定の要件を満たせば，高等教育への進学ができる。このように多岐にわたる選択の可能性が用意されたオープンな制度となっている。前期中等教育の基幹学校では，学校での教育を行い，その後の企業における実務的訓練である「訓練生訓練」と組み合わせて，職業資格の取得を目的としている。基幹学校における必修科目の中には「労働科」があり，経済や労働に関する基礎知識の習得と職業への準備を行うことになっている。

ドイツではデュアルシステムは高い評価を得ているが，その一方で長期にわたってその重要度は低下を続けている。ギムナジウム型の教育に対する需要は高まる一方である。その高い評価にもかかわらず，労働を基底に置いた職業教育・訓練はその基盤を失いつつある。そして後期中等教育はより普通教育を志向し，高等教育への資格の取得を求める傾向が続いており，多様な選択の可能性を用意するようになってきている。このことは現役の若者やその両親だけではなく，訓練を実施する事業所も相当程度希望していることである。とくに技術革新に熱心な企業や海外戦略を進めている企業では急速に訓練生の受け入れ定員を減らしている。企業は将来熟練工になろうとする訓練生を受け入れる代わりに，ギムナジウムやその他の高等教育の修了者を雇い入れる傾向をますます強めている。

④ フランス

フランスでは学校教育において従来，見習訓練への関与がほとんど見られな

かったが，1983年以降の地方分権化や経済的困難，ドイツとの関係の深まりなどを背景として見習訓練の制度の再活性化が始まっている。1988年から職業リセにおいて見習訓練を実施する試みが始まっている。このプログラムは UFA (Unité de formation et apprentissage) と呼ばれ，具体的にはリセの中に見習訓練の特別クラスを設置する。通常のリセの生徒は学生の身分であるが，このクラスの生徒は雇用契約を結んでいる被雇用者である。このクラスは15名を1単位として編成される。

1991年からは，「1＋1方式 (Formule 1＋1)」という新しい方式も採用されている。これは，2年間の職業教育・訓練のうち，最初の1年は学生身分でおもに学校で理論教育を受け，2年目からは被雇用者として企業と学校で交互に訓練を受ける伝統的な見習訓練に入る方式である。最初の1年間においても，2週間の企業実習を2度経験する。教育訓練期間中，初めはリセの役割が大きいが，それを徐々に減らし，代わって企業の役割を大きくしていくことによって，リセから企業への移行をできるだけスムーズにすることに主眼が置かれている。職業教育と企業経営者との間の溝を埋めていくことが求められているが，リセと企業の間の関係を再編成する「1＋1方式」の見習訓練はその一つの解決策と見られている。

また EU 加盟各国との相互関係の深まりが企業とリセとの関係の深まる契機になるとの見方もある。今後，ドイツのシステムに学ぼうとする姿勢は強まると見られており，ドイツもまたフランスに注目している。この「1＋1方式」は，1年目はフランスの良いところを，2年目はドイツの良いところを取り入れた手法でもある。

⑤　スイス

スイスでは「職業的熟練」の施策の導入により職業教育・訓練を高等教育に接続することで強化し，学問的な関心の高い若者にもアピールするものにしようとしている。職業教育・訓練を望む者は，その訓練の修了の時点でさらに専門教育のコースを開始する可能性を持つべきである。職業教育・訓練とギムナジウムとの間で戸惑っている若者はまず職業教育・訓練へと進むことが望まし

い。産業界もこのような考え方に対して好意的である。

　「職業的熟練」の導入と職業教育・訓練の改革はデュアルシステムの意義を保持する方向で行われている。しかし「職業的熟練」の存在が，後期中等教育段階での普通教育と職業教育の区別に対して大いに挑戦的であるとはいえない。多くのヨーロッパの国々と比較して，スイスでは普通教育と職業教育は単一のシステムとして統合されていない。むしろ後期中等教育では2つのタイプの教育を明確に区分しつつ，高等教育への接続の可能性を確保しようとしている。

　スイスの職業教育・訓練の制度と労働市場の関係は，国内の政治的・経済的環境から強い影響を受けている。スイスの若年者の失業率が成年者のそれより低い水準にあることから，その関係が注目されている。スイスの職業教育・訓練におけるデュアルシステムは，教育訓練におけるコストが相対的に低いことにより，他の工業国においても職業教育・訓練の形態として改めて関心を集めている。スイスのデュアルシステムの経験は，他の国々に対して有益な教訓を提供することになると思われる。

　⑥　我が国への示唆

　職業教育・訓練のあり方に関する諸外国の制度を見ると，そこには人的資源を産業社会の土台とする基本的な発想があった。このことは経済大国といわれる我が国の場合にも，忘れてはならない視点である。戦前の複線型の教育制度における職業学校が，地域の産業社会と密接な結びつきを持ち，地域社会に貢献していたことはよく知られている。だが今日そのような状況は存在しない。また戦後の高度成長期に技術高校において産学協同型の職業教育が行われたが，観念的な批判のなかで消滅した。かつて勤労生徒が学んだ定時制高校の培ってきた豊かなノウハウを活用し，地域の産業との連携の可能性を模索し，職業上の関心と必要性を学習と整合させ，さらに高度な教育訓練への継続も保障するなかで，一人一人が自己実現をはかることのできる職業教育・訓練のあり方を考える必要がある。

4 雇用保障の法理

　労働法の法分野を，個別的労働関係を対象とする領域と，集団的労働関係を対象とする領域に分けて把握するのは周知のことであるが，同様に，第三の法分野として，雇用保障の法領域をあげることができる。そこでは，労働法は，「個別的労働関係法」「集団的労働関係法」「雇用保障法」の3つの法分野により構成される。雇用保障法は，憲法27条1項と2項に規定された基本権の構造的相違に着目し，個別的労働関係法とは別個の法領域として構成される。雇用保障法制は，労働契約の契機となる雇用の確保についての法領域に関するものである。労働力政策，雇用政策の展開にあたって，労働者の勤労権の擁護のためには，この雇用保障法は重要であり，独自の法分野として体系化される。

　労働権が，社会的基本権として保障されるのは，労働者にとって雇用は単なる契約の自由の原則に基づく民法上の雇傭契約（623条）の対象であるにとどまらず，労働者がその生活を維持する上での基本的ニードであることの認識にもとづいている。この雇用保障法における，雇用関係の成立，維持，あるいは失業中の生活保障の前提として，市民的自由としての労働の自由，職業選択の自由が，まず確保されなければならない。この労働の自由，職業選択の自由という市民法的な自由の範疇から出発し，さらにそれを超えた労働権の内容としての「雇用保障」の確保が，雇用保障法に要請される。それは，単に労働の機会の保障にとどまらず，労働が人間としての自己実現を目指す活動であることをふまえて，人間の労働における尊厳に即したものでなければならない。その理念が労働者の「雇用保障」に含まれなければならない［石松・宮崎・平川31頁］。

① 雇用保障法の体系

　雇用保障法の法分野の第1として，雇用関係の成立を促進させるための法制度が求められる。第2に，その雇用関係の維持のための法制度が必要になる。第1の雇用関係の成立に関しては，職業紹介に関する，職業安定法がこれにあ

たる。労働者への雇用に関する情報の提供とともに、使用者の労働者募集に対する規制を行う。次いで、労働者の労働能力の開発、職業訓練を推進するための、職業能力開発促進法が定められる。そして失業中の生活保障のためには、その所得を保障する雇用保険法の存在も不可欠となる。また、高齢や障害により特別の保護や対策を必要とする人々への措置として、高齢者雇用安定法や身障者雇用促進法が必要になる。

② 雇用対策法

雇用対策法は、国の雇用政策の基本法としての性格を有している。そして、職業安定法、職業能力開発法、雇用保険法などの一連の雇用政策関連法規に共通する事項を規定するもので、労働市場における基本法ということができる。この雇用対策法は、国の総合的施策として職業指導及び職業紹介事業の充実、職業訓練及び検定事業の充実その他の施策を講じなければならないとしている。この雇用政策の基本的方針に基づいて、国は雇用対策基本計画を策定するとともに、求職者、求人者の指導や技能労働者の養成確保、職業転換給付金、中高年齢者の職業安定等について、それぞれの責務の所在と施策を明らかにしている。

③ 職業安定法

職業安定法は、雇用対策法と相まって、各人に、その有する能力に適合する職業に就く機会を与え、産業に必要な労働力を充足し、もって職業の安定を図るとともに、経済及び社会の発展に寄与することを目的としている。また、職業選択の自由、均等待遇の原則を基本理念として掲げ、労働権の尊重を明らかにしている。この法律において職業紹介とは、求人及び求職の申し込みを受け、求人者と求職者との間における雇用関係の成立を斡旋することをいう。そして、国による職業紹介と職業指導等を担当する機関として公共職業安定所が設置される。

④ 職業能力開発促進法

職業能力開発促進法は雇用対策法と相まって、職業訓練及びその実施の円滑化のための施策等を、総合的かつ計画的に講ずることにより、職業に必要な労

働者の能力を開発し，向上・促進することにより，職業の安定と労働者の地位の向上を図るとともに，経済及び社会の発展に寄与することを目的としている。労働者の職業に必要な能力を開発，向上させることが，職業の安定と労働者の地位の向上に不可欠であるとともに，経済及び社会の発展にとっても基礎をなすものであることにかんがみ，職業能力の開発と向上は職業生涯のすべての期間を通じて段階的かつ体系的に行われなければならないとしている。

⑤　雇用保険法

雇用保険は，労働者が失業した場合などに必要な給付を行うことにより，労働者の生活及び雇用の安定を図るとともに，求職活動を容易にする等その就職を促進し，あわせて，労働者の職業の安定に資するため，失業の予防及び雇用機会の増大，雇用構造の改善，労働者の能力の開発及び向上その他労働者の福祉の増進を図ることを目的にしている。日本国憲法のうたう生存権，労働権を具現する立法としての性格を持ち，失業した場合，当該の被保険者には失業保険金が支給され，その生活の安定を図ることを可能にした。求職者給付，就職促進給付，教育訓練給付，及び雇用継続給付等が支給され，労働者の生活保障をふまえて，その労働能力の維持と雇用選択の自由の確保を図り，再就職の援助，促進のための機能を果たす［石松・宮崎・平川 36頁］。

5　若年者雇用保障立法の必要性

若年層の雇用問題は，(1) 24歳以下の失業率が10％前後で推移するなどきわめて高い，(2) 不況にもかかわらず自己都合で離職・転職するものが多い，(3) 新規求人が特に大企業の常用雇用で減りパート・派遣と入れ替わっている，(4) 専門職の採用が増える一方で一般事務職の採用が減っている，などの特徴がある。若年者は規範意識に乏しく，離職の理由がつかめない面もあるが，進路指導の不備や良好な雇用機会が少ないこともこの問題には影響している。離職・転職を繰り返す典型例がフリーターであり，能力を磨く貴重な機会を自ら放棄している若者が190万人にも及ぶ。

企業が特定の高校に求人を限る「指定校制度」や，会社の採否が決まるまで他の会社に応募できない「一人一社」制を背景にした学校紹介制度がうまく機能しなくなっている。これについては職業カウンセラーやアドバイザーを配置して，就職指導をする必要がある。またインターンシップやトライアル雇用などを通じた，適職選択の機会を増やすことも求められている。20万人に及ぶ学卒未就業者については，緊急の対応が必要である。これらの若者は，雇用保険の対象外にいる。このため若年者を対象とした「雇用促進法」を緊急に立法化し，一般財源で職業教育・訓練の機会を提供するとともに，その間の所得保障を失業手当の支給により行うなどの施策が求められている。次の世代の人材を育成しつつ，雇用機会の提供に取り組むことが大切である。

　事務系の求人倍率は低下の一途であるが，専門職は伸び，技能職も横ばいの状態が続いている。またサービス業が拡大するなかで，求人内容が変化したのにもかかわらず若者の希望する職種は旧来のままという傾向がある。日本がこれからも「ものづくり立国」として生きていくためには職業教育への進学を促し，進路指導を修正し，職業教育・訓練の強化を図る措置を講ずるべきである。2003年に京都府で開館が予定されている「私の仕事館」などを活用して職業体験の機会を提供するとともに，学卒未就業者には職業教育・訓練の機会を提供するなど，厚生労働省と文部科学省が一体となった若年者雇用保障の施策を推し進めることが重要である［高梨］。

参考文献・資料

日本労働研究機構「大都市の若者の就業行動と意識」調査研究報告書№146（2001）
大津和夫・安心の設計「フリーター急増で社会保障ピンチ？」（読売新聞2001・10・16）
石松・宮崎・平川『現代労働法』（3訂版・1999）
藤井伸章「イギリスの社会労働事情」週間労働ニュース　1912号（2001）
高梨昌「若年失業」週間労働ニュース　1936号（2002）

文献・資料解題

『**学校・職安と労働市場**』菅山・刈谷・石田編（2000年）東京大学出版会
　戦後新規学卒市場の制度化過程という副題が付されており，戦後の新制中学卒業者の職業に至る過程において，学校や職業安定機関の制度的な関与による新規学卒労働市場の需給調整，円滑な学校から職業への移行の実現についての実証的な研究である。特に本書との関連では，菅山氏の論文は興味深い。

『**ドイツの職業教育・労働教育**』寺田盛紀著（2000年）大学教育出版
　近年，学校教育の領域では，1999年の学習指導要領における「インターンシップ」の導入により，これが大きな課題となっている。この著作でも，インターンシップ教育の一つの源流という副題が付されており，この問題を強く意識している。現代のドイツのデュアルシステムを中心とした，職業教育事情に焦点を絞って実証的な調査研究が行われている。

『**近代日本職業教育の形成と展開**』梁忠銘著（1999年）多賀出版
　この著作は学位論文に加除修正を施して出版されたものである。近代日本が産業化に成功した秘訣と，その構造的な特質の解明を意図したもので，主な研究の対象は初等・中等教育における法規・法令の分析に置かれている。近代日本における学校制度の構築の過程，とりわけその内部での中等段階の職業教育の展開とその特質を究明している。外国人研究者の視点からの日本の職業教育の分析であるところが興味深い。

『**日本職業訓練発展史・戦後編**』隅谷・古賀編著（1978年）日本労働協会
　第二次大戦以降の我が国における職業訓練の歴史的発展に関する理論的実証的な分析とともに，工業における技能労働者に限定した技能教育訓練の理論的な分析も行われている。この分析では大企業における企業内技能教育訓練と年功的賃金に密接な関係があることが明らかにされた。企業としてはコストをかけて養成した労働者を，企業に長期にわたってとどめておくことがコスト回収のためにも必要であった。そこで生み出されたのが勤続長期化の方策であり，職務の体系に見合った昇進

制度と経験の蓄積を前提とした昇給制度からなる年功制であった。出版されてから4半世紀が過ぎようとしているが，この領域の古典と見てよいであろう。

『近代ドイツ職業教育制度史研究』寺田盛紀著（1996年）風間書房
　デュアルシステムの社会史的・教育史的構造という副題が付されている。イギリスやフランスそして日本とも，かなり事情の異なるドイツの職業教育史研究の試みである。学校における職業教育の展開に焦点を絞りつつ，営業の自由やその対極にある職業資格制度，さらに職業教育をめぐる労使関係の展開と関連させながら，デュアルシステムの成立発展の過程を解明し，その成立条件や背後にある教育思想の析出を目的としている。高価にして大部（学位請求論文）な著作である。

『仕事の経済学』小池和夫著（1991年）東洋経済新報社
　日本の仕事の仕方は，一つ日本に特異なものであって，年功賃金も終身雇用も他国とはまったく違った制度の下で成果をあげてきたと，国内ではいわれてきたが，はたしてそうであろうか。日本を特異と見る見方の基準は，欧米の捉え方にある。はたして欧米の実態はふつう考えられているようなものであろうか。国際比較を通じて従来の常識を吟味し直した著作である。年功賃金を最もよく説明する人的資本論，長期雇用を説明する暗黙の契約理論などアメリカでの理論的研究の成果も紹介している。

『日本企業の人材形成』小池和夫著（1997年）中央公論社
　不確実性に対処するためのノウハウという副題が付された，中公新書の1冊である。日本の職場での人材開発の現状と，その形成の歴史的過程を明らかにすることを目的にしている。不確実性に対処する技量を長期にわたって育成し，日本経済の競争力の源泉となったのは，従来からの職場での実務訓練（OJT）であった。OJTに注目する中で日本の人材開発方式の最も重要な特徴である長期の人材開発の重要性を指摘している。

『高卒者の職業生活への移行に関する研究・最終報告』文部科学省・厚生労働省（2002年）
　若年失業者，未就職卒業者，フリーターなどが増加している一方で若年労働力の

大きな減少が見込まれるなかで，学校から職業への円滑な移行を図り，適切なキャリアを蓄積することが大きな課題となっている。厚生労働省と文部科学省は共同で研究会を開催し，実態の把握と問題点を明らかにするための調査を行うとともに，新規高卒者の就職支援対策等について検討してきた。この報告書の内容は今後の行政施策の中で具体化される。

『夜学』上田利男（増補版・2000年）人間の科学社
　こころ揺さぶる「学び」の系譜という副題が付されている。自らの能力を高めたいと願い，学ぶことがらを自分なりに選択し，目を輝かせて真剣に学びあう夜学において，学ぶことの充実感を味わった者にとって，夜学がどれほど生きがいとなっていたか計りしれない。長い歴史を持つ我が国の夜学が人間愛に富み，向学心を促し，社会の改良に結びついてきたことを知り，現代の夜学の必要性を考えるための貴重な1冊である。

『就社社会の成立』菅山真次著（日本労働研究雑誌457号・1998年）日本労働研究機構
　職業安定行政と新規学卒市場の制度化，1925－1970年という副題の付いた日本労働研究雑誌に掲載された論文である。日本における新規学卒市場の制度化の歴史的なプロセスを詳細に跡づけ，戦後の職業安定所が精力的に取り組んだ新規中卒者の就職斡旋事業が，その制度化に向けた重要な契機となったことを明らかにしている。さらに，こうした行政の活動が持っていた一定の明確な論理を析出し，これが戦前，戦時の歴史的経験の継承の上に立つものであることを実証した興味深い業績である。

『職業ハンドブック』労働省職業安定局監修（1997年）日本労働研究機構
　技術革新や経済産業構造の変化など雇用と職業を取り巻く環境の急激な変化のなかで新しい職業が生まれ，また必要とされる能力や労働条件も変わってきている。適切な職業を選択するためには，変動の著しい職業の世界についての的確な情報が不可欠である。300に及ぶ職業について解説，将来展望，選択のガイドを行っている。また様々な角度からの検索を可能にしたCD-ROM版もある。進路指導関係者，教師，学生，生徒，職業紹介担当者，企業の人事労務関係者などに役に立つ。

『**労働白書**』労働省編(平成12年度版・2000年)日本労働研究機構

　平成12年度版の労働白書は,その第II部で「高齢化社会の下での若年と中高年のベストミックス」というテーマの下に分析が行われた。今後の構造的な要因による失業問題を考える際の重要な論点として,若年失業の問題が取り上げられ,若年者の意識の問題も含めた実態の分析と政策課題の検討が行われている。若年者の減少と高齢者の増加という年齢構成の大きな変化のなかで働き方における若年と中高年のベストミックスの可能性を探求している。

『**高校生の就職問題に関する検討会議報告**』文科省初等中等教育局児童生徒課(2001年)

　先行き不透明で夢が育ちにくい時代を背景に,若者の世界に漠然とした閉塞感や無力感,モラトリアム傾向やフリーター志向の広がりが見られるなかで,高校の進路指導とりわけ就職指導は大変に厳しい状況にある。生徒の職業的成熟の遅れや就職に対する意識や構えに弱さが見られること,職業選択における現実との乖離や自己理解・職業理解の不十分さが見られるなどの指摘がある。高校生の就職に関するアンケート調査の結果等をふまえて高校の就職指導や生徒・卒業生の意識,就職に関する慣行等の実態や課題について,各方面からの意見を聴取し,改善の方向について検討している。

『**高校3年生の進路決定に関する調査**』日本労働研究機構(2000年)

　新規高卒者について,企業の採用意欲が低迷を続けるなかで,就職希望者・就職内定率とも減少の一途にあると同時に,高校卒業後にフリーターの職に就くものが急増している。この調査は,首都圏の高校において卒業を目前にした生徒の進路決定をめぐる意識と行動を把握し,その背景を探ることを目的にしている。

『**フリーターの意識と実態**』調査研究報告書No.136(2000年)日本労働研究機構

　学卒無業者や非正規就労の若者の増加など,若者の就業行動の検討の一環としてフリーターと呼ばれる若者の就業行動の実態と意識を把握し,その背景を探った。なぜフリーターになったのか,フリーターの生活,就業意識,能力開発やキャリア形成における問題などについて100人弱のフリーターからヒアリングを行っている。

『**現代労働法**』石松・宮崎・平川著（3訂版・1999年）中央経済社

　労働法の基礎理論に続いて，第2章では，雇用保障を取り上げ，雇用保障の意義と，雇用保障法の体系について節を分けて解説している。労働法の第3の法分野として，雇用保障の法分野の存在を強調し，雇用保障の意義，雇用保障法制の展開，雇用保障法の体系について詳細な議論がなされている。

『**高卒者の初期キャリア形成と高校教育**』調査研究報告書No.89（1996年）日本労働研究機構

　1985年から約10年間にわたって，高校生・高卒者を追跡調査してきた結果を取りまとめた報告書である。この調査研究のスタートした1980年代前半にも「新人類論」といった形で若者の職業観の変化が問題にされていた。同一対象者のキャリアと意識の形成過程を追跡調査の手法で把握を試みたものである。その調査結果は興味深いものがある。

『**若者の就業行動の変化を考える**』資料シリーズNo.102（2000年）日本労働研究機構

　若者の就業をめぐる研究は，これまでに，教育社会学，教育行政，若者文化論などの様々な領域で展開されてきた。こうした各界での議論を整理し，研究課題を明確にするために，これらの領域の代表的な先行研究者を講師として招聘し，レクチャーが行われた。そこでの議論は，今後の研究を進める上で示唆に富むものであり，貴重な情報としてこれを速記記録し，整理したものがこの報告書である。

『**新規高卒労働市場の変化と職業への移行の支援**』調査研究報告書No.114（1998年）日本労働研究機構

　公共職業安定所，高校，企業に対するヒアリングの結果をまとめたものである。新規高卒者の職業への移行は，これまで高校と企業との緊密な連携関係の下に比較的スムーズに行われてきたが，社会経済状況の変化に伴い，企業の採用や育成のあり方も急激に変化している。このような新規高卒労働市場の変化の実態を把握し，職業指導の課題と労働行政の支援のあり方を探っている。

『**進路決定をめぐる高校生の意識と行動**』調査研究報告書No.138（2000年）日本労働研究機構

首都圏の高校3年生約7000名と各校の就職指導担当者に対して実施した調査の結果を取りまとめたものである。卒業を目前に控えた高校3年生の進路決定の実態と意識を明らかにしている。対象とした高校は「進路多様校」であり，高卒労働市場や新規高卒者の就業行動の変化が集中的に生じている。そのようななかでの政策的な支援の可能性を探求している。

『特集・若年雇用の未来』日本労働研究雑誌No.490号（2001年）日本労働研究機構
　少子高齢化が進み，若年労働力の慢性的不足が予測されていた10年前，若年者雇用がこれほど大問題になると思った人がいるだろうか。少子化のみならず，サービス化や技術革新は若年雇用に有利に働くと考えられていた。だが現実はそうではなかった。何が若年雇用に起こったのか。そして若年雇用の未来はどうなるのか。若年雇用の総力特集である。

『特集・高校から職業への移行』JILリサーチNo.36（1998年）日本労働研究機構
　高校卒業後の大学などの高等教育への進学率が上昇し，同時に景気の停滞が続いたことで，新規高卒の労働市場はその規模を急速に縮小した。若者の失業率は他の年齢層に比べ高い水準にあり，特に学卒の未就業者が増加している。この特集では，若者とくに新規高卒者に注目して職業への移行の現状を分析するとともに国際比較もふまえて，学校から職業への移行の今後のあり方を探っている。

　なお，日本労働研究機構の発行した報告書等については，発行より6ヵ月以上経過したものは，その全文の情報を日本労働研究機構のホームページ内の「調査研究成果データベース」（http://www.jil.go.jp）で閲覧することができる。

索　引

［あ　行］

ILO96号条約	64
ILO181号条約	34
アビトゥーア	122,132,133
アメリカ教育使節団	171
アメリカ労働総同盟	100-104
石の上にも三年	27,239
一時的・臨時的雇用	12,16,32
１＋１方式	136,137,253
インターンシップ	20,35,258
インダストリアル・アーツ	88-90
営業の自由	65,118,120
営業法	118-120
ONISEP	143
OJT	121,126,129,145,149,180,244

［か　行］

外国職業紹介	68
外部労働市場	23
学制	170,171,174
学制二編追加	170
学卒採用システム	21,35
学卒無業者	7,9,14,37,199,213
学歴代替	29,203,241,242
学校から職業への移行	37,47-49
	106-108,110,212,244,249,251
学校から職業への機会法	107,110,111
	114
学校に委ねられた職業選抜	33,244
カッサ・インテグラシォネ	52,53
慣熟手当	62,63
完全雇用	23,31,57,177,178,246
官僚主義	102,104-106
機会の平等	140,141,143,228,229
企業内訓練	48,51,126,186,188,195
技術教育法	79
技能労働者の不足	25
ギムナジウム	122,128,132,150,161
	162,166,252,253
キャリア教育	37
求人指導	26,27,237
協同組合	53
勤労観・職業観	15,20,22,37
勤労権	23,255
勤労体験	99
勤労福祉プログラム	56
訓練契約	52,120,127-132,145,186,190
訓練のコスト	157,191
訓練バウチャー	189
景気感応性	41
継続教育	96,98,127,128,132,133
	138-142,163,182,187,191
県外就職率	26,202,236
県内就職	13
広域職業紹介	25,26,234
後期中等教育	39,49,129,130,139,140
	144-146,150,160,161,163,166,174,180
	193,252,254
高校進学率	26
高卒就職	9,12,14,15,33,112,201,205
	217,218,222-226,228-230,246,247
高卒就職システム	205,217,222,228
	229
高卒労働市場	21,36,201-203,210
	216-218,221,224,228,247-250
高等専門学校	150,163,235
校内選考	20

コーペラティブ教育 97,99
コミュニティー・カレッジ 97,109
雇用契約 48,54-56,136,195,253
雇用・就労インセンティブ 57,60
雇用戦略 48
雇用促進事業団 26
雇用対策法 23,30,177,178,256
雇用調整 9,17,30,31,41
雇用保険法 23,30,31,256,257

[さ 行]

最低賃金制度 43,52
サムエル・ゴンパース 100,102-104
産業教育振興法 173,174
三者構成 128,155
GED 108-110
GHQ 28,235
資格インフレ 145
実業教育 172
実績関係 21,28,33,34,218,221,222
224-226,234
指定校制 20,220,229,230,258
若年失業 9,39,41-48,50-52,54,56,58
62,64,66,68,70,72,74,76,108,110,122
123,125,126,148,251,258
若年者雇用保障 7,10,12,14,16,18,20
22-37,47,49,51,53,55,80,82,84,86,88
90,92,94,96,98,100,102,104,106,108
110,112,114,116,118,120,122,124,126
128,130,132,134,136,138,140,142,144
146,148,150,152,154,156,158,160,162
164,166,168,170,172,174,176,178,180
182,184,186,188,190,192,194,196,257
258
就業構造の変化 17,34
就業体験 21,36
就業能力 47,49,50,74
就業プログラム 47
就職内定率 11,216

就職未内定者 14
就職面接会 20
集団的解雇 54,55
熟練工 79,85,94,121,122,158,166,252
守秘義務 70,71
巡回教師 97
初期職業経歴 22
職業安定法 23-26,28,33,34,176,227
233-235,237,238,248,255,256
職業意識 15,18,108,119,221
職業カウンセリング 47
職業家庭科 171
職業基礎教育年 134
職業教育国庫補助委員会 92,93
職業教育の魅力 49,153,163
職業訓練共同法 50
職業訓練法 25,30,32,119,120,130
175-179
職業継続教育訓練 128,132,133
職業高校 33,174,203,226,241
職業指導 7,18-22,27,28,49,50,125,143
147,172,178,199,202,204,206,208,210
212-214,216-248,256
職業選択 7,22,24,27,35,142,170,172
220,233,238,240,241,243,247,255,256
職業選択の自由 24,27,233,238,255,256
職業的熟練 153,162-164,166,253,254
職業能力開発促進法 23,32,256
職業能力検定 32
職業ハイスクール 104
職業バカロレア 140,145,146
職業身分自治 120
職業身分制度 170
殖産興業 170
職場訪問 27,239
ジョブコープ 50
ジョブスタート 50
進学指向 145,201
新制中学校 25,234

進路多様校	206,210,214,217,222,223	適職選択	35,239,258
スミス・ヒューズ職業教育法	94,96	デュアルシステム	49,118-122,126
スミス・ヒューズ法	89,94-96		149-152,154-157,159-162,164,166,167
Sloyd	87		193,194,252,254
正規雇用率	206	特殊援助	27,238,242
正社員	14,15,17,42,208,215,222,226	徒弟制度	79-81,83,84,86,87,94,104
	227,251		118-120,148,160
世界銀行	45	Trinal System	161
積極的雇用政策	24,30,31,33,35,37,50	トラッキング	219,223
全国職業教育協会	96		
戦時職業行政	24,25,233	[な 行]	
選択のための教育	142	2000年の目標法	114
先任権制度	41	入職経路依存性	41
専門高校	15,19,20,164,183,203,219	ニューディール	51,56,251
早期引退	51	人間関係の希薄化	16
総合制	97,172		
疎外	103	[は 行]	
		パートタイマー	12,55
[た 行]		バブル経済	17,18,222,226
待機期間	62	一人一社制	19-21,34,220
ダグラス委員会	91,92	日雇い労働者	246
炭鉱離職者臨時措置法	26,177	ピューリタニズム	105
男女雇用機会均等法	34	フリーター	7,9,14-16,18,19,35,37
中高年流動化	246		199,209-213,217,245,246,248,249,250
中途退学	49,50,99,106,131,175		257,258
	180-182,213	プログレッシビズム	81
長期的雇用関係	243,247	ベビーブーマー	39,42,205
直接的雇用創出策	56	包括的雇用政策	51
賃金交渉	44	保護貿易	91
賃金補助	52	補習学校制度	119
通信制課程	176		
低学歴層	48	[ま 行]	
低技能労働	211	マイスター資格	121
定時制高校	174,175,181,182,254	Matura	161
帝室モスクワ技術学校	84	マッチング	35,36,229,232
定着指導	28,240,247	マニュアル・トレーニング	84,86-91
低賃金	43,44,47,52,56,93,121,211	ミスマッチ	9,11,36,123,132
	212	見習工	79,80,125
ディプロム	137,139,144-146	無業者	7,9,12,14,16,18,19,21,37,56

	199,204-206,208,210-213,216,217,221		126,129,136,139,175,182,183,238,242
	223,250		254
メリットクラシー	122	連邦憲法裁判所	186
メンター	108,111,113,114	連邦職業教育法	148-150,155,160
モラトリアム心理の蔓延	16	労働科	134,252
		労働組合主義	103,104

[や 行]

労働市場　9,12-14,16,21,23,24,27,30
　　　32,33,35-37,39,41-46,49,51,54,55,61
ヤミ労働	53	65,68,72-75,77,103,108,109,113
UFA	136,253	122-125,131,132,143,145,148,151-154
有期雇用	54,195	156,164,167,184-187,189,193,199
養成訓練	130,131,133	201-208,210-212,216-218,221,223,224
養成作業場	119	226-230,232,233,236,237,244,246-250
ヨーロッパ互換性	165	254,256

労働の民主化　　　　　　　　　24,233

[ら 行]

	ロシアメソッド　　　　　　　83,84,88,91
離職率	7,9,13,205,244
連携	20,21,23,27,48-50,97,107,112

著者紹介
中野育男（なかの・いくお）
略　歴
1952年神奈川県箱根町生れ
法政大学大学院社会科学研究科博士課程修了
宮崎大学助教授などを経て
現在，専修大学教授（社会学博士）

著　書
スイス労働契約の研究（単著・総合労働研究所）・1995
福祉国家への視座（共著・ミネルヴァ書房）・2000
少子化と社会法の課題（共著・法政大学出版局）・1999ほか

学校から職業への迷走－若年者雇用保障と職業教育・訓練

2002年9月25日	第1版第1刷
2015年12月7日	第1版第3刷

著　者	中野　育男
発行者	笹岡　五郎
発行所	専修大学出版局
	〒101-0051　東京都千代田区神田神保町3-10-3
	㈱専大センチュリー内
	電話　03-3263-4230㈹
印　刷 製　本	藤原印刷株式会社

Ⓒ Ikuo Nakano　2002　Printed in Japan
ISBN978-4-88125-133-1

社会保障の立法政策

坂本重雄　　　　　　　　　　　　　　A5判　426頁　本体6,800円

社会保障の理念・歴史・学説などを総論として検証し、法制を国民生活のためにいかに活用するかという視点から、医療・社会・介護・労災保険および公的扶助などの問題点を論じて、抜本的改革の提言を行う。

クリントンの時代—1990年代の米国政治—

藤本一美　　　　　　　　　　　　　　A5判　276頁　本体2,800円

財政再建はしたが負のイメージもあったクリントン政権の8年間を政策・選挙戦動向を中心として検証。一般教書演説、92年と96年の大統領選挙について（選挙分析と政治資金など）、補論＝ヒラリー・クリントン、他。

社会科学研究叢書　　A5判上製

①グローバリゼーションと日本
専修大学社会科学研究所 編　　　　　　　　　　　　本体3,500円

②食料消費のコウホート分析—年齢・世代・時代—
森 宏 編　　　　　　　　　　　　　　　　　　　　本体4,800円

③情報革新と産業ニューウェーブ
溝田誠吾 編著　　　　　　　　　　　　　　　　　　本体4,800円

④環境法の諸相—有害産業廃棄物問題を手がかりに—
矢澤昇治 編　　　　　　　　　　　　　　　　　　　本体4,400円

⑤複雑系社会理論の新地平
吉田雅明 編　　　　　　　　　　　　　　　　　　　本体4,400円